建设项目

施工企业全程运作管理

匡仲发　主编

化学工业出版社

·北京·

《建设项目施工企业全程运作管理》主要包括施工进度管理、施工准备工作管理、施工现场5S管理、施工安全管理、施工成本管理、施工质量管理、施工方合同管理七个章节的内容，书中还提供了大量的范本和案例供读者参考学习。

《建设项目施工企业全程运作管理》从施工方的角度来阐述项目管理的内容、方法、技巧，涉及面广，系统性强，具有实际操作性，是施工总承包方、施工总承包管理方、分包施工方、建设项目总承包的施工任务执行方的工作指南，也可作为建筑职业学校、职业培训机构的参考用书。

图书在版编目（CIP）数据

建设项目施工企业全程运作管理/匡仲发主编．—北京：
化学工业出版社，2019.1
ISBN 978-7-122-33152-6

Ⅰ．①建…　Ⅱ．①匡…　Ⅲ．①建筑施工企业-企业管理
Ⅳ．①F407.906

中国版本图书馆CIP数据核字（2018）第230744号

责任编辑：陈　蕾　　　　　　　　装帧设计：尹琳琳
责任校对：王素芹

出版发行　化学工业出版社（北京市东城区青年湖南街13号　邮政编码100011）
印　　刷　三河市航远印刷有限公司
装　　订　三河市瞰发装订厂
787mm×1092mm　1/16　印张15　字数352千字　2019年1月北京第1版第1次印刷

购书咨询：010-64518888　　　　　　售后服务：010-64518899
网　　址：http://www.cip.com.cn
凡购买本书，如有缺损质量问题，本社销售中心负责调换。

定　　价：68.00元

▶▶ 前　言

建设项目施工是一项错综复杂的生产活动，资源消耗量大，技术复杂，涉及面广。项目管理即运用系统工程理论与方法，在建设项目生命期内对工程项目由概念至完成的全方位、全过程计划、控制与协调，确保在规定时间与费用预算内达成项目所需质量标准的过程。建设项目作为建筑施工企业的生产对象，无论是建设项目的单项工程或单位工程，抑或是整体建设项目的施工，项目管理都是建筑施工企业能否实现项目盈利与保证项目建设成功的关键所在。具体而言，建设工程项目管理在实质上表现为"四控""两管"，这也是全面管理的原理应用于工程建设过程的具体反映。其中，四控的要素包括质量、进度、成本、安全；两管则指合同管理、信息管理。

施工方项目管理主要服务于项目的整体利益和施工方本身的利益，其项目管理的目标包括施工的成本目标、施工的进度目标和施工的质量目标。成功的项目管理是通过把握项目施工的进度、质量、成本和安全目标得以实现的。而要更好地将建设项目管理纳入正规化、标准化管理轨道，仍需要施工单位全方位地考虑到工程合同、工程信息等管理内容，在实践中不断地改进创新，以期达到施工企业追求经济效益最大化的根本目标。

施工方的项目管理工作主要在施工阶段进行，但它也涉及设计准备阶段、设计阶段、动工前准备阶段和保修期。施工方是承担施工任务的总称谓，它可能是施工总承包方、施工总承包管理方、分包施工方、建设项目总承包的施工任务执行方或仅仅提供施工劳务的参与方。施工总承包方对所承包的建设工程承担施工任务的执行和组织的总的责任。施工总承包管理方对所承包的建设工程承担施工任务组织的总的责任。分包施工方承担合同所规定的分包施工任务，以及相应的项目管理任务。建设项目工程总承包的基本出发点是借鉴工业生产组织的经验，实现建设生产过程的组织集成化，以克服由于设计与施工的分离致使投资增加，以及克服由于设计和施工的不协调而影响建设进度等弊病。

《建设项目施工方全程运作管理》从施工方的角度来阐述项目管理的内容、方法、技巧，涉及面广、系统性强，具有实际操作性，是施工总承包方、施工总承包管理方、分包施工方、建设项目总承包的施工任务执行方的工作指南，也可作为建筑职业学校、职业培训机构的参考用书。

本书主要包括施工进度管理、施工准备工作管理、施工现场5S管理、施工安全管理、施工成本管理、施工质量管理、施工方合同管理七个章节的内容，同时还提供了大量的范本和案例供读者参考学习。

本书由匡仲发主编，在编写整理过程中，获得了许多房地产策划机构、房地产一线从业人员和朋友的帮助与支持，其中参与编写和提供资料的有郝晓冬、王高翔、王玲、文伟坚、刘少文、陈世群、李超明、李景吉、李景安、匡五寿、吴日荣、张燕、张杰、张众宽、张立冬、郭华伟、郭梅、秦广、黄河、董超、姚根兴、靳玉良、鲁海波、鞠晴江、杨婧、何志阳、张嘉卿，最后全书由匡仲潇统稿、审核完成。在此对他们一并表示感谢！

　　由于编者水平有限，加之时间仓促，疏漏之处在所难免，敬请读者谅解，并不吝赐教。由于写作周期紧迫，部分资料引自互联网媒体，其中有些未能一一与原作者取得联系，请您看到本书后及时与编者联系。

编者

▶▶ 目 录

第1章 施工进度管理

第2章 施工准备工作管理

第3章 施工现场5S管理

第4章　施工安全管理

第5章　施工成本管理

第6章 施工质量管理

第7章 施工方合同管理

第1章
施工进度管理

引言

　　建筑施工是一项错综复杂的生产活动，资源消耗量大，技术复杂，涉及面广；所以，在施工进度计划执行过程中，不可避免地会出现一些影响施工进度的因素，而建设工程项目管理就是对一个项目自始至终地进行质量、投资和进度三方面的有效控制。为了实现优化的进度计划，就必须通过控制来保证计划系统的正常工作状态，控制之所以必不可少，其意义和作用是非常大的。

　　加强施工进度控制是规范施工行为和保证施工目标实现的关键，通过监控施工过程中各种不确定因素进而减少对施工进度的不利影响，不仅促进施工成本的最小化和资源消耗的均衡化进而提高工程施工经济效益，而且为提高经济效益创造了条件。施工项目的进度计划与控制是施工企业一项十分重要的工作。

1.1　进度管理概述

1.1.1　何谓进度管理

工程进度控制与投资控制和质量控制一样，是项目施工中的重点控制之一，在工程建设三大目标控制关系中，质量是根本，投资是关键，而进度是中心。由此可见，进度控制的地位非同一般，必须给予重视。基本建设项目包括工业厂房、交通、矿山、电站等生产性建设项目和住宅、公用建筑、学校、医院等非生产性建设项目。其特点是：规模大，施工条件多变，工程结构与施工技术复杂，建设协作单位多，易受自然环境、地质情况、气候条件、资源的利用与调度的影响，且从工程立项、开工到竣工投产，要经历较长的建设周期。因此，投资大、建设周期长，编制合理的进度计划，特别是在施工中对进度计划实施动态控制是保证工程按期或提前发挥经济效益和社会效益的决定因素。

每一个施工总承包工程都是一个系统工程，必须拥有自己的一个完整的计划保证体系。它需要应用系统的方法来分析影响进度的各方面因素，合理安排资源供应，考虑相应的措施，包括组织措施、技术措施、合同措施、经济措施和信息管理措施等，以达到按期完成工程、节约工程成本为目的，编制出最优的施工进度计划，在执行该计划的施工中，经常检查施工实际进度情况，并将其与计划进度相比较，若出现偏差，便分析产生的原因和对工期的影响程度，找出必要的调整措施，修改原计划，不断的如此循环，直至工程竣工验收。

1.1.2　影响施工进度的因素分析

由于工程项目的施工特点，特别是大中型建设项目，施工周期长，投资大，技术复杂，影响进度的因素很多，"不确定性"表现突出。因此，施工方必须弄清影响施工进度目标的各种因素，同时，要对这些因素进行风险分析，才能保证进度目标在控制之中。

1.1.2.1　主观因素

影响施工进度的主观因素如表1-1所示。

表1-1　影响施工进度的主观因素

序号	因素	说明
1	设计变更	设计变更是影响施工进度的首要因素。在施工中，施工方发现原图纸有误，或者不合理等，此时必须经设计方加以更改。有时可能增加挡土墙，或者地下水特别大，或者地下地质异常，在施工之前如果没有考虑到这些情况，进度必然会受到影响，因为这些都可能涉及设计变更
2	资金不到位	合同应支付的资金不到位是目前工程上比较普遍存在的现象。由于资金的短缺，使施工的顺利进行失去了保障。业主应该尽力保证资金的及时到位。当然，施工方需及时做好工程量的计算和签证，加强与业主或监理等各方面的沟通
3	材料、设备供应不及时	施工用的建材、机械设备，如果不能按期抵达现场或其各项经济技术指标不合要求，这势必影响施工进度

续表

序号	因素	说明
4	施工技术的难度	施工方如果低估了某些工程在技术上的困难，以及没有考虑到某些设计和施工问题上的解决需要进行科研和实验的话，原先的进度计划必然要受到影响。如某银行的地下金库是一个壁厚达3米的地下室，由于该施工队从未进行过"大体积"混凝土的浇筑，盲目浇筑，结果造成了墙体大面积的开裂，因此停工一个月
5	施工组织不当	施工现场情况复杂，如果劳动力和机械的调配不当，势必也影响进度。因此，进度管理人员应做好现场协调工作，避免各种干扰，保证施工的顺利进行
6	相关单位的影响	建设工程涉及的单位不仅有建设方、施工方、设计方、监理方、地勘方、检测方、质检站，还包括供水、供电、通信、运输、物资设备供应等单位，只要其中任一方卡住了，施工进度均会受到影响。因此，施工之前，做好四面协调，疏通八方关节，就势在必行。事实上，影响施工进度的单位既关键又被人们忽略的却是建设方
7	工程事故的影响	施工方应杜绝工程事故特别是人身伤亡事故的发生，一旦发生，受损失的不仅是施工方自己，进度受影响就更不用说了

1.1.2.2 客观因素

影响施工进度的客观因素如图1-1所示。

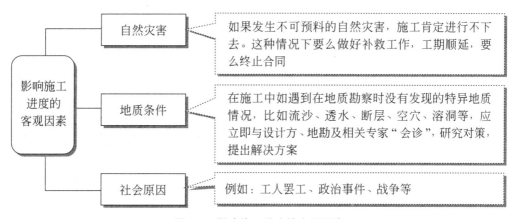

图1-1 影响施工进度的客观因素

1.2 施工项目进度控制原理

施工项目进度控制是以现代科学管理原理作为其理论基础的，主要有系统原理、动态控制原理、信息反馈原理、弹性原理和封闭循环原理等。

1.2.1 系统原理

系统原理就是用系统的概念来剖析和管理施工项目进度控制活动。进行施工项目进度控制应建立施工项目进度计划系统、施工项目进度组织系统。

1.2.1.1 施工项目进度计划系统

施工项目进度计划系统是施工项目进度实施和控制的依据。

施工项目进度计划包括施工项目总进度计划、单位工程进度计划、分部分项工程进度计划、材料计划、劳动力计划、季度和月（旬）作业计划等。形成了一个进度控制目标按工程系统构成、施工阶段和部位等逐层分解，编制对象从大到小，范围由总体到局部，层次由高到低，内容由粗到细的完整的计划系统。计划的执行则是由下而上，从月（旬）作业计划、分项分部工程进度计划开始，逐级按进度目标控制，最终完成施工项目总进度计划。

1.2.1.2 施工项目进度组织系统

施工项目进度组织系统是实现施工项目进度计划的组织保证。

施工项目的各级负责人，从项目经理、各子项目负责人、计划人员、调度人员、作业队长、班组长以及有关人员组成了施工项目进度组织系统。

这个组织系统既要严格执行进度计划要求、落实和完成各自的职责和任务，又要随时检查、分析计划的执行情况，在发现实际进度与计划进度发生偏离时，能及时采取有效措施进行调整、解决。也就是说，施工项目进度组织系统既是施工项目进度的实施组织系统，又是施工项目进度的控制组织系统，既要承担计划实施赋予的生产管理和施工任务，又要承担进度控制目标，对进度控制负责，这样才能保证总进度目标实现。

【他山之石】 ▶▶▶ --

某项目施工进度岗位职责

一、项目部职责

1.项目经理

作为项目施工进度控制第一责任人，项目经理的进度管理责任如下。

（1）根据项目实际情况和工程特点，组织编制和实施项目施工进度计划和施工进度控制管理规定。

（2）在工程总进度计划控制范围内，批准项目部编制的各项计划，批准项目所属各施工单位上报的施工进度计划。

（3）组织对项目的施工进度检查，评估项目施工总进度和各施工队进度完成情况。

（4）组织或授权组织各部门及施工队定期召开调度会，决策资源调度。

2.项目副经理

协助项目经理进行具体的进度管理，是项目施工进度控制直接责任人。

（1）负责检查各施工队的计划进展和控制情况。

（2）定期组织项目协调会、专题会和盘点会。

（3）及时解决影响施工进度的各种问题，并督促施工队赶工措施的落实。

3.项目总工

（1）负责项目各计划的编制工作，确定项目施工关键线路，制定里程碑控制目标，分析关键线路和里程碑目标的风险，制定相应控制措施。审核各分包单位上报的施工计划。

（2）组织编制保障进度的各种支持性计划，包括图纸、设备、材料、机具、人力、资金等计划，并负责资金、技术、质量、安全、经营等部门对进度管理工作的支持。

（3）参与各级进度计划的落实，定期组织项目进度分析，对比计划偏差，布置、确定抢工措施。

（4）组织对分包单位的计划交底，组织编写月度报表、进度汇报和项目进度（竣工）总结报告。

4. 项目工程部

项目工程部为项目施工进度控制归口管理部门，具体落实、执行各项有关进度管理制度，完成施工计划。

（1）负责汇总、编制项目总体进度计划及三级、四级施工计划、各项支持性计划，审核、指导所管项目分包单位进度计划的编制。

（2）对项目进度进行动态管理和控制。负责对分包单位进行计划交底，收集、整理各分包单位上报的进度报表，对分包单位的进度情况进行检查，分析原因并提出抢工措施。

（3）组织召开项目例会，协调处理各部门、各分包单位提出的问题。

（4）组织召开项目进度分析会、盘点会，找出实际与计划偏差，采取赶工措施。负责对分包单位的进度情况进行考核及奖罚。

二、项目分包单位职责

1. 分包单位

各分包单位是进度管理的直接责任单位，负责日常的施工管理、施工安排、人员组织及协调管理工作。

（1）负责资源投入的组织和保障，尤其是现场劳动力的组织。

（2）负责根据项目计划组织编制本施工队进度计划及四级、五级计划，并报项目审批。

（3）负责将进度计划落实于施工现场中，随时将影响进度计划的各种问题向项目部反馈，并督促其解决。

（4）配合项目做好进度计划的检查与落实，并对进度滞后情况查找原因，提出并落实赶工措施。

（5）按照项目要求提前编制图纸、设备、材料、机具的进场计划，并督促落实。

（6）参加项目协调会及进度分析、盘点会，落实会议要求。

（7）负责把分包单位的施工计划下达给各班组，检查班组计划分解和落实情况，未能满足要求及时采取措施。

2. 施工班组

施工班组是进度实施的基本单位，主要负责以下工作。

（1）将施工队下达的计划分解成每天作业计划，明确工作量和责任人，报分包单位审批。

（2）对照施工计划核实、记载资源落实情况，每日检查并记录施工进度计划实施情况，发现偏差及时采取措施。

1.2.2 动态控制原理

施工项目进度目标的实现是一个随着项目的施工进展以及相关因素的变化不断进行调整的动态控制过程。施工项目按计划实施，但面对不断变化的客观实际，施工活动的轨迹往往会产生偏差。当发生实际进度与计划进度超前或落后时，控制系统就要做出应有的反应。

（1）分析偏差产生的原因，采取相应的措施，调整原来计划，使施工活动在新的起点上按调整后的计划继续运行。

（2）当新的干扰影响施工进度时，新一轮调整、纠偏又开始了。

施工项目进度控制活动就这样循环往复进行，直至预期计划目标实现。

1.2.3 信息反馈原理

反馈是控制系统把信息输送出去，又把其作用结果返送回来，并对信息的再输出施加影响，起到控制作用，以达到预期目的。

施工项目进度控制的过程实质上就是对有关施工活动和进度的信息不断搜集、加工、汇总、反馈的过程。施工项目信息管理中心要对搜集的施工进度和相关影响因素的资料进行加工分析，由领导作出决策后，向下发出指令，指导施工或对原计划做出新的调整、部署；基层作业组织根据计划和指令安排施工活动，并将实际进度和遇到的问题随时上报。每天都有大量的内外部信息、纵横向信息流进流出。因而必须建立健全一个施工项目进度控制的信息网络，使信息准确、及时、畅通，反馈灵敏、有力，以及能正确运用信息对施工活动有效控制，才能确保施工项目的顺利实施和如期完成。

1.2.4 弹性原理

施工项目进度控制中应用弹性原理，首先表现在编制施工项目进度计划时，要考虑影响进度的各类因素出现的可能性及其变化的影响程度，进度计划必须保持充分弹性，要有预见性；其次是在施工项目进度控制中具有应变性，当遇到干扰，工期拖延时，能够利用进度计划的弹性，或缩短有关工作的时间，或改变工作之间的逻辑关系，或增减施工内容、工程量，或改进施工工艺、方案等有效措施，对施工项目进度计划作出及时地相应调整，缩短剩余计划工期，最后达到预期的计划目标。

1.2.5 PDCA原理

全面质量管理采用一套科学的、合乎认识论的办事程序即是 P、D、C、A 循环法。PDCA 由英文的计划（Plan）、实施（Do）、检查（Check）、处理（Action）几个词的第一个字母组成，它反映了质量管理必须遵循的 4 个阶段。进度管理采用的科学的、合乎认识论的办事程序同样也是 PDCA 循环。如图1-2所示。

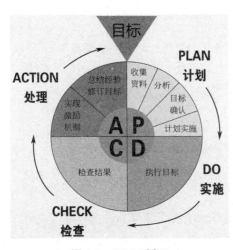

图1-2 PDCA循环

1.2.5.1　大环套小环，互相促进

PDCA 循环不仅适用于整个企业，而且也适用于各个项目、专业、班组以至于个人。根据企业总的方针目标，项目进度管理的各级各专业都有自己的目标和自己的 PDCA 循环。这样就形成了大环套小环，小环里面又套有更小的环的情况，各级进度管理责任单位、部门都有各自的 PDCA 循环，具体落实到每一个人上也有进度执行方面的 PDCA 循环。上一级的 PDCA 循环是下一级 PDCA 循环的依据，下一级 PDCA 循环又是上一级的 PDCA 循环的贯彻落实和具体化。通过循环把施工企业的各项工作有机地联系起来，彼此协同，互相促进。

1.2.5.2　螺旋形上升循环

项目的进度管理通过四个阶段周而复始地循环，而每一次都有新的内容和目标，因而就会前进一步，解决一批问题，进度管理水平就会有新的提高。就如上楼梯一样，每经过一次循环，就登上一级新台阶，这样就一步一步地上升提高。如图1-3所示。

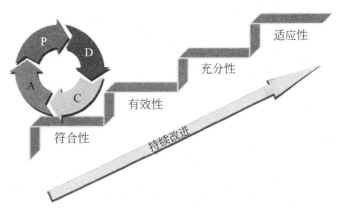

图1-3　PDCA 上升循环

1.2.5.3　推动 PDCA 循环的关键在于 A 阶段

所谓总结，就是总结经验，肯定成绩，纠正错误，提出新的目标有利于实施。这是 PDCA 循环之所以能上升、前进的关键。如果只有前三个阶段，没有将成功经验和失败教训纳入有关标准、制度和规定中，就不能巩固成绩，吸取教训，下一项目进度管理中就要继续摸索，项目实施中就要花更多的代价。因此推动 PDCA 循环，一定要抓好总结这个阶段。

1.2.5.4　进度管理利用 PDCA

为了提高管理水平，获得企业效益，在施工项目管理进度管理方面必须坚持持续改进。持续改进的主要步骤如图1-4所示。

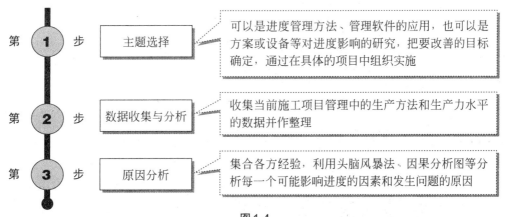

图1-4

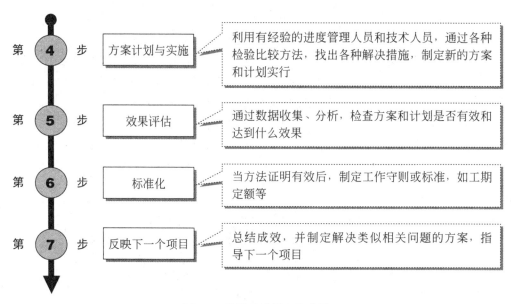

图1-4　持续改进的主要步骤

1.3　施工进度计划的编制

按合同工期完成施工任务，这既是合同要求也是实现企业经营目标的需要。在这一点上，建设单位（业主）同施工单位双方的利益是完全一致的。因此，加强施工进度控制，确保合同工期履约，是项目经理的基本职责和主要工作内容。计划是控制的前提，没有计划，就谈不上控制，控制就是将实际值与计划值进行比较，找出期间的偏差，然后进行反馈调整。编制施工进度计划，就是确定一个控制工期的计划值，并制定出保证计划实现的有效措施，保证工期在计划合同工期内完成。

1.3.1　工程进度计划层次划分及定义

整个工程分为五级进度计划，如图1-5所示。

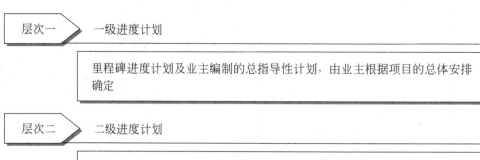

| 层次三 | 三级进度计划 |

各分包单位编制的分专业详细施工总进度计划，在项目开工前编审完成。由项目部组织分包单位编制，经项目经理部审批后，报项目监理、业主批准执行，是各专业具体施工的总进度计划，每三个月更新。此计划反映专业对所承担项目内容的总体安排，以及各专业为满足施工进度要求而对业主、监理、项目经理部以及其他专业提出的需求条件

| 层次四 | 四级进度计划 |

由三级进度计划滚动编制的月度施工计划，此计划每月更新，每月 25 日前编审完成。四级进度计划是对三级计划的进一步分解，是三级计划的保障，也是五级计划的编制依据。此计划由项目部每月组织编制，经项目经理部审批后，报项目监理、业主批准下达执行，工程设备、图纸、材料、费用、工程量、机械、人力资源等必须在该计划中加载控制，作为作业实施保障与现场进度协调的依据

| 层次五 | 五级进度计划 |

由月度施工计划滚动编制的周施工计划，此计划每周更新，每周日前编审完成。由分包单位根据四级计划编制周滚动计划并下达到专业班组

图1-5　工程进度计划层次划分

1.3.2　项目施工计划的编制依据

项目施工计划的编制依据如图1-6所示。

| 依据一 | 本项目的工程承包合同 |

合同中工期的规定是确定工期计划值的基本依据，合同规定的工程开工、竣工日期，必须通过进度计划来落实

| 依据二 | 本项目的施工组织设计 |

这个资料明确了施工能力部署与施工组织方法，体现了项目的施工特点，因而成为确定施工过程中各个阶段目标计划的基础

| 依据三 | 企业的施工生产经营计划 |

项目进度计划是企业计划的组成部分，要服从企业经营方针的指导，并满足企业综合平衡的要求

图1-6

依据四 ▷ 项目设计进度计划

图纸资料是施工的依据，施工进度计划必须与设计进度计划相衔接，必须根据每部分图纸资料的交付日期来安排相应部位的施工时间

依据五 ▷ 材料和设备供应计划

如果已经有了关于材料和设备及周转材料供应计划，那么，项目施工进度计划必须与之相协调

图1-6 项目施工计划的编制依据

除上述五点是编制项目进度计划时作为主要依据考虑外，还应注意有关现场施工条件的资料，主要包括施工现场的水文、地质、气候环境资料，以及交通运输条件、能源供应情况、辅助生产能力等。还要在编制项目施工进度计划之前，对已建成的同类或相似项目的实际施工进度进行收集，并认真进行分析、整理，列出控制的约束条件，明确影响工期达到强制时限，为编制项目进度计划作好充分准备。

1.3.3 施工进度计划编制原则

总的原则是施工满足招标文件要求，因地制宜及合理选用先进的施工设备和工艺，按期、优质、安全地完成工程施工任务，树立企业的良好形象，交付业主满意的精品工程。具体如图1-7所示。

原则一 ▷ 确保工期原则

严格按照承包合同的具体要求，保证按期完成施工任务

原则二 ▷ 确保施工安全的原则

坚持"安全第一，预防为主"和"管生产必须管安全"的原则，按施工人员的2%配备安全员，专职负责所有员工的安全和治安保卫工作及预防事故的发生

原则三 ▷ 确保施工质量的原则

以先进的施工设备保证先进的施工工艺，以先进的施工工艺保证施工质量，从根本上确保工程质量目标的实现

原则四 ▷ 保护环境、保持生态平衡的原则

保证在施工过程中，不得污染、损坏已经完成的工程及附属工程，施工安排中制定了完善的环境保护的施工措施

原则五	坚持专业化作业与综合管理相结合的原则

在施工组织方面，以专业施工队伍为基础，充分发挥专业人员和专用设备相结合的优势，采用综合管理手段，合理调配施工资源以达到整体优化资源配置的目的。努力提高机械化、标准化施工作业水平，科学合理地安排各项施工程序，组织连续均衡、紧凑有序的施工

图 1-7　施工进度计划编制原则

1.3.4　施工总进度的编制

工程项目施工总进度计划编制的依据是：施工总体方案、资源供应条件、各类定额资料、合同文件、工程建设总进度计划、工程所用时间目标、建设地区自然条件及有关技术经济资料等。

施工总进度计划的编制步骤如下。

1.3.4.1　计算工程量

计算工程量的主要依据有以下几点。

（1）投资工程量、劳动量及材料消耗扩大指标。

（2）概算指标和结构扩大定额。

（3）已建成建筑物、构筑物的资料。

计算出的工程量应当列入工程量计算表中。

1.3.4.2　确定各单位工程的施工期限

各个单位工程施工期限应当根据施工合同工期、建筑类型、结构特征、施工方法、施工管理水平、施工机械化程度及施工现场条件，参照类似单位工程施工工期和定额工期来确定单位工程施工期限。

1.3.4.3　确定各单位工程开工、竣工时间和相互搭接关系

应当注意下列问题。

（1）同一时期安排的项目不宜过多，以避免人力、物力过于分散。

（2）应尽量做到均衡施工，以避免资源过度消耗。

（3）应尽量提前施工可供施工期间使用的永久工程，以减少临时设施费用。

（4）关键工程应当先施工，以保证目标工期实现。

（5）施工顺序安排应与项目投产的先后次序吻合，以保证工程配套提前投入使用。

（6）注意施工季节对施工顺序的影响，以避免工期延误。

（7）适当考虑安排一些辅助性项目，以协调施工进度。

（8）合理安排主要工程和施工机械，尽量保证做到连续施工。

1.3.4.4　编制初步施工总进度计划

应当充分考虑施工流水作业。施工总进度计划可以用横道图和网络图表示。

相关链接

施工流水作业

一、何谓流水施工

流水施工是指很多的施工过程以预定的时间间隔依次投入各施工段，陆续开工，陆续竣工，使各施工班组能连续均衡地施工，不同施工过程尽可能组织平行搭接施工的组织方式。

施工有三种形式：依次施工、平行施工、流水施工。

例：现有四幢相同的砖混结构房屋的基础工程施工，其施工过程如下：挖土（2天）、混凝土垫层（1天）、砖基（3天）、回填土（1天）。现分别按依次施工、平行施工、流水施工三种方式组织工程施工，结果用下面的横道图表示。

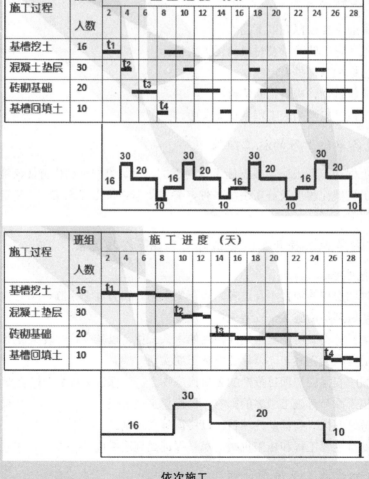

依次施工

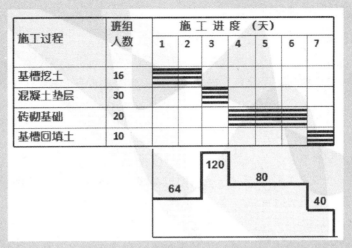

平行施工

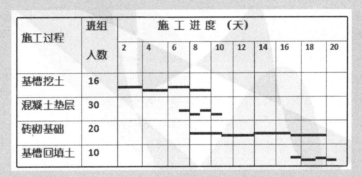

流水施工

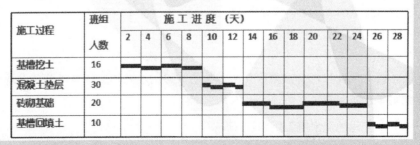

二、组织流水施工的优点

（1）实现专业化生产，有利于提高劳动生产率。

（2）合理利用空间和时间，有效缩短工期。

（3）做到计划管理和科学管理，促进施工技术和管理水平的提高。

三、相关术语

1.细部流水

细部流水，即分项工程流水施工、施工过程流水施工，是对某一分项工程组织的流水施工，即在一个专业工种内部组织起来的流水施工。其是组织流水施工中范围最小的流水施工，如安装胶合板门窗组织的流水施工。

2.分部工程流水

分部工程流水也称为专业流水。其编制对象是分部工程，即在分部工程内部，各个分项工程组织的流水。

3.单位工程流水

单位工程流水也称为项目流水，是在一个单位工程内部，各个分部工程之间组织起来的流水施工，是各分部工程流水的组合，如装修单位工程流水。

4.建筑群流水

建筑群流水也称为群体工程流水、大流水、综合流水，是指在多个单位工程之间组织的流水施工，是在一个群体工程内各单位工程流水的组合。这种流水施工方式具有控制性的作用，能组织多幢房屋或构筑物的大流水施工，在宏观上对整个建筑群的施工进行控制。

四、流水施工的分类

在流水施工中，根据流水节拍的特征将流水施工进行分类为无节奏流水施工、等节奏流水施工和异节奏流水施工三类。

1.无节奏流水施工

无节奏流水施工是指在组织流水施工时，全部或部分施工过程在各个施工段上的流水节拍不相等的流水施工。这种施工是流水施工中最常见的一种。

2.等节奏流水施工

等节奏流水施工是指在有节奏流水施工中，各施工过程的流水节拍都相等的流水施工，也称为固定节拍流水施工或全等节拍流水施工。

3.异节奏流水施工

异节奏流水施工是指在有节奏流水施工中，各施工段上同一施工过程的流水节拍各自相等而不同施工过程之间的流水节拍不尽相等的流水施工，在组织异节奏流水施工时，又可以采用等步距和异步距两种方式。

五、一个工程的流水施工组织程序

组织一个工程的流水施工，一般应按以下程序进行。

1.把工程对象划分为若干个施工阶段

每一拟建工程都可以根据其工程特点及施工工艺要求划分为若干个施工阶段（或分部工程），如建筑物可划分为基础工程、主体工程、围护结构工程和装饰工程等施工阶段。然后分别组织各施工阶段的流水施工。

2.确定各施工阶段的主导施工过程并组织专业工作班组

组织一个施工阶段的流水施工时，往往可按施工顺序划分成许多个分项工程。例如基础工程施工阶段可划分成挖土、钢筋混凝土基础、砖基础和回填土等分项工程。其中有些分项工程仍是由多个工种组成的，如钢筋混凝土分项工程由模板、钢筋和混凝土三个工种工程组成，这些分项工程有一定的综合性，由此组织的流水施工具有一定的控制作用。

3.划分施工段

施工段可根据流水施工的原理和工程对象的特点来划分。在无层间施工时，施工段数与主导施工过程（或作业班组）数之间一般无约束关系。

4.确定施工过程的流水节拍

流水节拍的大小对工期影响较大。根据现有条件和施工要求确定合适的人数求得流水节拍，该流水节拍在最大和最小流水节拍之间。

5.确定施工过程间的流水步距

流水步距可根据流水形式来确定。流水步距的大小对工期影响也较大，在可能的情况下组织搭接施工也是缩短流水步距的一种方法。

1.3.4.5　编制正式的施工总进度计划

对初步施工总进度计划进行优化，并做出适当的调整，获得正式的施工总进度计划，以此作为编制劳动力、物资、资金等建设资源的供应计划和使用计划的依据。用来控制项目施工进度的计划应该是优化的计划。计划的优化，是提高经济效益的关键。施工工期、资源投入量与成本消耗量，是三个相互联系又相互制约的因素。项目施工进度网络计划的优化，就是通过合理地改变工序之间的逻辑关系，充分利用关键工序的时差，科学地调整工期与资源消耗使之最小，不断地改善初始的计划，在一定约束条件之下，寻求优化的项目进度计划。

在项目施工中，采用不同的施工组织方案，工程成本会不相同。寻求成本最低的计划方案，是施工进度网络计划优化的重要内容。工程成本由直接费用和间接费用组成。一般来说，直接费用低的计划方案，工期比较长；为了缩短工期，需要采用效率更高的施工机械或施工工艺，直接费用往往就要增加；如果不改变效率，就需要投入更多的人力和物力，增加资源的使用强度，那就势必要扩大现场的临时设施和附属企业的生产规模，增加一次性费用的投入，其结果也要导致直接费用的增加。通常项目经理部总是优先采用那些增加费用不多而缩短工期效果显著的方法。不过，随着工期的缩短，直接费会更快地增加。间接费与项目施工的关系不那么直接，无论现场施工情况如何，每天大体上总要发生那么多费用。工期越长费用越多，费用与工期成正比。

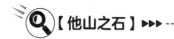

某实验综合楼工程施工总体进度计划

施工进度计划是施工组织设计的核心内容，在施工组织设计中起着主导作用。施工进度计划设计编制合理与否，直接影响到工程质量、安全和工期，同时对各种资源的投入、成本控制亦产生重要影响。

一、工程概况

略。

二、工期目标

根据承包合同的要求，结合类似工程施工经验，计划于2018年4月23日开工，2019年12月23日完工交付，实际工期为610天。具体工期目标控制点详见下表。

工程关键节点工期计划表

序号	进度点
1	护坡桩施工、土方开挖、支护、塔吊安装、垫层、防水层及防水保护层施工 计划于2018年5月11日开工，2018年7月19日结束，共计70天
2	地下室结构 地下室钢筋混凝土结构工程计划于2018年8月11日开始，2018年10月7日完成，共计58天
3	地上主体结构施工 计划于2018年10月8日开始，2019年2月8日完成地上混凝土结构施工，共计124天
4	二次结构施工 计划于2018年11月6日开始，2019年6月17日全面为精装移交工作面，期间包括2019年春节放假；共计224天
5	室内精装工程 室内精装工程于2019年3月1日开始，2019年11月14日完成，共计259天
6	外立面装修工程 外立面装修工程于2019年4月9日开始，2019年8月31日完成，共计145天
7	机电安装工程 机电安装工程于2018年7月20日开始预留预埋施工，2019年3月1日开始各种管线安装，各个机房设备确保在2019年10月30日前安装完毕。各专业单体调试于2019年11月29日完毕
8	工程竣工 联合调试竣工验收，计划于2019年11月30日开始，2019年12月19日完成。共计20天 总工期610天

三、施工总进度计划

施工总进度计划是对本工程全部施工过程的总体控制计划，具有指导、规范其他各级进度计划的作用，其他所有的施工计划均必须满足其控制节点的要求。

我们在施工进度计划的安排上研究了各方面的情况,根据工程特点、现场情况、社会环境及单位实力等综合因素,编制出本工程施工总进度计划。详见附图。

附图:某实验综合楼工程总体施工进度计划网络图。

附图:某实验综合楼工程总体施工进度计划横道图。

本工程的关键线路为:施工准备→基坑支护→土方开挖、降水→垫层、防水、防水保护层施工→基础底板施工→地下结构施工→地上混凝土结构施工→二次结构施工→室内外精装修工程施工→竣工验收。

具体施工时根据关键线路,编制相对应的各阶段进度计划,并根据各阶段的计划,实施确保各工期目标实现的保障措施。

四、阶段性工期管理目标

本工程工期控制目标见下表。

本工程阶段性工期控制目标

序号	工程内容		开始时间	完成时间	持续时间/天	备注
1	施工准备		2018.04.23	2018.05.07	15	
2	护坡桩施工		2018.05.11	2018.05.23	13	
3	土方开挖、基坑支护		2018.05.24	2018.07.04	42	
4	垫层、防水、防水保护层		2018.07.05	2018.07.19	15	
5	外墙防水、回填土		2018.10.08	2018.11.06	30	
6	建筑工程	地下混凝土结构	2018.08.11	2018.11.07	58	
		地上混凝土结构	2018.10.8	2019.02.08	124	
		砌筑工程	2018.11.06	2019.06.17	224	
7	装饰工程	地下装修	2019.03.01	2019.08.07	160	
		地上装修	2019.04.29	2019.10.24	180	
		外立面工程	2019.04.09	2019.08.31	145	不含预埋时间
8	屋面工程		2018.03.10	2018.04.18	40	
9	电气安装工程		2019.03.01	2019.11.29	274	不含预埋时间
10	暖卫安装工程		2019.03.01	2019.11.29	274	不含预埋时间
11	通风空调设备安装工程		2019.03.01	2019.11.29	274	不含预埋时间
12	各专业调试、联动调试验收、消防验收		2019.10.31	2019.12.20	51	
13	市政管线工程		2019.09.01	2019.09.30	30	
14	室外铺装及道路工程		2019.10.01	2019.10.20	20	
15	园林绿化及景观工程		2019.10.11	2019.10.30	20	
16	竣工验收		2019.12.20	2019.12.23	4	

五、暂估价专业分包进场计划安排

暂估价专业分包进场计划安排见下表。

暂估价专业分包进场计划

序号	暂估价专业分包	最迟开始进场时间
1	消防设备	2019年5月1日
2	电梯安装	2019年3月1日

1.3.5 单位工程施工进度的编制

单位工程施工进度计划是在既定施工方案的基础上，根据规定的工期和各种资源供应条件，对单位工程中的各分部分项工程的施工顺序、施工起止时间及衔接关系进行合理安排的计划。

1.3.5.1 单位工程施工进度计划编制的依据

单位工程施工进度计划编制的主要依据有以下几点。

（1）施工总进度计划。

（2）单位工程施工方案。

（3）合同工期或定额工期。

（4）施工定额。

（5）施工图和施工预算。

（6）施工现场条件。

（7）资源供应条件。

（8）气象资料等。

1.3.5.2 单位工程施工进度计划的编制程序

单位工程施工进度计划的编制程序如图1-8所示。

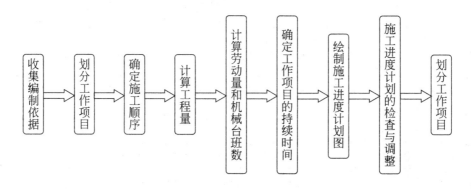

图1-8 单位工程施工进度计划的编制程序

1.3.5.3　单位工程施工进度计划的编制方法

（1）划分工作项目。工作项目是包括一定工作内容的施工过程，它是施工进度计划的基本组成单元。工作项目内容的多少，划分的粗细程度，应根据计划的需要来决定。对于大型建设工程，经常需要编制控制性施工进度计划，此时工作项目可以划分得粗一些，一般只明确到分部工程即可。

例如：

在装配式单层厂房控制性施工进度计划中，只列出土方工程、基础工程、预制工程、安装工程等各分部工程项目。

如果编制实施性施工进度计划，工作项目就应划分得细一些。在一般情况下，单位工程施工进度计划中的工作项目应明确到分项工程或更具体，以满足指导施工作业、控制施工进度的要求。例如装配式单层厂房实施性施工进度计划中，应将基础工程进一步划分为挖基础、做垫层、砌基础、回填土等分项工程。

由于单位工程中的工作项目较多，应在熟悉施工图纸的基础上，根据建筑物结构特点及已确定的施工方案，按施工顺序逐项列出，以防止漏项或重项。凡是与工程对象施工直接有关的内容均应列入计划，而不属于直接施工的辅助性项目和服务性项目则不必列入。

例如：

在多层混合结构住宅建筑工程施工进度计划中，应将主体工程中的搭设脚手架、砌筑砖墙，现浇圈梁、大梁及板混凝土，安装预制楼板和灌缝等施工过程列入。而完成主体工程中的运转砂浆及混凝土、搅拌混凝土和砂浆，以及楼板的预制和运输等项目，既不是在建筑物上直接完成，也不占用工期，则不必列入计划中。

另外，有些分项工程在施工顺序上和时间安排上是相互穿插进行的，或者是由同一专业施工队完成的，为了简化进度计划的内容，应尽量将这些项目合并，以突出重点。例如防潮层施工可以合并在砌筑基础项目内，安装门窗框可以并入砌墙工程。

（2）确定施工顺序。确定施工顺序是为了按照施工的技术规律和合理的组织关系，解决各工作项目之间在时间上的先后和搭接问题，以达到保证质量、安全施工、充分利用空间、争取时间、实现合理安排工期的目的。

一般来说，施工顺序受施工工艺和施工组织两方面的制约。当施工方案确定之后，工作项目之间的工艺关系也就随之确定。如果违背这种关系，将不可能施工，或者导致工程质量事故和安全事故的出现，或者造成返工浪费。

工作项目之间的组织关系是由于劳动力、施工机械、材料和构配件等资源的组织和安排需要形成的。它不是由工程本身决定的，而是一种人为的关系。组织方式不同，组织关系也就不同。不同的组织关系会产生不同的经济效果，应通过调整组织关系，并将工艺关系和组织关系有机结合起来，形成工作项目之间的合理顺序关系。

不同的工程项目，其施工顺序不同。即使是同一类工程项目，其施工顺序也难以做到完全相同。因此，在确定施工顺序时，必须根据工程的特点、技术组织要求以及施工方案等进行研究，不能拘泥于某种固定的顺序。

（3）计算工程量。工程量的计算应根据施工图和工程量计算规则，针对所划分的每一个工作项目进行。当编制施工进度计划时已有预算文件，且工作项目的划分与施工进度计划一致时，可以直接套用施工预算的工程量，不必重新计算。若某些项目有出入，但出入不大时，应结合工程的实际情况进行某些必要的调整。计算工程量时应注意图1-9所示问题。

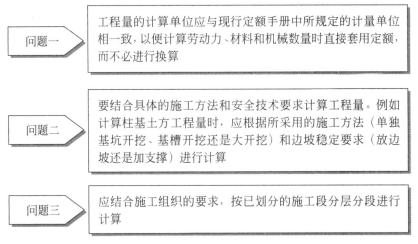

图1-9 计算工程量应注意的问题

（4）计算劳动量和机械台班数。当某些工作项目是由若干分项工程合并而成时，则应分别根据各分项工程的时间定额（或产量定额）及工程量，按下列公式计算出合并后的综合时间定额（或综合产量定额）。

$$H=\frac{Q_1H_1+Q_2H_2+\cdots+Q_iH_i+\cdots+Q_nH_n}{Q_1+Q_2+\cdots+Q_i+\cdots+Q_n}$$

式中　H——综合时间定额；

　　　Q_i——工作项目中第 i 个分项工程的工程量；

　　　H_i——工作项目中第 i 个分项工程的时间定额。

根据工作项目的工程量和所采用的定额，即可根据下列两个式子计算出各工作项目所需要的劳动量和机械台班数。

$$P=Q \cdot H$$

或

$$P=\frac{Q}{S}$$

式中　P——工作项目所需要的劳动量（工日）或机械台班数（台班）；

　　　Q——工作项目的工程量；

　　　S——工作项目所采用的人工产量定额或机械台班产量定额。

零星项目所需要的劳动量可结合实际情况，根据承包单位的经验进行估算。

由于水暖电卫等工程通常由专业施工单位施工，因此，在编制施工进度计划时，不计算其劳动量和机械台班数，仅安排其与土建施工相配合的进度。

（5）确定工作项目的持续时间。根据工作项目所需要的劳动量或机械台班数，以及该工作项目每天安排的工人数或配备的机械台数，即可按下列公式计算出各个工作项目的持续时间。

$$D = \frac{P}{R \cdot B}$$

式中　D——完成工作项目所需要的时间，即持续时间，天；

　　　　R——每班安排的工人数或施工机械台数；

　　　　B——每天工作班数。

在安排每班工人数和机械台数时，应综合考虑图1-10所示两个问题。

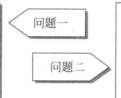

要保证各个工作项目上工人班组中每一个工人拥有足够的工作面（不能少于最小工作面），以发挥高效率并保证安全施工

问题一

问题二

要使各个工作项目上的工人数量不低于正常施工时所必需的最低限度（不能小于最小劳动组合），以达到最高的劳动生产率

图1-10　安排每班工人数和机械台数时应考虑的问题

由此可见，最小工作面限定了每班安排人数的上限，而最小劳动组合限定了每班安排人数的下限。对于施工机械台数的确定也是如此。

每天的工作班数应根据工作项目施工的技术要求和组织要求来确定。例如浇筑大体积混凝土，要求不留施工缝连续浇筑时，就必须根据混凝土工程量决定采用双班制或三班制。

（6）绘制施工进度计划图。绘制施工进度计划图可用横道图或者网络图两种形式来表达。

（7）施工进度计划的检查与调整。当施工进度计划初始方案编制好后，需要对其进行检查与调整，以便使进度计划更加合理，进度计划检查的主要内容包括以下几点。

① 各工作项目的施工顺序、平行搭接和技术间歇是否合理。

② 总工期是否满足合同规定。

③ 主要工种的工人是否能满足连续、均衡施工的要求。

④ 主要机具、材料等的利用是否均衡和充分。

在上述四个方面中，首要的是前两个方面的检查，如果不满足要求，必须进行调整。只有在前两个方面均达到要求的前提下，才能进行后两个方面的检查与调整。前者解决可行与否的问题，而后者则是优化的问题。

（8）施工项目进度计划的审核。项目经理应对施工项目进度计划进行审核，主要审核内容有以下几点。

① 项目总目标和所分解的子目标的内在联系是否合理？进度安排能否满足施工合同工期的要求？是否符合其开工竣工日期的规定？分期施工是否满足分批交工的需要和配套交工的要求？

② 施工进度中的内容是否全面，有无遗漏项目，是否能保证施工质量和安全的需要？

③ 施工程序和作业顺序安排是否正确合理？

④ 各类资源供应计划是否能保证施工进度计划的实现，供应是否均衡？

⑤ 总分包之间和各专业之间，在施工时间和位置的安排上是否合理，有无干扰？

⑥ 总分包之间的进度计划是否相协调，专业分工与计划的衔接是否明确、合理？

⑦ 对实施进度计划的风险是否分析清楚，是否有相应的防范对策和应变预案？

⑧ 各项保证进度计划实现的措施设计的是否周到、可行、有效。

1.4 施工进度计划实施

1.4.1 施工进度计划的下达

1.4.1.1 三级及以上计划下达

经审批的计划，由项目经理部对各分包单位下达。三级施工进度计划表见表1-2。

表1-2　三级施工进度计划表

序号	作业名称	总工程量		工期	计划开始	计划完成	计划投入人力	备注
		单位	数量					
一	里程碑/节点							
...								
二	××专业							
...								

1.4.1.2 四级计划下达

经审批的计划，由项目计划统计专工于每月30日前按专业将下月施工月计划下达到各分包单位，并签收。四级计划下达至少包含表1-3中内容。

表1-3　月度施工进度计划表

序号	作业名称	总工程量（合同）		总工期计划		实际开始时间	本月累计完成		下月计划				备注
		单位	数量	开始时间	完成时间		工程量或百分比	时间	计划完成量	计划累计完成百分比	开始时间	完成时间	
一	里程碑/节点												
...													
二	××专业												
...													

下达人：　　　　　　　　接收人：　　　　　　　　日期：

1.4.1.3 五级计划下达

各分包单位根据四级计划及现场情况每周编制各班组的详细周作业计划，明确施工负责人，经项目经理部审批后每周定期下达到专业班组。五级计划下达至少包含表1-4内容。

表1-4　周施工进度计划表

里程碑目标：如××××年×月×日水压试验/厂用受电

序号	作业名称	总工程量（合同）		总工期计划		实际开始时间	本月计划完成		下周计划完成				专业班组负责人	备注
		单位	数量	开始时间	完成时间		工程量	时间	计划完成量	计划开始时间	计划完成时间	计划完成累计百分比		
一	××专业													
1														
2														
…														
二	××专业													
1														
2														
…														

下达人：　　　　　　　　　　　　接收人：　　　　　　　　　　　　日期：

1.4.1.4　专业班组施工员计划下达

班长收到五级计划后，将计划工作量分解到每一天，把每天的工作量通过站班会落实到每个施工组及施工员。班组交底至少包含表1-5内容。

表1-5　专业班组每日施工计划交底表

里程碑目标：如××××年×月×日水压试验

序号	作业名称	工程量		工期计划		实际开始时间	本周计划完成		本日计划完成		组长	施工组员	备注
		单位	数量	开始时间	完成时间		工程量	时间	日计划完成量	计划完成累计百分比			
一	××专业												
1													
2													
…													
二	××专业												
1													
2													
…													

交底人：　　　　　　　　　　　　接收人：　　　　　　　　　　　　日期：

1.4.2 签发施工任务书

施工任务书是向班组下达任务实行责任承包，全面管理和原始记录的综合性文件。施工班组必须保证指令任务的完成。

施工任务书包括：施工任务单、限额领料单、考勤表等，其中施工任务单包括分项工程施工任务、工程量、劳动量、开工及完工日期、工艺、质量和安全要求，限额领料单根据施工任务单编制，是控制班组领用料的依据，其中列明材料名称、规格、型号、单位和数量、领退料记录等。

工长根据作业计划按班组编制施工任务书，签发后向班组下达并落实施工任务。在实施过程中，做好记录，任务完成后回收，作为原始记录和业务核算资料保存。施工任务单如表1-6所示。

表1-6　施工任务单

项目名称＿＿＿＿＿＿＿＿＿＿　　　　编　　号＿＿＿＿＿＿＿＿＿＿

开工日期＿＿＿＿＿＿＿＿＿＿　　　　部位名称＿＿＿＿＿＿＿＿＿＿

签 发 人＿＿＿＿＿＿＿＿＿＿　　　　交 底 人＿＿＿＿＿＿＿＿＿＿

施工班组＿＿＿＿＿＿＿＿＿＿　　　　签发日期＿＿＿＿＿＿＿＿＿＿

回收日期＿＿＿＿＿＿＿＿＿＿

定额编号	分项工程名称	单位	定额工数			实际完成情况				考 勤 记 录	
			工程量	时间定额/定额系数	定额工数	工程量	实需工数	实耗工数	工效（%）	姓名	日 期

小计

材料名称	单位	单位定额	定额数量	实需数量	实耗数量	施工要求及注意事项

验收内容	签证人
质 量 分	
安 全 分	
文明施工分	

合计

计划施工日期：　　月　　日～　　月　　日

实际施工日期：　　月　　日～　　月　　日

工期超　　天　　拖　　天

1.4.3 做好施工进度记录，填施工进度统计表

各级施工进度计划的执行者做好施工记录，如实记载计划执行情况。

（1）每项工作的开始和完成时间，每日完成数量。

（2）记录现场发生的各种情况、干扰因素的排除情况。

（3）跟踪做好形象进度、工程量、总产值、耗用的人工、材料、机械台班、能源等数量。

（4）及时进行统计分析并填表上报，为施工项目进度检查和控制分析提供反馈信息。

限额领料单和限额领料发放记录如表1-7、表1-8所示。

表1-7 限额领料单

年　　月　　日

单位工程		施工预算工程量		任务单编号		
分项工程		实际工程量		执行班组		

材料名称	规格	单位	施工定额	计划用量	实际用量	计划单价	金额	级配	节约	超用

表1-8 限额领料发放记录

月/日	名称、规格	单位	数量	领用人	月/日	名称、规格	单位	数量	领用人

1.4.4　施工计划执行情况的反馈与协调

（1）分包单位应根据施工计划，每周搜集阻碍本专业施工的事项，按内部（项目部）协调问题和外部（业主、监理）协调问题列表分类整理成追踪表，提出问题解决时限，每周滚动更新并定期上报项目部，分包单位对追踪表内容要持续督促项目落实。项目内部、外部协调问题追踪表内容详见表1-9。

表1-9　____项目需协调的内/外部问题追踪表

编制时间：

序号	需协调的问题	问题提出时间	设备/材料/图纸原计划应到时间	影响的下道工序	影响的里程碑或节点	最新要求到货（或问题解决）时间	责任单位	责任人	实际到货（或问题解决）时间	处理过程
一	土建专业									
1										
2										
3										
…										
二	钢结构专业									
1										
2										
3										
…										

（2）项目部收到各分包单位上报的内部协调问题后，分类汇总，同时将问题分解，责成相关部门及责任人按期限要求协调解决；外部协调问题项目要及时、定期、滚动发文给业主和监理并督促解决。内/外部协调问题项目要形成追踪机制，不能解决的问题要逐级上报。项目每周将内/外部协调问题及处理情况汇总报公司工程管理部备案。

（3）专业班组在计划实施过程中，要跟踪反馈计划的实施情况，在进度表（图）上进行实际进度记录，并跟踪记载每个施工过程的开始日期、完成日期，记录每日完成数量、施工现场发生的情况、干扰因素的排除情况等。对于影响进度的内/外部问题要及时向上级分包单位反馈。

① 各专业班组技术员填报施工进度日志，收集施工进展情况的数据，施工进度日志内容至少包括表1-10内容。

② 各分包单位负责人定期收集本专业班组施工进度日志，统计本周实际完成或消耗的资源数量等数据，了解资源满足率和劳动生产率状况，及时采取措施，并协助计划专工更新进度计划。

③ 月底项目工程部计划专工根据施工进度日志收集的数据，汇总本月各施工项目完成情况，得出本期施工进展情况，并进行计算，形成施工进度报表。项目经理部根据施工报表反映的情况，及时采取进度纠偏措施。

表1-10 ××项目各专业班组施工进度日志

日期： 现有人数： 人（其中：管理人员、技术人员 人） 天气： 编号：

1. 项目进度简况

序号	施工项目、作业名称	负责人	计划工期		实际日期		工程实物量					投入施工机械		主材消耗		投入劳动力（人）				加班、倒班情况		进度评价	备注
			开工日	完工日	开工	完工	单位	总量	本日完成量	累计完成量	累计完成%	机械甲（数量）	…	材料1（数量）	…	管理及技术	工种A	…	合计	时段	人次		
1	××专业																						
…																							

2. 计划开工而未开工、计划完工而未完工项目情况统计、说明

3. 窝工情况及原因说明

4. 记事（含时间、事件、内容同大事记要求）

5. 需协调问题

需业主、监理协调	
需提交公司协调会	
项目内部、项目与分包单位、项目与对口职能部门	

专业班组负责人： 填报人：

1.4.5 施工项目进度计划的检查

跟踪检查施工实际进度是项目施工进度控制的关键措施。

1.4.5.1 检查依据

施工进度计划、作业计划及施工进度计划实施记录。

1.4.5.2 检查目的

检查实际施工进度，收集整理有关资料，并与计划对比，为进度分析和计划调整提供信息。

1.4.5.3 检查时间

（1）根据施工项目的类型、规模、施工条件和对进度执行要求的程度确定检查时间和间隔时间。

（2）常规性检查可确定为每月、半月、旬或周进行一次。

（3）施工中遇到天气、资源供应等不利因素严重影响时，间隔时间临时可缩短，次数应频繁。

（4）对施工进度有重大影响的关键施工作业可每日检查或派人驻现场督阵。

1.4.5.4 检查内容

（1）对日施工作业效率，周、旬作业进度及月作业进度分别进行检查，对完成情况做出记录。

（2）检查期内实际完成和累计完成工程量。

（3）实际参加施工的人力、机械数量和生产效率。

（4）窝工人数、窝工机械台班及其原因分析。

（5）进度偏差情况。

（6）进度管理情况。

（7）影响进度的特殊原因及分析。

1.4.5.5 检查方法

（1）建立内部施工进度报表制度。

（2）定期召开进度工作会议，汇报实际进度情况。

（3）进度控制、检查人员经常到现场实地察看。

1.4.6 施工项目进度计划执行情况对比分析

施工项目进度计划的执行情况对比分析是将施工实际进度与计划进度对比，计算出计划的完成程度与存在的差距，也可结合与计划表达方式一致的图表进行图解分析。其对比分析方法有以下几种

1.4.6.1 计算对比法

（1）单一施工过程（一个分项工程）的进度完成情况

① 匀速施工情况。匀速施工是指每天完成的工程量是相同的。这时施工的时间进度和工程量进度是一致的。检查施工进度计划完成的计算分析公式如下。

$$Y(施工进度计划完成程度 \%) = \frac{到检查日止实际施工时间（天）}{到检查日止计划施工时间（天）}$$

$$= \frac{到检查日止累计实际完成工程量}{到检查日止累计计划完成工程量}$$

若上式中的分子－分母：（实际－计划）累计完成工程量为 ΔQ；（实际－计划）施工进度时间（天）为 Δt；则判别关系见表1-11。

表1-11 判别关系

	未完成计划	刚好完成计划	超额完成计划
Y（%）	<100	=100	>100
ΔQ	<0拖欠工程量	=0按量完成	>0超额工程量
Δt（天）	<0拖后时间	=0按时完成	>0超前时间

② 变速施工情况。变速施工是指每天的计划施工速度不同，或者是实际施工速度与计划施工速度不同。这时应检查施工以来累计工程量进度完成情况，其计算公式如下。

$$Y(累计工程量进度计划完成程度 \%) = \frac{到检查日止实际累计完成工程量}{到检查日止计划累计完成工程量}$$

$$= \frac{到检查日止实际工程量累计完成百分比}{到检查日止计划工程量累计完成百分比}$$

若上式中：（实际－计划）累计完成工程量为 ΔQ，实际施工时间（天）－实际累计完成工程量所需的计划施工时间（天）为 Δt，则判别关系见表1-12。

表1-12 判别关系

	未完成计划	刚好完成计划	超额完成计划
Y（%）	<100	=100	>100
ΔQ	<0拖欠工程量	=0按量完成	>0超额工程量
Δt（天）	>0拖后时间	=0按时完成	<0超前时间

（2）多项施工过程（多工种、多分项分部工程）进度计划的综合完成情况。多项施工过程的工程量性质不同，不能相加，可用施工产值或消耗的劳动时间工日进行综合比较后，其计算公式如下。

Y_1 多项施工过程施工进度（累计产值）计划完成程度（%）

$$= \frac{\sum(到检查日止各项施工实际完成工程量 \times 预算单价)}{\sum(到检查日止各项施工计划完成工程量 \times 预算单价)}$$

$$= 到检查日止用预算单价计算的 \left(\frac{实际完成产值}{计划完成产值} \right)$$

Y_2 多项施工过程施工进度（累计工日）计划完成程度（%）

$$= \frac{\sum（到检查日止各项施工实际完成工程量 \times 工日定额）}{\sum（到检查日止各项施工计划完成工程量 \times 工日定额）}$$

$$= 到检查日止各项施工累计完成的 \left(\frac{实际定额工日数}{计划定额工日数} \right)$$

则 $Y_1 Y_2$ 判别关系见表1-13。

表1-13　$Y_1 Y_2$ 判别关系

	未完成计划	刚好完成计划	超额完成计划
Y_1（%）	<100	=100	>100
Y_2（%）	<100	=100	>100

此法也可用于单位工程、单项工程和建设项目的计划完成情况的对比分析。

1.4.6.2　图形对比法

（1）图形对比法的选择。图形对比法是在表示计划进度的图形上，标注出实际进度，根据两个进度之间的相对位置差距或形态差异，对进度计划的完成情况作出判断和预测的方法。它具有形象直观的优点。

由于施工过程包含的施工作业工作多样、复杂，因而施工进度的图形表达方式有很多种，主要分为横道图法、垂直进度图法、S形曲线图法、香蕉形曲线图法、网络图法、模型图法、列表检查法等。一般是根据施工的特点和检查要求来选择适当的方法。详见表1-14。

表1-14　施工进度图形对比法的特点及选择

检查对象	特点	宜采用的方法
分项工程匀速施工 完成任务%／累计完成%／单位时间完成%／时间	（1）施工速度是一条水平直线，即每天完成量相等 （2）施工时间与累计完成施工任务百分比是线性关系，其斜率即为施工速度 （3）施工时间长度与累计完成施工任务百分比同步增长 （4）检查施工时间（天数）也就等于检查了累计完成施工任务百分比 （5）利用实际与计划天数比例可换算累计完成施工任务百分比	（1）单比例横道图法 （2）垂直进度图法 （3）网络前锋线法
分项工程变速施工或多项工程综合进度 完成任务%／累计完成%／单位时间完成%／时间	（1）施工速度是不同高度的水平线段，即每天完成任务量不等 （2）施工时间与累计完成施工任务百分比是曲线（折线）关系，其各点斜率即为施工速度 （3）检查时，应同时标注和检查施工时间（天数）和累计完成施工任务百分比的执行情况	（1）双比例单侧横道图法 （2）双比例双侧横道图法 （3）S形曲线法 （4）香蕉形曲线法

续表

检查对象	特点	宜采用的方法
对单位（项）工程进度进行全局性检查时	（1）包含多项工作，须明确各工作之间的逻辑关系 （2）重点检查关键工作、关键线路 （3）预测对后续工作和总工期的影响 （4）对计划的调整提供建议 （5）仅检查进度目标工期实现情况	（1）网络图前锋线法 （2）列表比较法 （3）模型图比较法 （4）单比例横道图法

（2）单比例横道图法。对分项工程检查时，匀速施工条件下，时间进度与完成工程量进度一致，仅按时间进度标注、检查即可。具体做法是：将检查结果得到的实际进度（施工时间）用另一种颜色（或标记）标注在相应的计划进度横道图上。如果实际施工速度与计划速度不同，则应将实际完成施工任务量按计划速度换算为施工时间（天数）标注。将到检查日止的实际进度线与计划进度线的长度进行比较，二者之差为时间进度差 Δt，$\Delta t = 0$，为按期完成；$\Delta t > 0$，为提前时间；$\Delta t < 0$，为拖期时间。

如表1-15所示例中，在第10天检查时，A工程按期完成计划；B工程进度落后2天；C工程因早开工1天，实际进度提前了1天。

当进行单位（单项）工程或整个项目的进度计划检查，特别注重的是各组成部分的工期目标（完工或交工时间）是否实现，而不计较具体的施工速度时，也可采用单比例横道图法。

表1-15 单比例横道图进度表

工作编号	工作时间/天	施工进度/天												
		1	2	3	4	5	6	7	8	9	10	11	12	…
A	6													
B	9													
C	8													
…	…													

━━━ 计划进度　　═══ 实际进度

（3）垂直进度图法。垂直进度图法适用于多项匀速施工作业的进度检查。具体做法如下。

① 建立直角坐标系，其横轴 t 表示进度时间，纵轴 Y 表示施工任务的数量完成情况。施工数量进度可用实物工程量、施工产值、消耗的劳动时间（工日）等指标表示，但最常用的指标是由前述几个指标计算的完成任务百分比（%），因为它综合性强、便于广泛比较。

② 在图中绘制出表示每个工程的计划进度时间和相应计划累计完成程度的计划线。计划线与横轴的交点表示计划开始时间，与100水平线的交点是计划完工时间，各计划线的斜

率表示每个工程的施工速度。

③ 对进度计划执行情况检查，将在检查日已完成的施工任务标注在相应计划线的一侧。然后可按纵横两个坐标方向进行完成数量（进度百分比）和工期进度的比较分析。

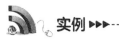 **实例** ▶▶▶ ---

在下图示例中，A、B、C、D、E、F 6项工程的总工期90天，在第50大检查时A、B工程已完成；D工程完成了60%，符合进度按计划要求；C工程按计划应全部完成，但实际完成了80%，相当于第40天计划任务，故拖期了10天。

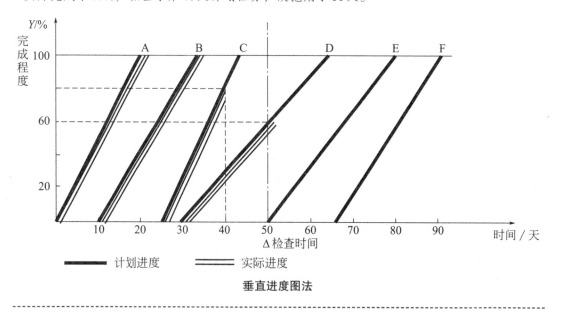

垂直进度图法

运用垂直进度图法检查进度，可在纵坐标上直接查到实际的数量进度，不必用时间进度去换算，在实际施工速度与计划施工速度不同时，尤为方便、快捷。

（4）双比例单侧（双侧）横道图法。双比例单侧（双侧）横道图法用于检查变速施工进度或多项施工的综合进度。变速施工或多项施工条件下，单位时间完成的施工任务数量不同，且不能简单相加，时间进度与数量进度不一致，因而，应对时间坐标及计划和实际两个进度的累计完成百分比同时标注检查，才能准确地反映施工进度完成情况。具体做法如下。

① 在计划横道图上方平行绘制出标注有时间及对应的累计计划完成%的横坐标。

② 检查后，用明显标示将自开工日（或上一检查日）起至检查日止的实际施工时间标注在计划横道图的一侧。

③ 在计划横道图下方平行标注出检查结果，即绘制出自开工日起至检查日止的实际累计完成%的横坐标，于是就得到了双比例单侧横道图。

④ 如果将每次检查的实际施工时间交替标注在计划横道图的上下两侧，得到的是双比例双侧横道图。双侧标注可以提供各段检查期间的施工进度情况等更多信息。

⑤ 观察同一时间的计划与实际累计完成百分比的差距，进行进度比较。

 实例 ▶▶▶ --

如下图例中，该项施工工期8个月。7月末计划应完成计划的90%，但实际只完成了计划的80%，和6月末的计划要求相同，故拖延工期1个月；进度计划的完成程度为89%（=80%/90%），少完成了10个百分点（=80%-90%）。

若该项工程每月末检查一次，其结果按双侧标注，将得到更多信息：前两个月尚能完成计划，从第3个月开始都没有完成计划。因而及早检查发现，采取措施是必要的。

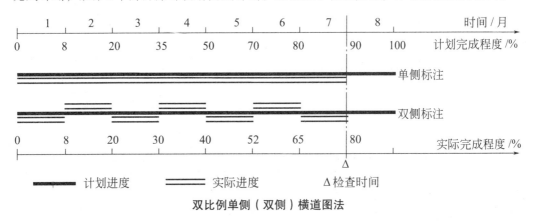

双比例单侧（双侧）横道图法

（5）S形曲线比较法。S形曲线比较法适用于变速施工作业或多项工程的综合进度检查。具体做法如下。

① 建立直角坐标系，其横轴t表示进度时间，纵轴Y表示施工任务的累计完成任务百分比（%）。

② 在图中绘制出表示计划进度时间和相应计划累计完成程度的计划线。因为是变速施工，所以计划线是曲线形态，若施工速度（单位时间完成工程任务）是先快后慢，计划累计曲线呈抛物线形态；若施工速度是先慢后快，计划累计曲线呈指数曲线形态；若施工速度是快慢相间，曲线呈上升的波浪线；若施工速度是中期快首尾慢，计划累计曲线呈S形曲线形态；见表1-16，其中后者居多，故而得名。计划线上各点切线的斜率表示即时施工速度。

表1-16 施工速度与累计完成任务量和时间的关系

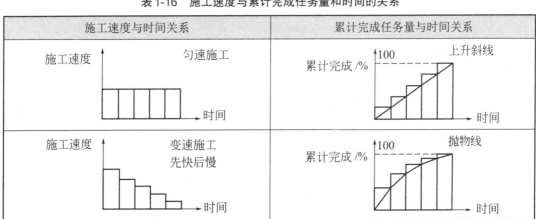

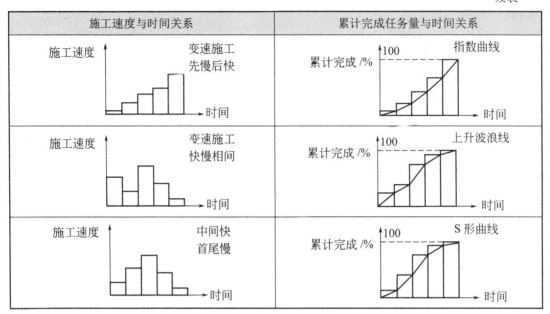

施工速度与时间关系	累计完成任务量与时间关系
施工速度 变速施工 先慢后快 时间	累计完成/% 100 指数曲线 时间
施工速度 变速施工 快慢相间 时间	累计完成/% 100 上升波浪线 时间
施工速度 中间快 首尾慢 时间	累计完成/% 100 S形曲线 时间

③ 对进度计划执行情况检查，并在图上标注出每次检查的实际进度点，将各点连接成实际进度线。然后可按纵横两个坐标方向进行完成数量（进度百分比）和工期进度的比较分析，具体判别关系如表1-17所示。

表1-17 S形曲线比较判别关系

纵向（数量）比较	同一时间内实际完成与计划完成数量（进度百分比）Q相比较		
实际点位于S线	上方	重合	下方
ΔQ	>0	$=0$	<0
进度计划执行情况	超额完成	刚好完成	未完成
横向（时间）比较	完成相同工作（进度百分比）实际所用时间与计划需要时间t相比较		
实际点位于S线	左侧	重合	右侧
Δt	<0	$=0$	>0
进度计划执行情况	工期提前	按期完成	工期拖延

 实例 ▶▶▶ --

在下图示例中，计划工期90天。第40天检查时，实际进度点a落在了计划线的上方左侧，从纵向比较看：实际完成进度30%，与同期计划比 $\Delta Q_a \approx 30\%-20\%=10\%$，即多完成10个百分点；从横向看：相当于完成了第50天的计划任务，$\Delta t_a=40-50=-10$，故工期提前了10天。第70天检查时，实际进度点b落在了计划线的下方右侧，从纵向比较看：实际完成进度60%，与同期计划比，$\Delta Q_b=60\%-80\%=-20\%$，即少完成20个百分点；从横向看：相当于完成了第60天的计划任务，$\Delta t_b \approx 70-60=10$，故工期拖延了10天。若继续保持当前速度施工（施工进度呈直线），预计总工期有可能拖后 $\Delta t_c=10$ 天。

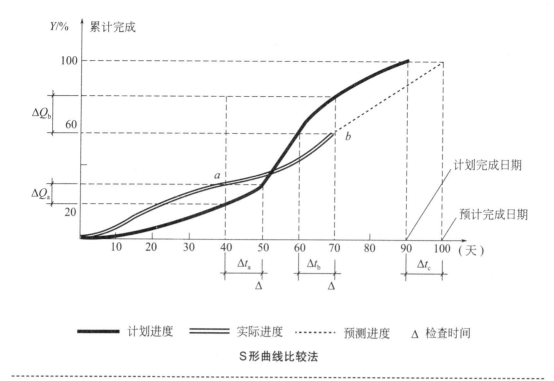

S形曲线比较法

计划进度 ══ 实际进度 ┄┄ 预测进度 △ 检查时间

（6）香蕉形曲线比较法

① 香蕉形曲线的特征。香蕉形曲线是两条S形曲线组合成的闭合图形。如前所述，工程项目的计划时间和累计完成任务量之间的关系都可用一条S形曲线表示。在工程项目的网络计划中，各项工作一般可分为最早和最迟开始时间，于是根据各项工作的计划最早开始时间安排进度，就可绘制出一条S形曲线，称为ES曲线，而根据各项工作的计划最迟开始时间安排进度，绘制出的S形曲线，称为LS曲线。这两条曲线都是起始于计划开始时刻，终止于计划完成之时，因而图形是闭合的；一般情况下，在其余时刻，ES曲线上各点均应在LS曲线的左侧，其图形如图1-11所示，形似香蕉，因而得名。

因为在项目的进度控制中，除了开始点和结束点之外，香蕉形曲线的ES和LS上的点不会重合，即同一时刻两条曲线所对应的计划完成量形成了一个允许实际进度变动的弹性区间，只要实际进度曲线落在这个弹性区间内，就表示项目进度是控制在合理的范围内。在实践中，每次进度检查后，将实际点标注于图上，并连成实际进度线，便可以对工程实际进度与计划进度进行比较分析，对后续工作进度做出预测和相应安排。

② 香蕉形曲线的绘制

第一，以工程项目的网络计划为基础，确定该工程项目的工作数目n和计划检查次数m，并计算时间参数ES_i、LS_i、（$i=1$、$2\cdots n$）；

第二，确定各项工作在不同时间的计划完成任务量，分为两种情况：按工程项目的最早时标网络计划，确定各工作在各单位时间的计划完成任务量，用

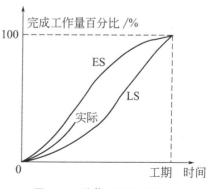

图1-11 香蕉形曲线比较图

q_{ij}^{ES}表示，即第i项工作按最早开始时间开工，第j时间完成的任务量（$1 \leq i \leq n$；$1 \leq j \leq m$）；按工程项目的最迟时标网络计划，确定各工作在各单位时间的计划完成任务量，用q_{ij}^{LS}表示；即第i项工作按最迟开始时间开工，第j时间完成的任务量（$1 \leq i \leq n$；$1 \leq j \leq m$）；

第三，计算工程项目总任务量Q。工程项目的总任务量可用下式计算：

$$Q = \sum_{i=1}^{n} \sum_{j=1}^{m} q_{ij}^{ES}$$

或

$$Q = \sum_{i=1}^{n} \sum_{j=1}^{m} q_{ij}^{LS}$$

第四，计算到j时刻累计完成的总任务量，分为以下两种情况。

按最早时标网络计划计算完成的总任务量Q_j^{ES}为：

$$Q_j^{ES} = \sum_{i=1}^{n} \sum_{j=1}^{j} q_{ij}^{ES} \qquad 1 \leq i \leq n \qquad 1 \leq j \leq m$$

按最迟时标网络计划计算完成的总任务量Q_j^{LS}为：

$$Q_j^{LS} = \sum_{i=1}^{n} \sum_{j=1}^{j} q_{ij}^{LS} \qquad 1 \leq i \leq n \qquad 1 \leq j \leq m$$

第五，计算到j时刻累计完成项目总任务量百分比，分为以下两种情况。

按最早时标网络计划计算完成的总任务量百分比μ_j^{ES}为：

$$\mu_j^{ES} = \frac{Q_j^{ES}}{Q} \times 100\%$$

按最迟时标网络计划计算完成的总任务量百分比μ_j^{LS}为：

$$\mu_j^{LS} = \frac{Q_j^{LS}}{Q} \times 100\%$$

第六，绘制香蕉形曲线。按μ_j^{ES}，j（$j=1,2,\cdots,m$），描绘各点，并连接各点得ES曲线；按μ_j^{LS}，（$j=1,2,\cdots,m$），描绘各点，并连接各点得LS曲线，由ES曲线和LS曲线组成香蕉形曲线。在项目实施过程中，按同样的方法，将每次检查的各项工作实际完成的任务量，代入上述各相应公式，计算出不同时间实际完成任务量的百分比，并在香蕉形曲线的平面内绘出实际进度曲线，便可以进行实际进度与计划进度的比较。

实例 ▶▶▶ ---

已知某工程项目网络计划如下图所示，有关网络计划时间参数见"网络计划时间参数表"，完成任务量以劳动量消耗数量表示，见劳动量消耗数量表、完成的总任务量及其百分比表，试绘制香蕉形曲线。

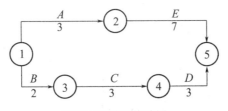

某施工项目网络计划

网络计划时间参数表

t	工作编号	工作名称	D_i/天	ES_i	LS_i
1	1-2	A	3	0	0
2	1-3	B	2	0	2
3	3-4	C	3	2	4
4	4-5	D	3	5	7
5	2-5	E	7	3	3

劳动量消耗数量表

i \ q_{ij}（工日） \ j（天）	q_{ij}^{ES}										q_{ij}^{LS}									
	1	2	3	4	5	6	7	8	9	10	1	2	3	4	5	6	7	8	9	10
1	3	3	3								3	3	3							
2	3	3											3	3						
3			3	3	3									3	3	3				
4					2	2	1											2	2	1
5				3	3	3	3	3	3	3				3	3	3	3	3	3	3

【解】施工项目工作数 $n=5$，计划每天检查一次 $m=10$

（1）计算工程项目的总劳动消耗量 Q：

$$Q = \sum_{i=1}^{5} \sum_{j=1}^{10} q_{ij}^{ES} = 50$$

（2）计算到 j 时刻累计完成的总任务量 Q_j^{ES} 和 Q_j^{LS}，见下表。

（3）计算到 j 时刻累计完成的总任务量百分比 μ_j^{ES}、μ_j^{LS} 见下表。

完成的总任务量及其百分比表

j/天	1	2	3	4	5	6	7	8	9	10
Q_j^{ES}/工日	6	12	18	24	30	35	40	44	47	50
Q_j^{LS}/工日	3	6	12	18	24	30	36	41	46	50
μ_j^{ES}/%	12	24	36	48	60	70	80	88	94	100
μ_j^{LS}/%	6	12	24	36	48	60	72	82	92	100

（4）根据 μ_j^{ES}、μ_j^{LS} 及其相应的 j 绘制 ES 曲线和 LS 曲线，得香蕉形曲线，如右图所示。

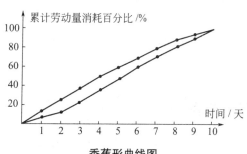

香蕉形曲线图

（7）网络图切割线法。在网络图上作切割线（常用点划线表示）表示检查日的实际进度，并在〔 〕内标注出检查日之后完成各项工作尚需要的施工天数，再与计划相比较。

 **实例** ▶▶▶ --

如下图例中，在第14天检查时，A工作已完成，D工作尚需2天才能完成，而按计划还有2天（16-14）可以施工，不致影响进度，B工作还有3天的任务量，但作业时间仅剩2天，而且B工作是关键工作，其拖延1天工期将对总工期造成影响。

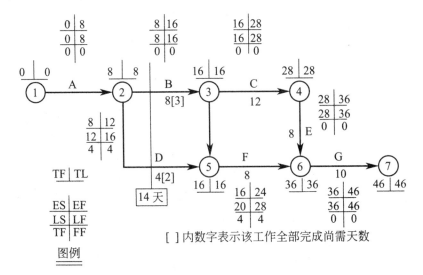

[ ] 内数字表示该工作全部完成尚需天数

网络图切割线检查进度

（8）网络图前锋线法。网络图前锋线法是利用时标网络计划图检查和判定工程进度实施情况的方法。其具体做法如下。

① 将一般网络计划图变换为时标网络计划图，并在图的上下方绘制出时间坐标，使各工作箭线长度与所需工作时间一致，即将下文实例中的某网络计划图形式变换为某网络计划前锋线比较图形式。

② 在时标网络计划图上标注出检查日的各工作箭线实际进度点，并将上下方的检查日点与实际进度点依次连接，即得到一条（一般为折线）实际进度前锋线。

③ 前锋线的左侧为已完施工，右侧为尚需工作时间。

④ 其判别关系是：工作箭线的实际进度点与检查日点重合，说明该工作按时完成计划；若实际进度点在检查日点左侧，表示该工作未完成计划，其长度的差距为拖后时间；若实际进度点在检查日点右侧，表示该工作超额完成计划，其长度的差距为提前时间。

 **实例** ▶▶▶ --

已知网络计划如下图所示，在第5天检查时，发现工作A已完成，工作B已进行1天，工作C已进行2天，工作D尚未开始。试用前锋线法进行实际进度与计划进度比较。

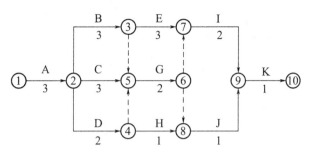

某网络计划图

【解】（1）按已知网络计划图绘制时标网络计划如下图所示。

（2）按第5天检查实际进度情况绘制前锋线，如下图点划线所示。

（3）实际进度与计划进度比较。从下图前锋线可以看出：工作B拖延1天；工作C与计划一致；工作D拖延2天。

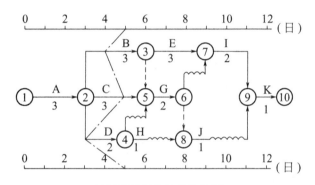

某网络计划前锋线比较图

（9）列表比较法。当采用无时间坐标网络图计划时，也可以采用列表比较法，比较工程实际进度与计划进度的偏差情况。该方法是记录检查时应该进行的工作名称和已进行的天数，然后列表计算有关时间参数，根据原有总时差和尚有总时差判断实际进度与计划进度的比较方法。列表比较法步骤如下。

① 计算检查时应该进行的工作 $i \cdot j$ 尚需作业时间 $T_{i \cdot j}^{②}$，其计算公式为：

$$T_{i \cdot j}^{②} = D_{i \cdot j} - T_{i \cdot j}^{①}$$

式中　$D_{i \cdot j}$——工作 $i \cdot j$ 的计划持续时间；

　　　$T_{i \cdot j}^{①}$——工作 $i \cdot j$ 检查时已经进行的时间。

② 计算工作 $i \cdot j$ 检查时至最迟完成时间的尚余时间 $T_{i \cdot j}^{③}$，其计算公式为：

$$T_{i \cdot j}^{③} = LF_{i \cdot j} - T_2$$

式中　$LF_{i \cdot j}$——工作 $i \cdot j$ 的最迟完成时间；

　　　T_2——检查时间。

③ 计算工作 $i \cdot j$ 尚有总时差 $TF_{i \cdot j}^{①}$，其计算公式为：

$$TF_{i \cdot j}^{①} = T_{i \cdot j}^{③} - T_{i \cdot j}^{②}$$

④ 填表分析工作实际进度与计划进度的偏差。可能有以下几种情况。

若工作尚有总时差与原有总时差相等，则说明该工作的实际进度与计划进度一致。

若工作尚有总时差小于原有总时差，但仍为正值，则说明该工作的实际进度比计划进度拖后，产生的偏差值为二者之差，但不影响总工期。

若尚有总时差为负值，则说明对总工期有影响。

**实例** ▶▶▶ --

已知网络计划如下图所示，在第5天检查时，发现工作A已完成，工作B已进行1天，工作C已进行2天，工作D尚未开始。试用列表比较法进行实际进度与计划进度比较。

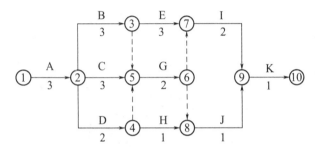

【解】（1）计算检查时计划应进行工作尚需作业时间 $T_{i \cdot j}^{①}$。如工作B：
$$T_{2 \cdot 3}^{②}=D_{2 \cdot 3}-T_{2 \cdot 3}^{①}=3-1=2\text{天}$$

（2）计算工作检查时至最迟完成时间的尚余时间 $T_{i \cdot j}^{③}$。如工作B：
$$T_{2 \cdot 3}^{③}=LF_{2 \cdot 3}-T_2=6-5=1\text{天}$$

（3）计算工作尚有总时差 $TF_{i \cdot j}^{①}$。如工作B：
$$TF_{2 \cdot 3}^{①}=T_{2 \cdot 3}^{③}-T_{2 \cdot 3}^{②}=1-2=-1\text{天}$$

其余有关工作C和D的时间数据计算方法相同，见下表。

（4）从表上分析工作实际进度与计划进度的偏差。将有关数据填入表格的相应栏目内，并进行情况判断，见下表。

工程进度检查比较表

工作代号	工作名称	检查计划时尚需作业天数 $T_{i \cdot j}^{②}$	到计划最迟完成时尚余天数 $T_{i \cdot j}^{③}$	原有总时差 $TF_{i \cdot j}$	尚有总时差 $TF_{i \cdot j}^{①}$	情况判断
2-3	B	2	1	0	-1	影响工期1天
2-5	C	1	2	1	1	正常
2-4	D	2	2	2	0	拖后

（10）模型图检查法。模型图检查法常用于监测高层建筑的施工进度。图1-12为一高层建筑施工进度模型检查示意图，竖向表示由基础到楼顶的各层施工作业面，横向依次表示各作业面上的施工过程，当施工内容大致相同时，应按最多的施工过程列项，某层没有该内容时，可越过不填；当施工内容相差很大时，可以分段（如基础、地上一层、标准层、设备层、屋面等）标注。表示进度的要素依施工进度控制的要求而定，一般包括计划和实际的开

始时间、结束时间和工作持续时间。在整个施工过程中，按施工流向从左至右、由下而上依次标注出施工进度的完成情况，并将提前完成、按期完成和拖期完成部分用不同颜色区别开来，如图1-12所示。这是一种用施工的形象进度结合时间要素综合反映施工进度的方法，形象直观，逻辑关系表达清楚，便于检查、比较、分析，便于不同专业工种或分包单位施工的协调。

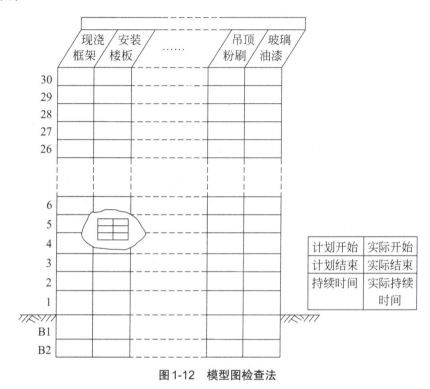

图1-12　模型图检查法

1.5　施工进度计划的调整与总结

施工进度计划的调整应依据施工进度计划检查结果，在进度计划执行发生偏离的时候，通过对施工内容、工程量、起止时间、资源供应的调整，或通过局部改变施工顺序，重新确认作业过程相互协作方式等工作关系进行的调整，更充分利用施工的时间和空间进行合理交叉衔接，并编制调整后的施工进度计划，以保证施工总目标的实现。

1.5.1　施工进度检查结果的处理意见

通过检查发现施工进度发生偏差Δ后，可利用网络图分析偏差Δ所处的位置及其与总时差TF、自由时差FF的对比关系，判断Δ对总工期和后续工作的影响（见表1-18），并依据施工工期要求提出处理意见，在必要时做出调整。每次检查之后都要及时调整，力争将偏差在最短期间内，在所发生的施工阶段内自行消化、平衡，以免造成影响太大。对施工进度检查结果的处理意见如表1-18所示。

表1-18　施工进度检查结果的处理意见

工期要求	进度偏差（Δ）分析		序号	处理意见
按期完工 总工期：T	Δ=0		①	执行原计划
	TF＞0	Δ＜0	②	不需调整
		0＜Δ≤FF	③	
		FF＜Δ≤TF	④	按后续工作机动时间，确定允许拖延时间 局部调整后续工作：移动工作起止时间，压缩后续工作持续时间
		Δ＞TF	⑤	非关键线路上，后续工作压缩工期，同④ 关键线路上，后续工作压缩工期Δ–TF
	TF=0	Δ＜0	⑥	将提前的Δ分配给耗资大的后续关键工作，以降低成本
		Δ＞0	⑦	后续关键工作压缩Δ
允许工期延长 Δ′	TF=0	Δ＞Δ′＞0	⑧	新工期T+Δ后续关键工作压缩Δ–Δ′
		Δ′＞Δ＞0	⑨	新工期T+Δ后续关键工作不必压缩工期、不必改变工作关系，只需按实际进度数据修改原网络计划的时间参数
工期提前Δ′ 新工期T–|Δ′|	TF=0	Δ=0	⑩	后续关键工作压缩工期|Δ′|
		Δ＞0	⑪	后续关键工作压缩工期|Δ′|+Δ
		0＞Δ＞Δ′	⑫	后续关键工作压缩工期|Δ′|–|Δ|
		0＞Δ=Δ′	⑬	同⑨

注：表中Δ为工期偏差，工期提前Δ＜0，工期拖后Δ＞0。Δ=实际进度工期–计划进度工期。

1.5.2　施工进度计划的调整

1.5.2.1　压缩后续工作持续时间

在原网络计划的基础上，不改变工作间的逻辑关系，而是采取必要的组织措施、技术措施和经济措施，压缩后续工作的持续时间，以弥补前面工作产生的负时差。一般是根据工期-费用优化的原理进行调整。具体做法如下。

（1）研究后续各工作持续时间压缩的可能性，及其极限工作持续时间。

（2）确定由于计划调整，采取必要措施，而引起的各工作的费用变化率。

（3）选择直接引起拖期的工作及紧后工作优先压缩，以免拖期影响扩大。

（4）选择费用变化率最小的工作优先压缩，以求花费最小代价，满足既定工期要求。

（5）综合考虑（3）、（4），确定新的调整计划。具体调整示例如图1-13所示。

图1-13中，第20天检查时，A工作已完成，B工作进度在正常范围内，C工作尚有3天才能完成，拖期3天，将影响总工期。若保持总工期75天不变，需在后续关键工作中压缩工期3天，可有多种方案供选择，考虑到若在D工作能尽量压缩工期，以减少D工作拖期造成的损失，最后选择的压缩途径是：D缩短2天；E缩短1天；调整工期所多花费用为：600×2+400×1=1600元。

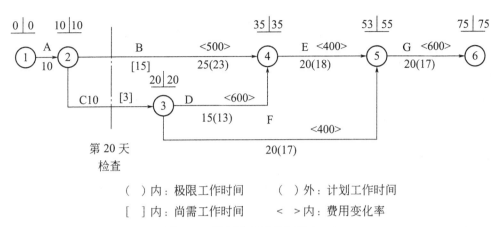

（ ）内：极限工作时间　　　（ ）外：计划工作时间
[ ]内：尚需工作时间　　　< >内：费用变化率

图1-13　计划进度调整示例（一）

1.5.2.2　改变施工活动的逻辑关系及搭接关系

缩短工期的另一个途径是通过改变关键线路上各工作间的逻辑关系、搭接关系和平行流水途径来实现，而施工活动持续时间并不改变。如图1-14示例。对于大型群体工程项目，单位工程间的相互制约相对较小，可调幅度较大；对于单位工程内部，由于施工顺序和逻辑关系约束较大，可调幅度较小。

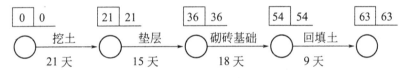

(a) 原进度计划

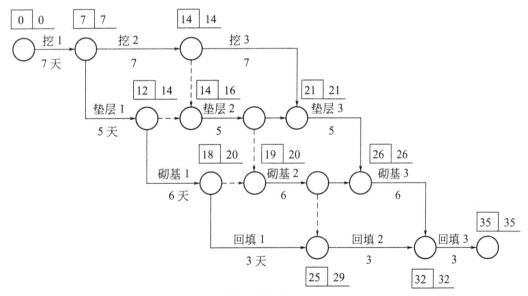

(b) 调整后进度计划

图1-14　计划进度调整示例（二）

在施工进度拖期太长，某一种方式的可调幅度都不能满足工期目标要求，可以同时采用上述两种方法进行进度计划调整。

1.5.2.3 资源供应的调整

对于因资源供应发生异常而引起进度计划执行问题，应采用资源优化方法对计划进行调整，或采取应急措施，使其对工期影响最小。

1.5.2.4 增减施工内容

增减施工内容应做到不打乱原计划的逻辑关系，只对局部逻辑关系进行调整。在增减施工内容以后，应重新计算时间参数，分析对原网络计划的影响。当对工期有影响时，应采取调整措施，保证计划工期不变。

1.5.2.5 增减工程量

增减工程量主要是指改变施工方案、施工方法，从而导致工程量的增加或减少。

1.5.2.6 起止时间的改变

起止时间的改变应在相应的工作时差范围内进行：如延长或缩短工作的持续时间，或将工作在最早开始时间和最迟完成时间范围内移动。每次调整必须重新计算时间参数，观察该项调整对整个施工计划的影响。

1.5.3 施工进度控制总结

项目经理部应在施工进度计划完成后，及时进行施工进度控制总结，为进度控制提供反馈信息。

1.5.3.1 总结依据的资料

（1）施工进度计划。
（2）施工进度计划执行的实际记录。
（3）施工进度计划检查结果。
（4）施工进度计划的调整资料。

1.5.3.2 总结的主要内容

总结的主要内容有以下方面。
（1）对施工进度执行情况做综合描述：检查期的起止时间、当地气象及晴雨天数统计、计划目标及实际进度、检查期内施工现场主要大事记。
（2）项目实施、管理、进度概况的总说明。
（3）施工进度、形象进度及简要说明。
（4）施工图纸提供进度。
（5）材料、物资、构配件供应进度。
（6）劳务记录及预测。
（7）日历计划。

（8）对建设单位和施工者的工程变更指令、价格调整、索赔及工程款收支情况。

（9）停水、停电、事故发生及处理情况。

（10）实际进度与计划目标相比较的偏差状况及其原因分析。

（11）解决问题措施。

（12）计划调整意见等。

第2章
施工准备工作管理

引言

施工准备工作，就是指工程施工前所做的一切工作，不仅在开工前要做，开工后也要做，即有组织、有计划、有步骤、分阶段地贯穿于整个工程建设的始终。工程项目施工准备工作按其性质及内容通常包括技术准备、物资准备、劳动组织准备、施工现场准备和施工场外准备。

2.1 技术准备

技术准备是施工准备的核心。由于任何技术的差错或隐患都可能引起人身安全和质量事故，造成生命、财产和经济的巨大损失。因此必须认真地做好以下技术准备工作。

2.1.1 了解施工合同

施工方应对施工合同有一定的了解，应仔细阅读合同条款，明确合同主要工程量、合同工期、施工范围、质量标准、合同价款以及合同中材料供应与检验，有些合同还提供工程技术要求及执行的规范、法律法规。这些对施工员编制施工组织设计、专项施工方案、办理工程签证单等提供参考与依据。

2.1.2 熟悉、会审图样

建筑设计图纸是施工企业进行施工活动的主要依据，学习与会审图纸是技术管理的一个重要方面，学好图纸，掌握图纸内容，明确工程特点和各项技术要求，理解设计意图，是确保工程质量和工程顺利进行的重要前提。

2.1.2.1 会审程序及要求

通常先由设计单位进行交底，内容包括：设计意图，生产工艺流程，建筑结构造型，采用的标准和构件，建筑材料的性能要求，对施工程序、方法的建议和要求以及工程质量标准及特殊要求等。然后由施工单位（包括建设、监理单位）提出图纸自审中发现的技术差错和图面上的问题，由设计单位——明确交底和解答。

会审时，要细致、认真地做好记录。会审时施工等单位提出问题，由设计单位解答，整理出"图纸会审记录"（见表2-1），由建设、设计和施工、监理单位共同会签，"图纸会审记录"作为施工图纸的补充和依据。不能马上解决的问题，会后由设计单位发设计修改图或设计变更通知单。

表2-1 图纸会审记录

会审日期： 年 月 日 　　　　　　编号：

工程名称				
图纸编号	提出问题		会审结果	
参加会审人员				
会审单位（公章）	建设单位	监理单位	设计单位	施工单位

2.1.2.2　审图原则

看图方法一般应遵循从整体到局部、从大到小、从粗到细的原则，同时要将图样与文字对照看，以便逐步深入和逐步细化。看图过程是一个从平面到空间的过程，必须利用投影还原的方法，再现图纸上各种线条符号所代表的管路、附件、器具、设备的空间位置及管道的走向。

2.1.2.3　审图内容

（1）是否无证设计或越级设计；图纸是否经设计单位正式签署。

（2）地质勘探资料是否齐全。

（3）设计图纸与说明是否符合当地要求。

（4）设计地震烈度是否符合当地要求。

（5）几个设计单位共同设计的图纸相互间有无矛盾；各专业图纸之间、平面图、立面图、剖面图之间有无矛盾；标注有无遗漏。

（6）总平面与施工图的几何尺寸、平面位置、标高等是否一致。

（7）防火、消防是否满足。

（8）建筑结构与各专业图纸本身是否有差错及矛盾；结构图与建筑图的平面尺寸及标高是否一致；建筑图与结构图的标示方法是否清楚、是否符合制图标准；预埋件是否标示清楚；钢筋的构造要求在图中是否标示清楚。

（9）施工图中所列各种标准图册施工单位是否具备。

（10）材料来源有无保证，能否代换；图中所要求的条件能否满足；新材料、新技术的应用是否有问题。

（11）地基处理方法是否合理，建筑与结构构造是否存在不能施工、不便于施工的技术问题，或容易导致质量、安全、工程费用增加等方面的问题。

（12）工艺管道、电气线路、设备装置、运输道路与建筑物之间或相互间有无矛盾，布置是否合理。

（13）施工安全、环境卫生有无保证。

2.1.2.4　审图注意事项

（1）图样与说明结合看。要仔细看设计总说明和每张图纸中的细部说明，注意说明与图面是否一致，说明问题是否清楚、明确，说明中的要求是否切实可行。

（2）土建图与安装图结合看。土建专业也要经常翻看安装各专业图纸。特别是综合工长和掌握全面的技术负责人，要对照土建和其他专业图纸，核对土建安装之间有无矛盾；预埋铁件、预留孔洞位置、尺寸和标高是否相符。

（3）图纸与变更结合看。设计中有许多变更通知单、图纸修改说明，要结合起来看，最好把变更说明部分注到图纸上去，以防施工中遗漏。

分层次看图，能有条理、较快地掌握整个图纸的内容和各项要求，同时可以发现问题，消灭差错，有利于施工顺利进行。

2.1.3　现场踏勘

施工单位进行现场调查，有助于了解工程项目的全貌，以便确定合理的施工部署和技术措施，为编制切实可行的施工组织设计、施工预算及变更设计提供依据。

施工调查内容一般根据工程项目规模、性质、特点、条件和调查目的有所侧重，一般内容见表2-2。

表2-2　现场踏勘的内容

序号	项目	具体说明
1	设计概况	了解设计意图、主要技术条件、设计原则及设计方面存在的主要问题
2	工程概况	主要工程数量及其分布情况，重点工程结构类型、施工方案、技术特点
3	地址情况	工程所在地的地形、地貌、地质构造探测，岩层厚度、风化程度、抗震设防烈度及地下水的水质、水量等情况
4	水文气象资料	气温、雨量、大风季节、积雪、冻土等影响施工的信息
5	砂石等地材情况	地材类别、产地、产量、质量、价格、运输及供应方式等
6	资源情况	当地可利用的电力、燃料、民房、水源等情况
7	交通通信	（1）铁路、公路、桥梁及便道的登记标准；路面宽度、长度、交通量 （2）允许通过的吨位等其他可利用的交通工具种类、数量、运输及装卸能力、货运单价等 （3）当地有线、无线的条件和单价等
8	用地与拆迁情况	（1）了解当地政府有关环境保护、征（租）用地、拆迁的政策、要求和规定 （2）详细了解当地人口、土地数量、重大的施工干扰、地下建筑、人防和古墓等情况 （3）了解现场用地、拆迁、农田、水利、交通的干扰及处理意见
9	水源和生活供应	当地生产生活用水的水源、水质、水量、污染情况，生活供应标准，主副食品种、价格、邮电商业网点情况
10	其他	当地风俗习惯、地方疫情、医疗卫生及社会治安情况，施工方案是否满足地方环保要求

2.1.4　编制施工组织设计

施工组织设计是施工准备工作的重要组成部分，也是指导施工现场全部生产活动的技术经济文件。建筑施工生产活动的全过程是非常复杂的物质财富再创造的过程，为了正确处理人与物、主体与辅助、工艺与设备、专业与协作、供应与消耗、生产与储存、使用与维修以及它们在空间布置、时间排列之间的关系，必须根据拟建工程的规模、结构特点和建设单位的要求，在原始资料调查分析的基础上，编制出一份能切实指导该工程全部施工活动的科学方案（施工组织设计）。

2.2 现场生产资料准备

材料、构（配）件、制品、机具和设备是保证施工顺利进行的物质基础，这些物资的准备工作必须在工程开工之前完成，应根据各种物资的需用量计划，分别落实货源，安排运输和储备，使其满足连续施工的要求。

2.2.1 现场生产资料准备工作的内容

现场生产资料准备工作主要包括建筑材料的准备、构（配）件和制品的加工准备、建筑安装机具的准备和生产工艺设备的准备。

2.2.1.1 建筑材料

建筑材料的准备主要是根据施工预算进行分析，按照施工进度计划要求，按材料名称、规格、使用时材料储备定额和消耗定额进行汇总，编制出材料需用量计划，为组织备料、确定仓库、场地堆放所需的面积和组织运输等提供依据。

（1）建筑工程主要材料。建筑工程主要材料及进场时间见表2-3。

表2-3　建筑工程主要材料及进场时间说明

序号	类别	说明
1	结构施工材料	（1）钢筋。钢筋必须在开工时就开始组织，按照施工段的划分，分次进场 （2）混凝土。结构混凝土根据施工进度安排进场，提前2天预订 （3）模板。模板按首层建筑面积的4.2倍计算 （4）砌体材料。临时建筑、胎模砌体材料在开工时进场，结构用砌体材料于结构工程开始之后进场，并根据施工的进度分批进场 （5）沙子。在开工时组织少量进场，作为临时设施的施工用；在砌体工程开始施工时，与砌体材料同时进场。并根据进度的需要分批进场 （6）水泥。工地现场应设置水泥仓库，保证工地现场有足够的水泥用量；同时在开工时即组织进场，并根据进度的需要随时调整 （7）钢管。地下室及层高高于4.5米的室内采用钢管架支撑，外架采用钢管支撑；按时间分别组织钢管进场
2	外墙装修材料	门窗铝合金、玻璃及外墙石材在装修抹灰后进场
3	防水材料	（1）厨房、卫生间防水材料要求在装修抹灰完成后进场 （2）底板、外墙防水材料要求在地下室底板垫层完成及在主体验收后组织进场 （3）屋面防水材料要求在屋面结构验收后组织进场，并根据施工的进度分两次备齐
4	给排水材料	（1）套管。在开工后第10天即组织加工，一次加工完成 （2）管材。在第30天开始组织进场，并根据施工现场的进度分批进行 （3）各种阀门。在第50天开始组织进场，并根据施工现场的进度分批进行 （4）洁具、龙头。在工程的后期组织进场，并根据施工现场的进度分批进行

序号	类别	说明
5	电气材料	（1）各种管线。在结构施工阶段配合土建预埋，并根据施工的现场进度组织进场 （2）电线、电缆。电线在砌体工程结束之后开始组织进场；电缆在提供工作面之后组织进场，一次备齐 （3）各种配电箱。在电线、电缆敷设基本完成后组织进场 （4）各种开关、插座、灯具。在工程后期进场

（2）建筑材料进场计划。建筑材料需用量计划主要是指工程用水泥、钢筋、砂、石子、砖、石灰、防水材料等主要材料需用量计划，通常在组织设计方案和施工方案中会提到，施工员要关注的是主要材料配备及进场计划。

2.2.1.2 构（配）件、制品的加工准备

在项目施工前，施工组织设计中会根据施工预算提供的构（配）件、制品的名称、规格、质量和消耗量，确定加工方案和供应渠道以及进场后的储存地点和方式，编制其需用量计划。施工员必须对这一计划了解，并且做到心中有数，构（配）件、制品需用量计划见表2-4。

表2-4 构（配）件、制品需用量计划

序号	单位（项）工程名称	成品、半成品名称	规格	需用量		需用时间			备注
				单位	数量	×月	×月	×月	

2.2.1.3 建筑机械设备的准备

施工方案中通常会根据工程实际情况，安排施工进度，确定施工机械的类型、数量和进场时间；确定施工机具的供应方法和进场后的存放地点及存放方式，为组织运输、确定堆放场地等提供依据。施工员应了解详细的机械设备配备及进场计划，如表2-5所示。

表2-5 机械设备配备及进场计划

序号	机械或设备名称	型号规格	数量	进场时间	备注

2.2.1.4　生产工艺设备的准备

施工组织设计时应按照拟建工程生产工艺流程及工艺设备的布置图提出工艺设备的名称、型号、生产能力和需用量，确定分期分批进场时间和保管方式，编制工艺设备需用量计划见表2-6。

表2-6　生产工艺设备需用量计划

序号	生产设备名称	型号	规格	电功率/kW	需用量/台	使用单位（项）工程名称	进场时间

2.2.2　现场生产资料准备工作的程序

编制合理的生产资料准备工作程序是做好物资准备的重要手段。现场生产资料准备工作程序如图2-1所示。

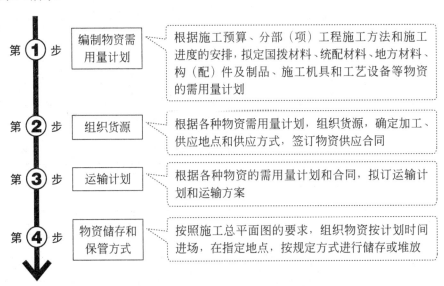

图2-1　现场生产资料准备工作的程序

2.3 劳动组织准备

劳动组织准备的范围既有整个建筑施工企业的劳动组织准备，又有大型综合的拟建建设项目的劳动组织准备，也有小型简单的拟建单位工程的劳动组织准备。

2.3.1 建立拟建工程项目的领导机构

施工组织机构的建立应遵循以下原则。

（1）根据拟建工程项目的规模、结构特点和复杂程度，确定拟建工程项目施工的领导机构人选和名额。

（2）坚持合理分工与密切协作相结合。

（3）把有施工经验、有创新精神、有工作效率的人选入领导机构。

（4）认真执行因事设职、因职选人的原则。

2.3.2 建立精干的施工队组

施工队组的建立要认真考虑专业、工种的合理配合，技工、普工的比例要满足合理的劳动组织，并符合流水施工组织方式的要求，确定建立施工队组（专业施工队组，或是混合施工队组），要坚持合理、精干的原则。同时制订出该工程的劳动力需用量计划。

2.3.3 集结施工力量，组织劳动力进场

施工现场的领导机构确定之后，按照开工日期和劳动力需用量计划，组织劳动力进场。同时要进行安全、防火和文明施工等方面的教育，并安排好职工的生活。

劳动力需用量计划是按总进度计划中确定的各工程项目主要工种工程量，套用概（预）算定额或者有关资料，求出各工程项目主要工种的劳动力需用量，见表2-7。

表2-7 劳动力需用量计划表

序号	单项工程名称	总劳动量（工日）	专业工种（工日）	需用量计划（工日）											
				年度						年度					
				1	2	3	4	5	…	1	2	3	4	5	…

2.3.4　对施工队进行施工组织设计、计划和技术交底

施工组织设计、计划和技术交底的目的是把拟建工程的设计内容、施工计划和施工技术等要求，详尽地向施工队组和工人讲解、交代清楚，也是落实计划和技术责任制的好办法。

2.3.4.1　交底时间

施工组织设计、计划和技术交底的时间，应在单位工程或分部分项工程开工前及时进行，以保证工程严格地按照设计图纸、施工组织设计、安全操作规程和施工验收规范等要求进行施工。

2.3.4.2　交底内容

施工组织设计、计划和技术交底的内容包括以下几点。

（1）施工进度计划、月（旬）作业计划。

（2）施工组织设计，尤其是施工工艺。

（3）质量标准、安全技术措施、降低成本措施和施工验收规范的要求。

（4）新结构、新材料、新技术和新工艺的实施方案和保证措施。

（5）图纸会审中所确定的有关部位的设计变更和技术核定等事项。

2.3.4.3　交底的形式与方式

交底工作应该按照管理系统逐级进行，由上而下直到工人队组。其交底的方式有书面形式、口头形式和现场示范形式等。

队组、工人接受施工组织设计、计划和技术交底后，要组织人员进行认真的分析研究，弄清关键部位、质量标准、安全措施和操作要领。必要时应该进行示范，并明确任务做好分工协作，同时建立健全岗位责任制和保证措施。

2.3.5　建立健全各项管理制度

工地的各项管理制度是否建立、健全，直接影响其各项施工活动的顺利进行。有章不循其后果严重，而无章可循更危险。为此必须建立、健全工地的各项管理制度。

（1）工程质量检查与验收制度。

（2）工程技术档案管理制度。

（3）建筑材料（构件、配件、制品）的检查验收制度。

（4）技术责任制度。

（5）施工图纸学习与会审制度。

（6）技术交底制度。

（7）职工考勤、考核制度。

（8）工地及班组经济核算制度。

（9）材料出入库制度。

（10）安全操作制度。

（11）机具使用保养制度。

2.4 施工现场准备

施工现场是施工的全体参加者为达到优质、高速、低消耗的目标，而有节奏、均衡连续地进行战术决战的活动空间。

施工现场的准备工作，主要是为了给拟建工程的施工创造有利的施工条件和物资保证。施工现场准备的内容如图2-2所示。

- 搞好"三通一平"
- 做好施工场地的控制网测量
- 搭建临时设施
- 安装、调试施工机具
- 做好施工现场的补充勘探

- 做好建筑构（配）件、制品和材料的储存和堆放
- 及时提供建筑材料的试验申请计划
- 设置消防、保安设施
- 拆除障碍物

图2-2 施工现场准备的内容

2.4.1 搞好"三通一平"

"三通一平"是指水通、路通、电通、场地平整，如图2-3所示。

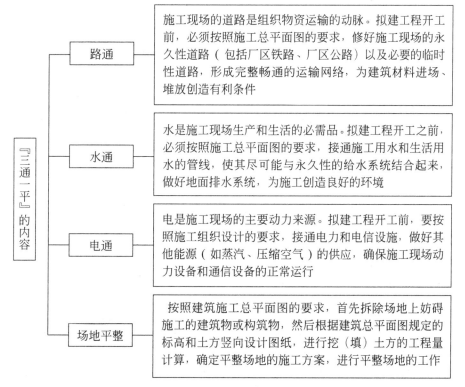

"三通一平"的内容		
	路通	施工现场的道路是组织物资运输的动脉。拟建工程开工前，必须按照施工总平面图的要求，修好施工现场的永久性道路（包括厂区铁路、厂区公路）以及必要的临时性道路，形成完整畅通的运输网络，为建筑材料进场、堆放创造有利条件
	水通	水是施工现场生产和生活的必需品。拟建工程开工之前，必须按照施工总平面图的要求，接通施工用水和生活用水的管线，使其尽可能与永久性的给水系统结合起来，做好地面排水系统，为施工创造良好的环境
	电通	电是施工现场的主要动力来源。拟建工程开工前，要按照施工组织设计的要求，接通电力和电信设施，做好其他能源（如蒸汽、压缩空气）的供应，确保施工现场动力设备和通信设备的正常运行
	场地平整	按照建筑施工总平面图的要求，首先拆除场地上妨碍施工的建筑物或构筑物，然后根据建筑总平面图规定的标高和土方竖向设计图纸，进行挖（填）土方的工程量计算，确定平整场地的施工方案，进行平整场地的工作

图2-3 "三通一平"的内容

2.4.2　施工场地的控制网测量

（1）按照设计单位提供的建筑总平面图及给定的永久性经纬坐标控制网和水准控制基桩，进行施工测量，设置永久性经纬坐标桩、水准基桩和建立工程测量控制网。

（2）在测量放线时，应校验、校正经纬仪、全站仪、水准仪、钢尺等测量仪器；校核轴线桩与水准点，制定切实可行的测量方案，包括平面控制、标高控制、沉降观测和竣工测量等工作。

（3）建筑物定位放线，一般通过设计图中平面控制轴线来确定建筑物位置，测定并经自检合格后提交有关部门和建设单位或监理人员验线，以保证定位的准确性。沿红线的建筑物放线后，还要由城市规划部门验线以防止建筑物压红线或超红线，为正常顺利地施工创造条件。

2.4.3　搭建临时设施

按照施工总平面图的布置及大型临时设施需用量计划（见表2-8），建造临时设施（临时生产、生活用房，临时道路，临时用水、用电和供热供气），为正式开工准备好生产、办公、生活、居住和储存等临时用房。

表2-8　大型临时设施需用量计划

序号	大型临时设施名称	型号	数量	单位	使用时间	备注

2.4.4　安装、调试施工机具

按照施工机具需用量计划，组织施工机具进场，根据施工总平面图将施工机具安置在规定的地点或仓库。对于固定的机具要进行就位、搭棚、接电源、保养和调试等工作，所有施工机具都必须在开工之前进行检查和试运转。

2.4.4.1　建筑工程施工中常用机具

（1）质量检测机具。见表2-9。

表2-9　质量检测机具

名称	主要用途	名称	主要用途
水准仪	高程测量	游标卡尺	通用
经纬仪	垂直度测量	线垂	通用
全站仪	坐标定位放线	水平尺	水平检测 （多用于装饰工程）
GPS定位仪	坐标定位	测厚仪	涂装、防腐工程
激光扫平仪	水平、垂直检测 （多用于装饰工程）	电火花检测仪	涂装、防腐工程
激光测距仪	长度测量	超声波探伤仪	钢结构、管道焊接
垂准仪	垂直测量	塞尺	通用
钢卷尺	通用	伽马射线探伤仪	高压管道焊接检测 （委托专业公司）
皮尺	通用		

（2）大型施工机械。见表2-10。

表2-10　大型施工机械

名称	主要用途	名称	主要用途
打桩机	桩基施工	翻斗车	物资运输
压桩机	桩基施工	叉车	物资运输
混凝土钻孔桩机	桩基施工	混凝土泵车	物资运输
钢板桩机	基坑维护	混凝土搅拌车	物资运输
塔式起重机	现场高层建筑、 大面积起重作业	物料井架	多层建筑物资运输
汽车式起重机	现场起重作业	升降车	登高作业
履带式起重机	现场起重作业	屈臂车	登高作业
行车式起重机	加工厂起重作业	镐头机	拆除工程
抛光除锈机	加工厂钢材除锈	挖土机	土方工程
折板机、卷板机	加工厂钢材加工	压路机	土方工程
移动式发电机	现场临时用电	推土机	土方工程
自卸卡车	物资运输	翻土机	土方工程
拖挂卡车	物资运输	混凝土搅拌机	物料生产
装载机	物资运输	混合变电站	施工现场临时用电

（3）一般施工机具。见表2-11。

表2-11 一般施工机具

名称	主要用途	名称	主要用途
张拉卷扬机	张拉作业	喷壶枪	通用（多用装饰、钢结构工程）
钢筋对焊机	钢筋工程	火嘴	防水工程
钢筋切割机	钢筋工程	潜水泵	通用
钢筋弯曲机	钢筋工程	泥浆泵	土方工程
电渣压力焊机	钢筋工程	试压泵	压力管道工程
交流弧焊机	钢筋、钢结构工程	洗车泵	文明施工
气保焊机	桩基、钢结构工程	一级配电箱	临时用电
木台锯	模板工程	二级配电箱	临时用电
打夯机	土方工程	三级配电箱	临时用电
混凝土振动棒	混凝土工程	塑料管道对焊机	管道工程
混凝土平板抹面机	混凝土工程	绞丝机	管道工程
气割、气焊	钢结构工程	扭矩扳手	钢结构、设备安装工程
半自动气体切割机	钢结构工程	风镐	通用
砂轮切割机	通用	铝合金切割机	装饰工程
角向砂轮机	通用	压槽机	管道工程
电锤、电镐	通用	折板机、卷板机	保温工程
手枪钻	通用	葫芦	通用
空压机	通用	电动葫芦	通用
射钉枪	通用（多用装饰工程）		

2.4.4.2 施工机具安装调试的要求

施工时，应配置使用性能完好安全有保证的机械设备。机械设备的安全装置和防护设施应齐全，在投入使用前，应对其进行全面的检查，并填写机械设备进场验收单，验收合格后方可使用。

（1）机械设备安装调试常规要求

① 传动的外露部分应有牢固的防护罩，并且连接可靠，无松动。

② 所有设备接地（零）线应连接可靠。

③ 每台设备应使用一个独立的开关和电源线路，并与设备的负荷相匹配；所有带电部位屏护良好，防止意外触及。

④ 设备的限位、联锁操作手柄灵活可靠。

⑤ 设备不能出现漏油现象。

⑥ 设备检修时要断电，在断电处必须悬挂警示标志"禁止合闸、有人作业"，并设有专

人看护。

（2）主要机械设备安装调试要求。见表2-12。

表2-12　主要机械设备安装调试要求

序号	机械设备	安装调试要求
1	垂直运输与起重机械（汽车式起重机、塔式起重机、室外电梯）	（1）超高限位、力矩限制器、制动器、臂杆幅度指示器、吊钩保险装置齐全稳定有效 （2）安全装置 ① 卷扬限位器动作应有效可靠 ② 大小车行程限位动作应有效可靠 ③ 门窗电器联锁应有效可靠 ④ 紧急停车开关应灵敏可靠 ⑤ 电铃声应清脆、响亮，操纵开关标志应清晰 ⑥ 各处转动连接轴和其他外露旋转部位应装设牢固可靠的防护罩 ⑦ 驾驶室地面应铺绝缘垫 （3）钢丝绳 ① 钢丝绳断丝数为一个捻节距中断丝数不得超过钢丝绳丝数的10% ② 钢丝绳尾端装卡牢固，钢丝绳在卷筒上至少留有三圈 （4）滑轮应无裂纹、缺损，且转动灵活
2	机动与运输车辆（机动翻斗车、轮式装载机、混凝土搅拌运输车）	（1）离合器分离彻底，结合平稳可靠，无异常声响 （2）转向装置应调整适当，操纵方便，灵活可靠 （3）油箱、油路应无渗漏 （4）手、脚制动调整应适当，制动距离应符合要求 （5）仪表、照明、信号及附属装置应齐全完好
3	混凝土机械（搅拌机、砂浆机、皮带运输机、混凝土输送泵）	（1）连接件应完好无松动现象 （2）离合器分离应彻底，起支应平稳，制动器应灵敏可靠 （3）电气装置和线路的绝缘应良好，且必须使用漏电保护器 （4）电源开关箱应有防雨遮挡措施，且应加锁 （5）露天使用的搅拌机应有防风避雨棚
4	钢筋机械（钢筋调直机、钢筋切断机、钢筋弯曲机、卷扬机、对焊机、点焊机）	（1）电气装置和线路的绝缘应良好，且必须使用漏电保护器，设备外壳应做保护接零（接地） （2）裸露的传动部位有牢固适用的防护罩 （3）卷筒上钢丝绳在使用时不应全部放完，应留有三圈，尾端装卡牢固 （4）焊接作业要有防止火花烫伤的措施，防止作业人员及过路人员烫伤
5	木工机械（平面刨、压刨、木工铣床）	（1）应有吸尘装置且完好有效 （2）夹紧装置应完好有效，工作可靠 （3）电气装置和线路绝缘应良好，且必须使用漏电保护器，设备外壳应做保护接零（接地）
6	焊接机械（直流、交流、等离子切割机）	（1）电源线、焊接电缆与电焊机接线处应有屏护罩 （2）电焊机插座与插头相匹配，且必须装有保护接（零）线 （3）电焊机一次接线长度一般不超过3米，焊把线长度不超过30米，并不准有接头；二次接线接头不允许超3个

特别提示

需现场组装的大型机械设备（塔式起重机、室外电梯）须指派具有资质的安装队伍按有关规程进行组装，取得技术监督部门准予使用证方可使用。

2.4.5　做好施工现场的补充勘探

对施工现场做补充勘探是为了进一步寻找枯井、防空洞、古墓、地下管道、暗沟和枯树根等隐蔽物，以便及时拟定处理隐蔽物的方案，并实施，为基础工程施工创造有利条件。

2.4.6　做好建筑构（配）件、制品和材料的储存和堆放

按照建筑材料、构（配）件和制品的需用量计划组织进场，根据施工总平面图规定的地点和指定的方式进行储存和堆放。

（1）建筑材料、构件、料具必须按施工现场总平面布置图堆放，布置合理。

（2）建筑材料、构配件及其他料具等必须做到安全、整齐堆放（存放），且不得超高。堆料应分门别类，悬挂标牌。标牌应统一制作，标明名称、品种、规格数量以及检验状态等。

（3）施工现场应建立材料收发管理制度。仓库、工具间材料应堆放整齐。易燃易爆物品应分类堆放，并配置专用灭火器，专人负责，确保安全。

（4）施工现场应建立清扫制度，落实到人，做到工完料尽、场地清。建筑垃圾应定点存放，及时清运。

（5）施工现场应采取控制扬尘措施，水泥和其他易飞扬的颗粒建筑材料应密闭存放或采取覆盖等措施。

2.4.7　及时提供建筑材料的试验申请计划

按照建筑材料的需用量计划，及时提供建筑材料检验试验申请计划（见表2-13）。如钢材的机械性能和化学成分等试验，混凝土或砂浆的配合比和强度等试验。

表2-13　建筑材料检验试验申请计划

序号	材料名称	规格范围	检验项目	质量证明文件	备注

施工单位负责见证取样的取样、封样、送检工作，并对样品的真实性、完整性负责。目前进行见证取样和送检的主要项目约有19项。

（1）用于承重结构的混凝土试块（28天标养）。

（2）用于承重墙体的砌筑砂浆试块。

（3）用于承重结构的钢筋和连接接头试件。

（4）用于承重墙的砖和混凝土小型砌块。

（5）用于拌制混凝土和砌筑砂浆的水泥。

（6）用于承重结构混凝土中使用的外加剂。

（7）地下、屋面、厕浴间使用的防水材料。

（8）国家规定必须实行有见证取样和送检的其他试块、试件和材料（依据建设部建〔2000〕211号文件）。

（9）用于结构实体检验的混凝土同条件试块（依据 GB 50204—2002《混凝土结构工程施工质量验收规范》第10.1.1，应100%见证）。

（10）后张法施工的预应力张拉施工记录（依据 GB 50204—2002第3.0.3及2.4.3）。

（11）重要钢结构用钢材和焊接材料（依据 GB 50205—2001《钢结构工程施工质量验收规范》附录G）。

（12）高强度螺栓（预拉力、扭矩系数摩擦面抗滑移系数）（依据 GB 50205—2001附录G）。

（13）网架节点（承载力）（依据 GB 50205—2001附录G）。

（14）合同约定应进行见证检验的项目（依据 GB 50210—2001《建筑装饰装修工程质量验收规范》第3.2.6条）。

（15）对材料质量发生争议需要进行仲裁时可采取见证检验（依据 GB 50210—2001《建筑装饰装修工程质量验收规范》第3.2.6条）。

（16）保温材料和设备在施工现场抽样复验，复验应为见证取样送检（依据 GB 50411—2007《建筑节能工程施工质量验收规范》第3.2.2条4.2.3、5.2.3、2.2.3、7.2.3、8.2.3、9.2.2、10.2.2、11.2.2）。

（17）保温材料采用浆料做保温时，制作两组同条件养护试件，保温浆料的同条件养护试件应见证取样送检（GB 50411—2007《建筑节能工程施工质量验收规范》第4.2.9条）。

（18）外墙节能构造场实体检验应在监理单位的见证下实施。（GB 50411—2007《建筑节能工程施工质量验收规范》第14.1.5）。

（19）外窗气密性的现场实体检测应在监理人员的见证下抽样（GB 50411—2007《建筑节能工程施工质量验收规范》第14.1.6）。

2.4.8　设置消防、保安设施

按照施工组织设计的要求，根据施工总平面图的布置，建立消防、保安等组织机构和有关的规章制度，布置安排好消防、保安等措施。

2.4.9　拆除障碍物

（1）施工现场的一切地上、地下障碍物，都应在开工前拆除。

（2）房屋拆除时，一般要将水源、电源切断后方可进行拆除。若采用爆破拆除，必须经有关部门批准，由专业的爆破作业人员来承担。

（3）架空电线（电力、通信）、地下电缆（包括电力、通信）的拆除，要与电力部门或通信部门联系并办理有关手续后方可进行。

（4）自来水、污水、煤气、热力等管线的拆除，都应与有关部门取得联系，办好手续后由专业公司来完成。

（5）场地内若有树木，需报园林部门批准后方可砍伐。

（6）拆除障碍物的，留下的渣土等杂物都应清除出场外。

2.4.10 施工的场外准备

施工准备除了施工现场内部的准备工作外，还有施工现场外部的准备工作，其具体内容如下。

2.4.10.1 材料的加工和订货

建筑材料、构（配）件和建筑工艺设备大部分均必须外购，因此，施工员应协助相关部门与加工部、生产单位联系，签订供货合同，保证及时供应，对于施工企业的正常生产非常重要。对于协作项目也是这样，除了要签订协议书外，还必须做大量的有关方面的工作。

2.4.10.2 做好分包工作和签订分包合同

由于施工单位本身的力量所限，有些专业工程的施工、安装和运输等均需要向外单位委托。施工员应协助相关部门根据工程量、完成日期、工程质量和工程造价等相关信息，与其他单位签订分包合同，保证按时实施。

2.4.10.3 向上级提交开工申请报告

当施工的场外准备工作完成后，应该及时填写开工申请报告（见表2-14），并上报上级批准。

表2-14　单位工程开工申请报告

工程名称				
建设单位		施工单位		
监理单位		设计单位		
结构类型/层数		工程地址		
预算造价		合同工期		申请开工日期	

续表

资料与文件	具备情况
施工组织设计或施工方案审批情况	
施工图纸会审（会审时间）	
现场"三通一平"及临时设施满足施工情况	
主要材料、施工机械设备落实情况	
办理施工许可证	
工程基线、标高复核情况	

备注		

申报单位	××计算机有限公司 （盖章） 项目经理： 　年　月　日	监理单位	审查意见： 项目监理机构：（盖章） 总监理工程师： 　年　月　日	建设单位	审查意见： （盖章） 项目负责人： 　年　月　日

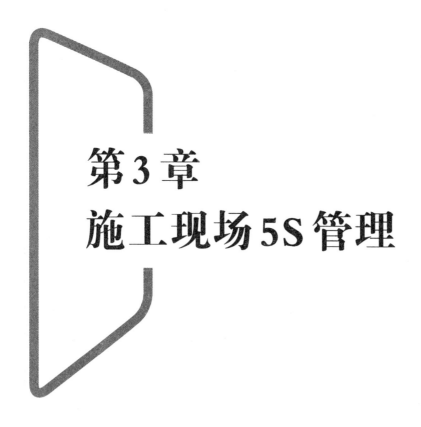

第3章
施工现场5S管理

引言

在建筑企业中施工现场的5S管理是整个企业管理工作的一个基础。其管理内容很丰富，基本包含了场容、安全、防护、临时用电、机械、材料、环保、环境卫生、消防保卫等各个方面。施工企业只有不断地去对施工现场进行优化，才能真正实现企业运营的整体优化。而企业引进5S管理理念就是一种优化施工现场的有效工具。

3.1 5S管理法的基本理论

5S现场管理法，5S即整理（Seiri）、整顿（Seiton）、清扫（Seiso）、清洁（Seiketsu）、素养（Shitsuke），又被称为"五常法则"或"五常法"

5S起源于日本，是指在生产现场中对人员、机器、材料、方法等生产要素进行有效的管理，这是日本企业独特的一种管理办法。1955年，日本5S的宣传口号为"安全始于整理，终于整理整顿"。当时只推行了前两个S，其目的仅为了确保作业空间和安全。到了1986年，日本5S的著作逐渐问世，从而对整个现场管理模式起到了冲击的作用，并由此掀起了5S的热潮。

日本式企业将5S运动作为管理工作的基础，推行各种品质的管理手法，第二次世界大战后，产品品质得以迅速地提升，奠定了经济大国的地位，而在丰田公司的倡导推行下，5S对于塑造企业的形象、降低成本、准时交货、安全生产、高度的标准化、创造令人心旷神怡的工作场所、现场改善等方面发挥了巨大作用，逐渐被各国的管理界所认识。随着世界经济的发展，5S已经成为工厂管理的一股新潮流。5S广泛应用于制造业、服务业等改善现场环境的质量和员工的思维方法，使企业能有效地迈向全面质量管理，主要是针对制造业在生产现场，对材料、设备、人员等生产要素开展相应活动。

3.2 施工现场实施5S管理的益处

"5S"管理是建筑企业施工现场管理的基础，由于"5S"对塑造企业形象、降低成本、保证工期、安全生产、高度标准化、创造良好的工作环境及现场改善方面有重要作用，大力发展"5S"管理是施工现场管理的根本之策，它能有效提高建筑企业施工现场的管理水平，对建筑企业有着重要的现实意义，因此，在建筑企业中推行"5S"管理方法，可以有效地使各种要素达到最佳状态，最终实现企业目标，是现代建筑企业提高管理水平的关键和基础。实施5S管理的益处如图3-1所示。

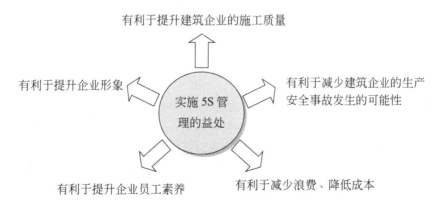

图3-1 实施5S管理的益处

3.2.1 有利于提升建筑企业的施工质量

通常情况下，项目施工现场情况非常复杂，大多时候是多工种、多工序交叉进行，可能发生物流不畅、工序矛盾等问题，尤其是相互之间容易造成干扰甚至是影响施工质量。实施5S管理，能够解决这些问题。它通过严格控制建筑企业内部质量管理，建立严格的质量管理体系，成立质量管理办公室，加强对原料采购、运输、工程招投标、工程施工等过程全方位的监测监控，提高建筑产品的合格率，避免物流不畅和工序矛盾等问题，提升建筑企业的施工质量。

3.2.2 有利于减少建筑企业的生产安全事故发生的可能性

长期以来，施工安全问题一直困扰着建筑企业。实施5S管理能够完善全面质量管理（包括从施工隐患的发生到整改，再到不断检查、处理的循环过程），加强施工现场设备管理，提高完好率，完善事故分析通报制度，对施工过程中的各类事故无论大小，都要逐项进行分析处理；并实行按施工设备部件使用周期与日常巡检动态发现问题相结合的超前维修、预防维修机制，保证设备的安全运行。

3.2.3 有利于减少浪费、降低成本

一方面，通过推行5S管理，建筑企业能够在整理、整顿阶段清理闲置材料，对单位内积压多年的废旧材料进行分拣/清理，广泛开展废旧物品回收利用工作，减少不必要的浪费；还可以在施工过程中严格控制和清理原材料，降低材料成本；同时，对施工现场进行的各项清理工作还能够减少环境污染，降低因污染环境而造成的各种罚款的可能性。另一方面，通过实施5S管理，可以缩短项目周期，通过实施整理、整顿、清扫、清洁可以使企业的管理一目了然，使异常的现象明显化，避免人员、设备、时间、能源等造成不必要的浪费。员工修养的提高，协作精神的加强，物流的优化，故障率、事故率下降，作业合格率提高，项目效率必然就会提高，项目周期也就相应地缩短。

3.2.4 有利于提升企业员工素养

5S管理的核心理念是——人造环境，环境育人。通过整理、整顿、清扫和清洁，环境改善了，从而带动员工素养的提高；并通过素养的提高和习惯的养成，促进环境的持续改善。一个人在良好的工作环境中工作，能相应地提升工作情绪；提升了工作情绪，再加上良好的工作环境和气氛，有了高素质且有修养的伙伴，彼此之间的团队精神和士气自然也能相应地得到提高。从而使得员工的业务技能和技术操作水平明显提高，解决现场实际问题的能力不断增强。

3.2.5 有利于提升企业形象

在建筑企业实施5S管理的目的是要努力提高建筑公司的整体形象，形成严格遵守规章制度的习惯和作风。5S管理可以改善员工的精神面貌，使组织焕发一种强大的活力。员工都有尊严和成就感，对工作尽心尽力，并可以改善自己的意识形态，提升企业形象。建立废品回收制度，杜绝废物流入污染环境，可以改进现场作业环境；通过提升员工素质，杜绝随地吐痰、公共场所吸烟等不文明现象，这些也都可以提升企业形象。因为整齐、整洁的工作环境，井然有序的作业流程，较高素养的员工，可以得到公众的信赖，为企业的产品和服务创

造出一种良好的消费心理；优质的工程质量、安全的生产，可以扩大企业的知名度，增加投资者或合作者的好感和信心，可以吸引更多人才加入，激发职工的敬业精神，创造更高的效率，从而能大大提高企业的威望。相反，如果施工企业现场管理混乱，在企业内部无法追踪不合格品产生的原因和责任人，也无法及时有效地发现问题、解决问题，交付使用后将给建筑企业信誉造成无可挽回的损失。

3.3 施工现场安全管理的5S实施内容

3.3.1 整理

建筑施工现场的整理专指设立专门的物料堆放区域，做好材料摆放，这些工作在刚开始施工时就对现场进行策划布置，办公区、生活区、施工区做到三区分离，在施工区设专门道路和专门加工场地，各种加工场地分开，加工场地的待加工料、半成品料和成品料各自按类堆放，并对需要的物品标注明显标识，以免用错规格，并将用剩的材料、多余的半成品、垃圾报废的设备等及时进行清理。不允许上述多余物品在现场长时间堆放。施工现场区域示意如图3-2所示。

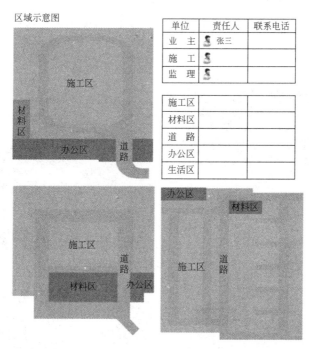

图3-2 施工现场区域示意

3.3.1.1 整理的作用

清走多余物品，腾出施工空间，把原来乱而无序的现场变成有序宽敞的现场，工人施工时通道畅通无阻，也减少了工人误拿误用，减少工人日常运行和工作中的碰撞和阻挡，提高工作效率，保障施工安全。

3.3.1.2 整理时应注意的问题

现场日常积攒的东西，看似都有用，但存放在现场占用空间，积压资金，有时候还会因场地限制和规划需要更换存放场地，费人费时。因此我们在整理现场时要做到判别哪些是近期要用的，哪些是计划要用的，按现场施工进度需要存放物品，制定物料堆放位置。将近期不用或不在计划内的物品及时清出施工现场。对施工现场的清理要全面，如果做不到彻底清查，就会留有死角，也给后来的工作带来麻烦。因为有些东西是价值较高的，所以在处理方法和处理程序上要有制度，也不能在处理过程中让企业蒙受财产损失。

3.3.2 整顿

施工现场的整顿就是指通过整理后，对现场的物资按施工进度需重新进行合理的布置和存放，等待加工到半成品到成品流水式存放，物料存放清楚，标识醒目，各施工场地之间互不干扰，并且规定材料堆放整齐、完整。

3.3.2.1 整顿的作用

合理摆放物料可以使现场施工人员在机械运输、吊装时按存放位置和数量准确实施，达到高效、明了、简洁的目的。并且因物料摆放有序，出现丢失、损坏、多余和缺少情况时也容易及时发现，便于及时解决问题。

整齐有序的材料使用有利于提高工作效率，改善工作环境，形成标准化现场，给工人养成良好的工作习惯，保证产品质量，保障生产安全。材料堆放及工器具摆放如图3-3、图3-4所示。

图3-3 整齐有序的材料堆放

图3-4 工器具摆放

3.3.2.2　整顿时应注意的问题

整顿是整理的后续项目，因此要在保证整理工作落实到位的基础上开展整顿工作，整顿时要做到物料摆放在指定的场地，位置明确，并在现场平面布置图上标识，防止因摆放不清楚、不合理而产生场地浪费和倒运时间浪费。并且要严格按施工进度进料，防止多余购买造成浪费，还占用现场空间。物品的摆放要有明确的物料牌，标明规格、数量、状态，让人一目了然。施工现场物料品的合理摆放有利于提高工作效率，保障施工安全。警示标识牌、5S区域管理牌如图3-5、图3-6所示。

图3-5　警示标识牌　　　　　　　　　　图3-6　5S区域管理牌

3.3.3　清扫

建筑施工现场的清扫是指将施工现场内的各种地方都打扫干净，有施工道路、加工场地、施工现场、完工场地等，还有办公场所、住宿场所、食堂、卫生间等。清扫就是要清除施工现场内的脏污，保持施工现场干净卫生，保证施工人员的身体健康，创造舒服的施工和住宿条件。

3.3.3.1　清扫的作用

大家都知道施工现场容易产生脏乱物品，如果不及时清扫，会使现场变得脏乱不堪，产生病菌，影响人们的身体健康；污垢积累，影响材料或设备使用；尘土或泥浆产生，污染环境、影响市容。更重要的是混乱的施工现场会影响人们生活和施工人员情绪，难以保证施工建筑的质量和施工人员的安全。因此必须要创造"无尘化"的绿色施工现场，保持良好的工作环境。

3.3.3.2　清扫时应注意的问题

目前，各大城市都要求现场美化绿化，做到美化施工现场，绿色施工，文明施工。但是在清扫时应做到以下几点。

（1）建立清扫责任区（办公区、施工区），自己使用的物品，如设备、工具等，要自己清扫，责任落实到人，防止责任不清，或者互相推托不负责任。全面清扫，不留死角，防止用一处污染一处，互相污染，重复清扫。

（2）建立清扫标准，没有标准的清扫会越来越差。

（3）调查污染源，改善施工现场环境。只要求员工尽力清扫，而不去寻找污染发生源，以消除或减少污染的面积，是难做好保持工作的。

（4）清扫时要对现场成品做好维护工作，因为清扫的过程覆盖了施工现场的各个角落，也是检查现场的过程，发现不安全的情况或质量不符合要求的情况要及时处理。清理垃圾和成品保护如图3-7、图3-8所示。

图3-7　清理垃圾

图3-8　成品保护

3.3.4　清洁

5S中的清洁是在整理、整顿、清扫等管理工作之后达到的成果，因此前面三项管理工作进展的程度直接影响这一清洁工作的结果。大家都知道"整理、整顿、清扫"一时做到并不难，但是长期做好就不容易了，清洁这项管理其实是为了保持前三项的成果而制定的制度和标准，并不断检查改进，来维持清洁的成果。

建筑施工现场也是这样，因为施工现场是个动态的现场，每天都会有材料进入、加工、使用，都会有废料、垃圾产生。如果不坚持做好"整理、整顿、清扫"这三项工作，前面所做的工作都白做了：如何保持现场的清洁状态，使施工现场真正达到常态的清洁，是一项重要工作。

3.3.4.1　清洁的作用

通过制度化、标准化维持前面三项的结果，美化施工现场，培养现场管理人员和施工人员良好的工作习惯，维持已经取得的清洁成果，并持续检查改进，形成卓越的企业文化，提升企业形象。施工现场环境不仅要整齐，而且要做到清洁，保持环境不受污染，进一步消除浑浊的空气、粉尘、噪声和污染源，消灭职业病，保证工人身体健康，提高工人工作热情。维持清洁、文明、安全的工作环境，增强业主对施工单位的信心，增加政府各级部门对施工单位的信任。

3.3.4.2　清洁活动应注意的问题

落实责任制，施工现场昕有的区域应有明确的整理、整顿、清扫的责任人，并公示出来，让领导和现场人员一起监督。重视现场标准化工作的推行。在前三个"整理、整顿、清扫"工作中，要规定执行的标准，避免因要求不高或者方法不正确而导致现场的"整理、整顿、清扫"工作执行不力，或者不统一。

组织形式多样的考核检查。采用评优、挂牌、检查、奖罚等方法进行考核检查。

要做好对新入场工人的教育工作。大家都知道建筑工人的流动性非常大，如果不及时灌输 5s 管理理念，就容易受新人"坏习惯"的影响，久而久之又回到启动前的状态。

3.3.5　素养

大家都知道 5S 管理始于素养，也终于素养，它的核心是提高参与者的素质。

建筑施工现场的工人文化水平普遍不高，因此强调素养尤其重要，如何提高现场施工工人的文明水准，促使每位工人养成良好的遵守规章习惯，还有待于社会各界人员共同努力。比如提高全社会教育水平，提高建筑行业内的技术含量，以抬高工人进入的素质门坎等，这些要求政府、企业和施工人员都要认识到提升素质的重要性，在推动社会整体人员素质的情况下来提高建筑施工人员的素质。

3.3.5.1　素养活动的作用

让现场的每个员工都能严格遵守规章制度，培养有良好素质的施工人才，促使施工现场形成和睦、团结的氛围。

3.3.5.2　素养活动应注意的问题

提升素养，必须制定相关的规章和制度。进行持续不断地教育培训，持续地推行 5S 管理中的前四项，直到让所有工人从内心认可并养成习惯，使每一个人都认识到整理、整顿、清扫、清洁的重要性。企业管理人员在做素养活动时，要注意以下几方面。

（1）规范会议制度。不论是教育会还是生产会，都要做到规范化、程式化，定时、定内容，做好教育和宣传贯彻工作。

（2）管理人员率先倡导示范。领导重视，带头遵守，发挥榜样的作用。

（3）定好现场的标准、规定、制度等，排除困难，坚持实行。

（4）制定统一的服装、臂章、安全帽等企业识别标准，使之成为企业文化的一部分，并且大力宣传，坚持贯彻。

（5）推行各种各样的素质提高活动，如文明活动、安全活动、质量活动、卫生活动等。并通过评比来激励大家，掀起全员参与的热潮。

（6）切忌一阵风，不坚持，让工人以为是搞形式。

3.4 施工现场实施5S管理的基本原则

3.4.1 自我管理原则

建筑企业施工现场良好的工作环境不是单靠添置设备或领导督促实现的，而是由现场人员创造出来的。现场工作人员在为自己创造并维持一个整齐、清洁、方便、安全的工作环境的同时，也改造自己的主观意识，提高自己的素养，约束自身的行为，养成对待工作认真负责的习惯。

3.4.2 持之以恒原则

5S管理开展起来比较容易，甚至可以在短时间内取得较明显的效果，但要坚持下去并且不断改进非常困难。实施5S管理，贵在持之以恒。为了使该项管理能够长期坚持下去，建筑企业可以考虑将5S管理纳入岗位责任制，使每一部门、每一员工都有明确的岗位责任和工作标准。

3.4.3 不断优化原则

建筑企业要强化5S管理意识，促使工作人员养成良好的行为习惯，促进其素质的逐步提升。在建筑企业施工现场实施5S管理过程中，难免会发生现场的管理水平波动甚至下降的情况。一个有效的办法就是将职责分解到班组，以班组为单位定期开展5S检查工作，通过班组对现有状况的分析来强化管理。要坚持PDCA［Plan（计划）、Do（执行）、Check（检查）和Action（处理）的第一个字母］循环，即要通过策划、实施、检查、改进，不断发现问题并解决问题，在检查考核后必须针对问题提出改进措施，从而不断优化企业的管理。

3.4.4 勤俭节约原则

在施工现场整理阶段，会清理出很多"不要的"东西。这些"不要的"东西并不一定是无用的东西，有的可能是暂时无用的，以后还有用，这种物品应该将其收集起来，存储在仓库中；有的可能在这个现场无用，但可用于其他地方；即便是废物，也应本着循环利用的原则，变废为宝；对那些需要报废的物品，应按报废手续办理，收回"残值"。

3.5 施工现场5S活动的推行步骤

5S管理虽然能够立竿见影地改善作业环境，但是要保持其成果却是一个长期的系统的过程，因此需要有效地推行，建立长期运行机制。5S法的推行和建立主要包括以下步骤。

3.5.1 成立推行组织，确定方针目标

成立推行组织是保证5S有效实施的基础。5S管理的组织机构应由企业管理者决定，职员参与成立管理委员会，要明确组织职权，落实责任。

方针和目标的制定要结合企业的具体情况，方针要有号召力，要能够激发员工的工作热情；目标设定要明确、可行，并且可量化分解，每个部门和岗位都要依据企业的目标制定自己的目标，形成由上至下的目标体系。方针和目标的设定，不仅指明了企业5S发展的方向，同时使员工明确了自己努力的方向，也便于工作过程中的成果检查。

3.5.2 拟定工作计划，编写实施指南

5S管理方法的建立是一个复杂的系统工程，必须要拟定详细的工作计划，以便大家对整个过程有一个整体的了解，每个人都清楚自己及其他岗位人员的工作是什么及何时要完成，相互配合造就一种团队作战精神。

5S管理也必须依照文件化管理的方式，将5S活动的具体内容和要求以文件的形式确定。施工企业必须依据本企业的实际情况，制定适合本企业的5S实施指南，规范5S管理的相关要求及事件的处理流程和内容。实施指南的制定要尽量考虑周全，从5S组织结构、方针目标到各责任区域及5S责任人的明确，从执行标准、检查流程到5S评比与奖惩都事先应有规范。

5S实施指南是企业内部的"法律"，有了明确的书面文件，员工才知道做什么、怎么做，哪些可做，哪些不可做。

【他山之石】 ▶▶▶ --

××公司2017年基建施工现场"5S"管理推进工作方案

为贯彻公司2017年基建重点工作计划要求，全面推进基建施工现场"5S"管理工作，确保基建施工现场安全、文明状况持续改善，特制定本工作方案。

一、工作思路

引进国内外先进企业5S管理经验，按照"借鉴培训，全面试点，总结经验，全面推广"四步走，逐步推进，全面实施。

二、工作目标

××公司基建施工现场"5S"管理工作的主要目标如下。

① 2017年：整体水平达到3S，部分水平接近4S。现场规范，显著改进。

② 2018年：整体水平达到4S，部分水平达到5S。现场管理达到国内同业领先水平。

③ 2019年后：整体水平达到4S，30%达到5S。现场管理达到国际领先水平。

三、工作方法

以公司安健环标准和《基建工程安全文明施工检查评价表式》为检查标准，吸纳基建承包商违章扣分、承包商履约评价等相关工作，辅以分级检查、交叉互检、总结推广等工作方式，建立并完善一系列有序、有力的"5S"推进措施。

四、"5S"推进步骤

（一）借鉴培训（2017年1～3月）

1.确定试点项目

2017年3月30日前，确定公司2017年"5S"试点项目（见附件1《基建"5S"试点工程项目汇总表》）。

2.分级开展5S培训工作

2017年3月30日前，各分子公司组织试点工程的业主、监理、施工项目部管理人员开展"5S"管理专项培训。

2017年4月30日前或项目开工一周内，各试点工程业主项目部负责组织项目全体施工人员开展"5S"管理培训。

（二）全面试点（2017年3～8月）

1.全面推进

各试点项目按照5S管理要求开展现场"5S"管理，做好项目"5S"策划、职责划分、现场执行、测量与评价等工作。

全面应用定点照相、红牌作战、目视管理、看板作战等5S推进机制开展现场5S管理。

2.开展交流对标

2017年6～8月，组织开展交流和对标活动。

3.日常检查

通过分级检查、逐级评价方式，利用《基建工程安全文明施工检查评价标准表式》（2011年版）对各试点工程"5S"管理实施情况进行跟踪和评价。

（1）各试点工程业主项目部每月开展一次自检，自检结果每月5日前上报分子公司基建部，汇总后上报公司基建部，上报表格见附件2。

（2）各分子公司基建部每季度对试点工程开展一次检查。

（3）公司基建部每季度对试点工程进行抽样检查。

（4）公司基建部择机牵头组织各分子公司组建检查小组，结合飞行检查等，对试点工程进行交叉抽查，抽查覆盖所有分子公司。

（三）总结经验（2017年8～12月）

1.成果上报

2017年8月，各分子公司完成"5S"试点项目总结。

2017年8月，各分子公司完成5S管理的成本分析测算。

2017年9月，各分子公司完成分析总结并将"5S"试点成果上报公司基建部。

2.发布5S管理文件

2017年10月，公司基建部组织试点工程"5S"管理成果评审，发布基建工程现场"5S"管理文件。

3.表彰先进

2017年11月，公司基建部组织5S现场观摩。召开"5S"经验交流和推广会议。

2017年12月，对年度5S试点项目进行表彰奖励。

4. 5S成果应用

评定为 Level 4 及以上的项目可优先参与公司优质工程评选。对承包商履约评价时，承包商履约涉及安全管理和文明施工所有分数按照以下表中评价结果给予相对应的分数。

水平等级	安全管理和文明施工分数
Level 1	60
Level 2	70
Level 3	85
Level 4	90
Level 5	100
达不到 Level 1 的，按照 0～59 分区间给分。	

（四）推广应用（2017年12月）

（1）以点带面，全面推行"5S"管理，实现公司基建现场"5S"管理全覆盖。

（2）持续提升，建设规范有序的施工现场。

附件：

1.公司2017年基建"5S"试点工程项目汇总表（略）

2.基建"5S"试点工程月度检查评分报表（略）

3.5.3 加强宣传培训，营造推行氛围

要保证5S管理的有效实施，需要企业所有人员的参与和支持，需要营造推行5S的良好氛围。一方面，领导的重视和全员的积极参与是形成良好氛围的核心，领导的身体力行，是激励基层员工不断前进的动力。通过最高主管领导在晨会、例会上发表宣言，在企业内部张贴海报、制作宣传栏，或通过内部报刊等方式，加大宣传力度。另一方面，全体员工既是5S管理的客体，又是5S管理的执行主体，只有全体员工以主人翁的姿态参与5S的各项活动，才能使5S管理具有长久的活力。可以通过不断地教育培训，使5S管理的理念深入人心，使所有员工掌握5S管理的方针目标，掌握本岗位5S管理的实施方法，自觉执行5S管理实施指南的要求，不断提升安全素养。

3.5.4 严格遵章实施，落实检查评比

企业制定的5S方针目标和实施要求，只有通过执行落实才能取得预期的效果，才能使5S实施指南所确定的内容，最终成为员工个人的做事习惯。

为避免5S活动短期化和形式化，可在各部门或各班组建立5S活动小组，通过小组间的竞赛和评比，促进5S活动的趣味性，也可以开展一些专项活动，以增强5S管理的活动效果。

在5S管理实施过程中，充分利用先进典型和样板的影响作用，进行示范区建设，使其成为在企业内部全面推行5S活动的突破口，创造一个可以提供一些借鉴经验的样板。5S活动在示范区的成功推行，有利于增强广大员工的信心，激发大家的参与热情，同时打消他们的疑虑，为全面推进5S管理铺平道路。

3.5.5　巩固实施成果，坚持持续改进

对整理、整顿、清扫、清洁、素养的每一项具有推广意义的成果，推行组织都可以将其以制度形式固化下来，并成为修订5S实施指南的依据，最终成为员工行为的指导文件，进一步巩固5S实施成果。

坚持PDCA循环，不断提高施工现场的"5S"水平，即要通过检查，不断发现5S管理在实施过程中的问题，提出改进措施，不断完善5S管理制度和指导文件，持续改进5S管理方法，使5S活动坚持不断地开展下去。建筑施工企业可通过建立自我检查、班组部门检查、企业检查的三级检查的机制，将5S活动执行和监督纳入日常管理工作，及时发现和更正实施过程中出现的偏差，确保5S实施指南的持续适用和有效。

3.6　施工现场开展5S管理活动的要领

施工企业开展5S管理活动要因地制宜。与制造业的现场比，建筑施工企业的现场管理更为复杂。一是施工现场差异性大，不同的工程项目，空间不同、内容不同，所以要通过不断强化改进，巩固5S管理的成果。二是物流繁杂，涉及多种施工机械、施工材料的搬运、使用。三是人员流动性大，管理成果不易固化。因此，施工企业要根据项目的不同，管理水平的不同，人员构成的不同来实施。

3.6.1　狠抓现场的整理、整顿

在施工现场，由于施工机械、材料的复杂性，搬运是一种经常性的动作，然而，实际上搬运是一种不产生附加价值的动作，而不产生价值的工作都属于浪费。搬运的浪费具体表现为放置、堆积、移动、整列等动作浪费，由此而带来物品移动所需空间的浪费、时间的浪费和人力、工具的占用等不良后果。国内目前有不少企业管理者认为搬运是必要的，不是浪费。因此，很多人对搬运浪费视而不见，更谈不上去消灭它。也有一些企业利用传送带或机器搬运的方式来减少人工搬运，这种做法是花大钱来减少工人体力的消耗，实际上并没有排除搬运本身的浪费。而通过整理、整顿，使施工现场空间扩大，各类材料、设备及备件井然有序，使得材料易找、易搬。在整理和整顿的原则中，有一条是尽可能地减少空间和空地的浪费，如果对施工现场进行一网打尽的清理，就能减少存放的材料，或缩短取放的时间，只有经过整理，才能区分出对物品是集中管理或分散管理。要提高场地的利用率，减少场地的占用，在清理中可采用以下步骤。

（1）要决定将什么物品放在什么位置，即定位。

（2）要决定放置多少数量，即定量。

（3）要决定以什么样的状态放置，即探讨节省空间的放置方法。要最大限度地利用空闲的地方，检查时要考虑以下几点。

①　人移动的距离能否再短一点。

②　人的移动次数能否再少一点。

③　材料和零件的搬运距离能否再短一点。

④ 搬运的次数能否再少一点。

⑤ 不同的物品能否合放在一起。

⑥ 数量大、使用次数多的物资能否少放置一些。

⑦ 必备的物品无论放置在什么地方都能明白无误。

⑧ 在作业现场和工序之间的信息传递能否更好一些。

⑨ 在作业的中心能否看见主要设备和工序的全貌。

⑩ 能否将几个作业现场所必要的通用物资和设备集中起来。

3.6.2 用管理制度巩固5S管理成果

规范化、标准化是现代化大生产的要求。现场施工是由许多人共同进行的协作劳动，有时是多工种的立体交叉作业。为了确保施工安全和工程质量，协调地进行施工作业，劳动者必须服从施工的统一指挥，严格按照规定的施工流程、作业方法、质量标准和规章制度办事。因此，在施工活动中，对那些重复性的工作，就可以采用科学的方法制定标准的作业方法和工作流程，作为处理同类常规工作的依据，从而实行规范化、标准化管理。而对5S管理活动的成果可以用定置管理的方法加以实现。

定置管理是实现施工企业人、机、物、场所等生产要素科学结合的有效方法。通过推行定置管理可以有效改变建筑施工企业施工现场管理混乱的现象。施工企业应根据现场空间精心设计、绘制平面图，放置在醒目处。对搭设临时设施、安装机械设备、堆放材料构件、水电线路铺设等都要认真进行规划，并在平面图上予以标识。对各个场所和通道应设计标识牌和指示牌，做到组织设计方案清晰，平面图规划明确。整个现场做到：临时设施布局合理、材料码放整齐、机械操作范围明确、车辆进出方便、工序衔接紧密、场地卫生整洁，井然有序。

3.6.3 严格现场管理检查与考核

对施工项目，要对照5S管理活动的要求，实行经常性检查和督导，使施工现场基本做到一坚持、二不见、三不准、四净、五做到。

（1）一坚持。坚持一日施工一日清。

（2）二不见。不见施工现场水电气跑、冒、滴、漏，不见砂浆遍地。

（3）三不准。不准用河石、河沙垫道，不准从高空乱扔杂物，不准材料混合堆放。

（4）四净。作业面净，钢筋棚净；砖、砂、石、白灰、水泥底净，安全网上净。

（5）五做到。做到料具堆放成行，砂、石堆放成方，红砖、空心砖码垛成行，构件堆放成垛，钢脚手架堆放成列。

现场管理的责权利相统一，责权利相挂钩，才会让职工得到看得见、摸得着的实惠，施工企业质量、安全、成本、工期都得到提高和保证，企业提高了管理水平，增加了经济效益，这是现场管理运用经济手段进行检查与考核的根本目的。

3.6.4 着重提升员工的素养

施工现场上的所有施工活动和管理工作都是由现场上的人去完成的。因此，施工现场管理的核心是人，人与人、人与物的组合是施工现场生产要素最基本的组合。加强施工现场管理仅依靠少数专业管理人员是不够的，必须依靠现场所有职工的积极性、创造性，发动广大职工参与管理，按照施工现场标准化要求和规定，使每一个岗位的人员实行自我管理、自我控制，并实现岗位人员之间的相互监督。

3.6.5　班组是企业现场管理的保证

班组的活动范围在现场，工作对象也在现场，所以加强现场管理的各项工作都要无一例外地通过班组来实施。班组是施工企业现场管理的承担者。要明确每个现场管理班组成员的职责、权限和个人业绩考核标准，以确保现场管理班组成员对工作的正确理解，并作为评估的基础。在这一过程中，可利用QC小组开展5S管理活动。5S管理活动与QC小组活动具有一定的相似性。在民主性方面，5S管理既有规范化要求，也有需要自我素养方面的要求，体现了民主性，这与QC小组特点相吻合。通过调查表、分层法，结合5S管理要求，调查分析生产现场存在的问题。通过绘制排列图确定现场存在的重点问题。5S管理小组成员采用头脑风暴法集思广益，运用因果图分析原因，逐步追溯到现场问题的根源，进而制定5S管理实施对策。可据此制定5S管理标准，并具体实施5S管理各项内容要求，定期检查5S管理小组活动成果，开展总结评比活动，对遗留问题转入下一期5S管理小组活动。

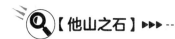

【他山之石】▶▶▶ --

某变电工程施工现场5S标准

一、施工区

（一）施工区域总平面布置

（1）按照功能、结构和施工道路划分区域。区域划分采用"大区域固定、小区域动态更新"的原则，根据报审的月度施工进度计划、物资到货情况和施工工序交接情况，细化和更新施工区域，在保持施工现场整洁有序的前提下，提高施工效率。

（2）将区域负责人责任区域与管理职责通过牌图进行公告。如下图所示。

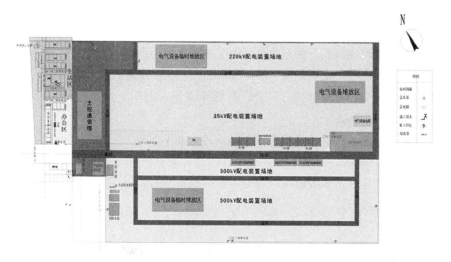

施工区域定置图

（二）施工区域阶段性要求

（1）按照变电站工程的固有周期，将施工过程分为基础阶段、土建阶段和安装阶段，根据每个阶段的施工特点和区域归属原则，针对每个区域进行人、机、料、法、环的要素梳理和定向管理。

（2）在施工过程的每个阶段，必须在所有区域持续 5S 机制运行，即定点照相、红牌作战、看板管理和颜色管理。

（3）在施工过程中，要注意绿色环保型施工方法的选用；同时，在施工现场，必须配置必要的防尘除尘措施。

（三）施工车辆、机械与工器具管理

（1）建立施工车辆、机械和工器具的安全管理台账。

（2）定期对施工车辆、机械和工器具进行定置化与目视化检查，包括在施工现场设置的临时停放点、车辆反光标识、行车指引和警示、机械与工器具的定点存放指引、使用过程中的临时围蔽和标识、各类机械的加工位置与禁止区域等。如下面两图所示。

车辆停放

机具堆放区展示

（四）临时电源布置

（1）电源线经过路面时应穿管（槽钢）埋设或架空敷设，埋管（槽钢）外露部分应涂刷等间隔黄黑色油漆，架空敷设绝缘线使用低压混凝土杆，在路旁的混凝土杆须涂有红白相间的警示标志。

（2）配电箱制作应符合相关规定，可防雨（水），密封，加锁，并标有"有电危险"红色警示和专人管理标牌，箱体必须可靠接地；配电箱内部根据需要设置，接线整齐，走向标识清晰，并配有定期检查记录表；进出箱体电缆必须挂牌说明电缆型号、起止点及用途等内容。如下面三图所示。

过路临电电缆保护

配电箱外观图

电源箱的配置和管理

（五）临时遮栏

（1）圆锥临时防护遮栏（雪糕筒）用于施工物料、机具的短暂存放，以及临时施工区域分隔的场所；锥形筒白色部分为反光材料，红色部分为塑料；锥形筒之间放置宽度不大于2米，且围蔽区域或四角均放置锥形筒；在交通道路长期布置时，要考虑在转角和交叉处设置警示灯。

（2）临时提示遮栏及防护栏杆适用于工地作业区域的划分和提示（如吊装区域围蔽等）；临时遮栏及防护栏杆可考虑用于以下情况：高压实验的场所周围；设备临时堆放区的四周；变电站主要电缆沟道临边。

（3）施工现场可根据现场情况，选择提示遮栏，并挂上"严禁跨越"和"当心坑洞"等警示牌；洞口临边处；防护栏杆制作符合要求，固定牢固可靠，统一做到标准化，色标醒目。

（4）临时提示遮栏应与警示牌配合使用，固定方式根据现场实际采用，应保证稳定可靠。如下面两图所示。

楼梯临边遮栏围护　　　　　　　　　　楼层临边遮栏围护

（六）消防设施

（1）在办公室、宿舍、仓库、油务区、加工场地、动火作业区、各级配电箱及重要机械设备旁，应有相应的灭火器材；灭火器材定点存放时使用黄色划线或标识，清晰明显；所有灭火器均需由安全员定期检查。

（2）消防设施应有防雨、防晒的措施，消防设施内的工器具必须完整齐全，有台账记录并定期检查和更新，合格的消防设施贴上检查标签（包括检查时间、使用时间和使用范围，并加盖项目章）。如下图所示。

消防设施的设置

（七）临时休息区

（1）根据施工平面布置图在施工现场设置休息室和临时休息点，确保在施工过程中能够有效满足施工人员工作间隙休息的需求。

（2）休息室的设置必须牢固，满足防风防雨的要求，在休息室和临时休息点内布置安全警示、指引提示等牌图，同时布置满足要求的消防设施。如下面两图所示。

休息亭设置　　　　　　　　　　　　临时休息点设置

（八）施工安全通道

（1）施工安全通道为施工人员安全进出建筑物而设置，防护设施必须齐全、完整和有针对性，同时随着楼层的升高而向上铺设，做好垂直坠落防护和水平通道防护。

（2）安全通道的牌图、标识和宣传部分必须醒目、齐全，配备正衣镜和休息区，为施工人员提供清晰而完整的指引和警戒。

（3）安全通道必须定期进行巡视、检查和维护，动态更新牌图指引。如下图所示。

施工安全通道展示

（九）钢管脚手架

（1）脚手架外侧、斜道、平台需装设红白色栏杆和黄黑色挡脚板（或设立阻拦平网），装设高度符合要求，颜色标示明显，由安全员定期检查和维护。

（2）在脚手架外侧同一高度悬挂南网或承包单位标志的安全警示标语，并间隔悬挂安全警示牌。

（3）脚手架应设置至少一条可供上下的楼梯，楼梯应有防坠落设施；每段楼梯的第一和最后一级踏板必须张贴黄色警示带，踏板松动时必须立即处理；各层走道平台上应设置规定数量的消防器材。

（4）安全网的架设必须正确、牢固，封闭须严密无空隙，安全网与外墙面间的施工过道必须满铺脚手板，并有防止坠落措施和警示标语。

（5）脚手架搭设完毕后，应由施工单位会同监理单位按照标准《建筑施工扣件式钢管脚手架安全技术规范（JGJ130—2011）》进行检查验收，验收结果以验收牌的形式挂在脚手架显眼处。

脚手架的防护、外立面及内部过道如下面图所示。

脚手架的平网、立网防护

钢管脚手架外立面　　　　　　　　钢管脚手架内部过道

（十）成品保护

（1）设备基础施工完毕后，设立防护基础或边角损伤的措施，建议做成红白木条直角搭接的方式进行防护，同时按区域或面积在成品保护区内设立警示标识和牌图。

（2）站内永久路面在投入使用后，应对各施工班组进行安全交底。以下事例严格禁止。

①严禁在建好的混凝土道路上及户内非设备安装处进行电焊作业。

②严禁钢材等易锈蚀的材料直接堆放于永久路面上。

③金属切割、打磨、钻孔等作业，不宜在永久地面上作业，若受条件限制，确实需要在永久地面上作业，必须设有有效的隔离措施，并及时清扫金属残渣。

④充油设备安装调试时，应有防止油污染的措施。

⑤严禁直接在道路及混凝土地面拌和混凝土。

（3）电气安装班组与土建单位协商，做好安装期间对室内墙壁和地砖的保护。

（4）电缆敷设应有防电缆盖板损坏措施；高压柜、保护（控制）盘柜的安装就位，应有防电缆盖板变形和地面磨损的措施。

（5）在设备吊装和高空作业过程中，要注意对周边设备和设施采取保护措施。如下图所示。

成品保护外观及牌图说明

（十一）基础阶段工程

（1）在场地平整阶段，需将征地红线范围内的区域进行临时围蔽；在围蔽朝向场地内的一侧，按需悬挂警示标识；在围蔽出入口，按实际情况竖立施工作业看板。

（2）要求制定桩机施工路线图，定期安排人员更新图示；动态更新桩机作业环境周边的风险识别和安全防护措施，并在图示上进行标识。

（3）桩基施工场地应平整，施工路线上应无障碍物，辅助材料和机具应布置合理、分类清晰。

（4）桩机安装、拆卸和保养时，工作现场应装设安全围栏和悬挂标示牌，严禁非工作人员进入。

基础阶段施工展示如下图所示。

基础阶段施工展示

（十二）主体阶段工程

（1）按照不同的类型和功能，将加工好的模板、钢筋和钢管，整齐地摆放在施工点附近，悬挂"土建施工准备点"牌图；在支模的过程中，保证施工人员工作界面清晰；在扎筋的过程中，辅助材料堆放整齐，做好标识；在混凝土浇筑前，将余料和无关设备撤离浇筑点，存放在固定区域；浇筑时，将浇筑区域进行围蔽，杜绝无关人员通行、逗留；混凝土不得堆放在原始地面上，必须在卸料前布置二次转运措施。

（2）拆模时，拆卸下来的模板和钢管必须经过初步处理后，整齐地堆放在浇筑点附近，并临时设立围蔽，悬挂"土建建材临时堆放区"；要求及时将模板和钢管做进一步处理，用于施工周转或废弃处理；施工场地必须全部清扫干净，不得遗留废模板、钢筋头和铁钉等。主体阶段施工展示如下图所示。

主体阶段施工展示

（十三）装饰装修阶段工程

（1）装饰装修的材料可在建筑物内或室外场地设立临时材料房进行存放，避免雨（水）的影响；存放的材料必须分类堆放，按照功能、用途进行标识和说明；易燃易爆的材料或物品必须单独存放，同时配备必要的消防器材。

（2）在装饰装修施工中，材料可就近堆放在施工点附近，但必须堆放整理、标识清晰，不能影响道路的通畅和临时用电的安全，或者对其他的施工工作造成阻滞，原则上施工材料堆放数量以在当天施工中用完为准。

（3）当日施工完毕后，必须立即清理施工余料、废料和废渣；未施工完毕存在安全风险的施工部位，必须采取预防措施，同时做好牌图警示和说明。装饰装修阶段施工展示如下图所示。

装饰装修阶段施工展示

（十四）构支架安装工程

（1）构支架的主材和附件，按照间隔和材料主附件进行分类临时堆放，在堆放地点进行临时围蔽和标识。

（2）在吊装工作开始后，吊装的作业区域必须安排专人监护和负责，负责监控施工环境和机具的变化，动态更新现场防护措施。构支架安装阶段施工展示如右图所示。

构支架安装阶段施工展示

（十五）电气安装工程

（1）在电气设备运抵现场时，尽可能放在设备基础上或附近平整位置，如需要另选场地进行集中堆放，必须分类放置在设立了固定围蔽的区域内，做好设备保护的工作；同时确保在设备安装前区域上方或附近无高空作业；在围蔽上悬挂"电气设备暂存区"牌图，同时对区域内设备进行标识，设立专人检查和巡视。

（2）在电气设备安装的过程中，按照施工范围设立"电气施工区"，进行临时封闭和说明；电气施工区域内的附件、备件、工具和材料必须分类堆放，重点设备、附备件或流程必须进行挂牌说明；在电气施工区域内，同一场地安装作业和高压试验不得同时进行施工。

（3）安装工程结束后，施工人员必须对工器具、余料、附备件和场地进行整理、整顿和清扫，尤其是设备包装箱必须当天运至指定地点存放。电气安装阶段区域分隔及施工展示如下两图所示。

电气安装阶段区域分隔

电气安装阶段施工展示

（十六）电气调试工程

（1）在主控室或设备就地进行继保调试工作时，必须保持室内或场地清洁，不得有灰尘、碎屑或积水；主控室电缆未覆盖时，调试人员需在电缆上（方）铺设平板，严禁直接踩踏电缆（槽盒）。

（2）现场高压试验区域、被试系统的危险部位或端头，均应设临时遮栏或标志旗绳，向外悬挂"止步，高压危险！"的标示牌，并设专人警戒。如下面两图所示。

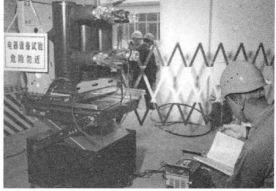

调试阶段电缆上铺设木板　　　　　　　　高压试验过程展示

（十七）变电站改扩建工程

（1）所有进入运行变电站工作的人员（施工、调试、厂家服务、各级管理人员）应严格遵守变电站运行规程（规定），并接受变电站运行人员和工作负责人的安全技术交底，同时在施工作业工程中，必须设立安全监护人。

（2）工作人员工作前应对工作范围和带电区域进行明确，现场带电区域与非带电区域的隔离必须满足规定要求，安全警告（警示）标识牌设置符合规定要求。

（3）在施工现场入口处，可根据运行方要求制作相关工程信息牌图。改扩建工程场地及室内布置如下面两图所示。

改扩建工程场地布置　　　　　　　　改扩建工程室内布置

二、设备/材料区

（一）固定仓库

（1）根据施工总平面图设置材料仓库，并有标示牌。

（2）材料仓库面积满足工程使用要求，由符合环境要求的材料建成，内应配置组合式货架，各类材料名称规格标示清晰，符合定置化管理要求；应按规定配置防火、防水、防盗设备，并在显眼位置标明火警、盗警电话号码和防火防盗警示牌。

（3）设备、材料应分类分区域堆放，堆放场地应坚实、平整、无积水，最好做硬底化处理；设备、材料应堆放整齐成形，安全可靠；各类物资排放有序，标识清楚。

（4）扩建工程应满足安全生产的要求。

（5）及时识别施工现场停用的设备或机具，将停用机具运出现场或在现场设立单独存放区，进行定置化管理。材料仓库展示如下面两图所示。

材料仓库展示1

材料仓库展示2

（二）临时仓库/材料房

（1）根据施工现场的具体要求，在工程实体内临时设置材料或机具仓库；临时仓库或材料房的设置根据施工进度动态调整。

（2）临时仓库或材料房的配置可参照固定仓库，所有的材料或机具分类分区域堆放，做好明显的划线和标识，同时做好防火、防水、防盗措施，并标明临时责任人。如下面两图所示。

临时仓库设置　　　　　　　　　临时材料房设置

（三）中转区与暂存区

（1）根据施工总平面图设置中转区和暂存区，并有标示牌。

（2）中转区用于各类需要在站内进行周转使用的材料堆放，原则上存放时间一般不超过7天；暂存区用于某个工序施工所需要准备的材料和机具存放，原则上一般不超过5天。

（3）各类中转区和暂存区内的存放材料和机具必须堆放整齐成形，安全可靠。如下面两图所示。

材料中转区设置

材料暂存区设置

（四）土建/电气加工场

（1）土建/电气加工厂除满足材料堆放场材料暂存区的管理要求（半成品区、成品区等）外，还须执行机具加工区的安全防护措施，对材料和机具的管理应做到安全、醒目和整洁。

（2）加工区的机具和设备需要进行粗略的划线和标识，在醒目位置设立材料加工流程看板或牌图，同时在设备加工区域标明安全区、操作区和警戒区等，防止机械造成人身伤害。

（3）加工区内的模板和钢筋必须分类堆放整齐，符合加工流程运输和堆放的需要，同时做好牌图说明和固定围蔽；模板或钢筋加工后的碎屑应及时清理。如右图材料加工区设置所示。

材料加工区设置

三、目视化管理

（一）5S看板

（1）看板设置功能明确，看板内容有助于落实施工现场的安健环管理；可分为但不限于五牌一图（工程概况牌、管理人员名单及监督电话牌、消防保卫制度牌、安全生产制度牌、文明和环保制度牌、施工现场平面图）、宣传牌、告示牌等。

（2）看板设置风格统一，根据功能划分版面内容，要求版面内容明确、真实、具体，有针对性。

（3）在施工现场，持证上岗人员的证件推荐集中挂放。

（4）针对区域管理人员的责任描述牌图，要求有人员照片、联系电话、责任区域划分详图和管理责任的描述，树立在各自的责任区域显眼处。

（5）标志牌的使用意义必须清晰，符合规范，不能出现内容误导和悬挂部位错误的问题。

5S看板如下面三图所示。

五牌一图展示

站区主体看板展示

站区区域责任牌展示

（二）红牌

（1）按照红牌作战的运行机制制作发放红牌，红牌悬挂在问题区域直至整改完成；并按要求定期进行红牌数量统计和整改完成情况核实。

（2）红牌的规格样式全站统一，要求红牌至少包含以下内容：编号、问题区域、发现问题、发出时间、整改时间、负责人、对比图片；红牌建议采用不易损坏的材料制作，红牌样式可参考下面的图例。

红牌模板展示

【他山之石】▶▶▶

5S施工现场检查标准

检查日期：　　　　　　检查区域：　　　　　　检查人员：

序号	检查项目及内容	评分标准	分值
卫生清洁（15分）			
1	地面清洁，没有垃圾废物和不必要的材料（工完、料尽、场地清）	发现一处不符合标准扣0.5分/例	4
2	施工通道和人员通道畅通，无障碍物，通道有明显标志	发现一处不符合标准扣0.5分/例	4

续表

序号	检查项目及内容	评分标准	分值
3	工具整齐存放	发现一处不符合标准扣0.5分/例	2
4	保持机器设备清洁，由专人负责	发现一处不符合标准扣0.5分/例	2
5	材料分类并正确堆放、有标识	发现一处不符合标准扣0.5分/例	3
现场道路（10分）			
6	对现场施工道路统一规划布置，考虑了人车分流，经审批，保证合理、美观	发现一处不符合标准扣0.5分/例	1
7	施工区道路采用活动围栏、栏杆等进行规范、标识	发现一处不符合标准扣0.5分/例	1
8	临时道路路面应有硬化处理，没有破损或者突出物	发现一处不符合标准扣0.5分/例	1
9	宽度足够会车（双车道不低于6米，单车道不低于3.5米），路面净空有标识（如果有跨越）	发现一处不符合标准扣0.5分/例	1
10	有明显交通标识（现场限速15千米/小时），道路安全设施齐全，保持道路畅通	发现一处不符合标准扣0.5分/例	1
11	路面没有明显灰尘、油污、废物或者设备及物料	发现一处不符合标准扣0.5分/例	1
12	现场清洁、整齐、卫生，安排专人清扫维护，经常洒水降尘	发现一处不符合标准扣0.5分/例	2
13	土石方运输道路出入口设置相关措施，不带泥上路	发现一处不符合标准扣0.5分/例	1
14	主干道均有排水设施	发现一处不符合标准扣0.5分/例	1
物料堆放（13分）			
15	按平面布置图堆放	发现一处不符合标准扣0.5分/例	2.5
16	分类堆放并标识	发现一处不符合标准扣0.5分/例	3
17	堆放形式或高度符合安全要求	发现一处不符合标准扣0.5分/例	2.5
18	可燃物远离火源	发现一处不符合标准扣0.5分/例	2.5
19	定置化要求有责任人	发现一处不符合标准扣0.5分/例	2.5
疏排水（5分）			
20	100%排水效果良好，雨天无淤泥、无现场漫水、无超上限的积水；各种物料堆放在排水沟外侧至少0.5米以外	发现一处不符合标准扣0.5分/例	5
消防管理（12分）			
21	有消防措施、灭火器材，灭火器材配置合理	发现一处不符合标准扣0.5分/例	3

续表

序号	检查项目及内容	评分标准	分值
22	数量足够，编号，有标识牌，并设专人管理	发现一处不符合标准扣0.5分/例	3
23	定期检查，通常设置为一月一次	发现一处不符合标准扣0.5分/例	3
24	施工现场有临时消防水，并形成环路	发现一处不符合标准扣0.5分/例	3
安全防护设施（防护栏杆10分）			
25	临边、洞口和道路等其他防护区域设置防护栏杆	无防护栏杆，发现一处扣0.5分/例	3
26	防护栏杆的上杆距地高度不小于1.1米，下杆距地高度为0.6米，立杆间距不大于2米，设不少于18厘米踢脚板	发现一处不符合标准扣0.5分/例	3
27	必须保证其扶手所能承受水平方向垂直施加的载荷不小于1000牛顿/米	发现一处不符合标准扣0.5分/例	3
28	栏杆表面必须认真除锈，刷安全警示色，设警示牌	无警示牌此项不得分，无警示色发现一处扣0.5分/例	1
安全防护设施（孔洞防护10分）			
29	现场临边和预留洞口在未完成前必须进行实体围护；防护围栏牢固，必要时四周设置踢脚板，靠近通道处的立面要满挂安全网或其他可靠措施全	无防护不得分，其余依据防护状况缺一项扣0.5分	2.5
30	孔洞盖板应坚实牢固，有警示标识，不能随意移动	无警示标识发现一处扣0.5分/例	2.5
31	基坑四周应设置防护栏杆，距基坑边1.2米范围内严禁堆放土石方等较重的物料；基坑及周边有良好的排水系统	无防护栏杆，无排水发现一处扣0.5分/例	2.5
32	悬挂警示警告牌	无警示牌，发现一处扣0.5分/例	2.5
安全防护设施（安全通道10分）			
33	一般采用钢管和脚手板搭制，通道两侧设置防护栏杆、踢脚板，坡度通道有防滑装置，陡坡通道须搭制成楼梯踏步式通道，坡度控制在1:3	通道两侧无防护栏杆、踢脚板等措施此项不得分	4
34	建筑物的主出入口或上方有施工活动的通道口应搭设防护棚	无防护棚此项不得分	4
35	整洁，通畅，未堆放杂物	通道内堆放杂物，发现一处扣0.5分/例	2
吸烟点、休息点（10分）			
36	选址是否远离危险场所（爆破区域、地质灾害区域、施工区域、危化品区域等），并方便人员使用	选址不当无整改，此项不得分。	2.5

序号	检查项目及内容	评分标准	分值
37	统一布置，美观整齐，有座椅	外观无标识，无座椅，发现一处扣0.5分	2.5
38	是否有专人进行及时清理	地面有烟头，无专人清洁及整理，发现一处扣0.5分	2.5
39	是否有布置相应的消防设备	消防设备布置不齐全，发现一处扣0.5分	2.5
厕所文明卫生（5分）			
40	厕所设置统一，编号管理，外部无异味	无编号扣1分，存在异味扣1分	2
41	安排专人每天进行清洁，定期进行卫生消毒	无专人清洁扣2分，无定期消毒扣1分	3
100			

第4章
施工安全管理

引言

　　安全管理是为施工项目实现安全生产开展的管理活动。施工现场的安全管理，重点是进行人的不安全行为与物的不安全状态的控制，落实安全管理决策与目标，以消除一切事故，避免事故伤害，减少事故损失为管理目的。

　　控制是对某种具体的因素的约束与限制，是管理范围内的重要部分。

4.1　安全管理措施

安全管理措施是安全管理的方法与手段，管理的重点是对生产各因素状态的约束与控制。根据施工生产的特点，安全管理措施带有鲜明的行业特色。

4.1.1　落实安全责任、实施责任管理

施工项目经理部承担控制、管理施工生产进度、成本、质量、安全等目标的责任。因此，必须同时承担进行安全管理、实现安全生产的责任。

（1）建立、完善以项目经理为首的安全生产领导组织，有组织、有领导地开展安全管理活动。承担组织、领导安全生产的责任。

（2）建立各级人员安全生产责任制度，明确各级人员的安全责任。

① 项目经理是施工项目安全管理第一责任人。

② 各级职能部门、人员，在各自业务范围内，对实现安全生产的要求负责。

③ 全员承担安全生产责任，建立安全生产责任制，从经理到工人的生产系统做到纵向到底，一环不漏。各职能部门、人员的安全生产责任做到横向到边，人人负责。

（3）施工项目应通过监察部门的安全生产资质审查，并得到认可。

一切从事生产管理与操作的人员，依照其从事的生产内容，分别通过企业、施工项目的安全审查，取得安全操作认可证，持证上岗。

特种作业人员，除经企业的安全审查，还需按规定参加安全操作考核；取得监察部核发的《安全操作合格证》，坚持"持证上岗"。施工现场出现特种作业无证操作现象时，施工项目必须承担管理责任。

（4）施工项目经理部负责施工生产中物的状态审验与认可，承担物的状态漏验、失控的管理责任，接受由此而出现的经济损失。

（5）一切管理、操作人员均需与施工项目经理部签订安全协议，向施工项目经理部做出安全保证。

（6）安全生产责任落实情况的检查，应认真、详细地记录，作为分配、补偿的原始资料之一。

【他山之石】▶▶▶ --

施工现场终端岗位安全生产责任制度

一、项目经理

（1）对承包项目工程生产经营过程中的安全生产负全面领导责任。

（2）贯彻落实安全生产方针、政策、法规和各项规章制度，结合项目工程特点及施工全过程的情况，制定本项目工程各项安全生产管理办法或提出要求，并监督其实施。

（3）在组织项目工程业务承包，聘用业务人员时，必须本着安全工作只能加强的原

则，根据工程特点确定安全工作的管理体制和人员，明确各业务承包人的安全责任和考核指标，支持、指导安全管理人员的工作。

（4）健全和完善用工管理手续，录用外包队必须及时向有关部门申报，严格用工制度与管理，适时组织上岗安全教育，要对外包队的健康与安全负责，加强劳动保护工作。

（5）组织落实施工组织设计中的安全技术措施，组织并监督项目工程施工中安全技术交底制度和设备、设施验收制度的实施。

（6）领导、组织施工现场定期的安全生产检查，发现施工生产中不安全问题，组织制定措施，及时解决。对上级提出的安全生产与管理方面的问题，要定时、定人、定措施及时有效解决。

（7）发生事故，要做好现场保护与抢救工作，及时上报。组织、配合事故的调查，认真落实制定的防范措施，吸取事故教训。

二、项目安全负责人

（1）项目安全负责人是项目安全管理总监督责任人，是终端安全监督的第一责任人，负责监督安全终端管理责任人的管理状态和现场施工安全状态。

（2）协助项目经理落实上级有关安全生产的法律法规和规定，并监督检查执行情况，在业务上受上级公司安全、技术管理部门指导，有权直接向上级公司主管安全的部门汇报工作。

（3）在项目经理领导下，负责施工现场安全技术管理工作，监督检查项目安全管理制度的制定及各项安全技术方案、交底的编制、执行落实情况。

（4）监督检查施工现场机械设备、安全防护设施、临时用电、危爆物品及消防保卫等安全隐患的排查整改情况。

（5）负责组织进行重大危险源的辨识，监督安全技术措施的编制与落实。

（6）监督检查安全管理内业资料的编制、收集、整理及存档情况。

（7）根据项目实际情况，定期组织应急演练。

三、项目技术负责人

（1）对项目工程生产经营中的安全生产负技术责任。

（2）贯彻、落实安全生产方针、政策，严格执行安全技术规程、规范、标准，结合项目工程特点，主持项目工程的安全技术交底，负责向专业技术负责人进行特殊或关键部位的安全技术交底，并监督实施。

（3）参加或组织编制施工组织设计。编制、审查施工方案时，要制定、审查安全技术措施，保证其可行性与针对性，并随时检查、监督、落实。

（4）主持制定技术措施计划和季节性施工方案的同时，制定相应的安全技术措施并监督执行，及时解决执行中出现的问题。

（5）项目工程采用新材料、新技术、新工艺、新设备，要及时上报，经批准后方可实施，同时要组织上岗人员的安全技术培训、教育，认真执行相应的安全技术措施与安全操作工艺、要求。预防施工中因化学物品引起的火灾、中毒或其他新工艺实施中可能造成的事故。

（6）参加安全防护设施和设备的验收，发现设备、设施有不正常情况后及时采取措施，严格控制不符合标准要求的防护设备、设施投入使用。

（7）参加安全生产检查，对施工中存在的不安全因素，从技术方面提出整改意见和办法予以消除。

（8）参加、配合因工伤亡及重大未遂事故的调查，从技术上分析事故原因，提出防范措施和整改意见。

四、项目专职安全员

（1）认真贯彻执行安全生产方针、政策和有关规定及各项规章制度，参加项目部安全措施的制定。努力学习和掌握业务技术知识，做好本职工作。

（2）负责施工现场安全生产日常检查并认真做好日常检查记录；对于施工现场存在的安全隐患有权责令立即整改。

（3）现场监督实施各项安全措施和安全交底，制止违章指挥和违规操作行为，对紧急情况和不听劝阻者，有权停止其工作，并立即报请项目领导处理。

（4）督促、指导、检查各生产班组搞好班前、班后安全活动，总结、交流、推广安全生产经验，搞好新工人教育、安全技术培训及变换工种教育，负责安全生产的宣传，组织安全活动。

（5）负责现场监督危险性较大的工程安全专项方案的实施情况。

（6）参加本项目部工伤事故和未遂事故的调查分析。参与制定、修改有关安全生产管理制度和安全技术措施，并检查执行情况。

（7）负责参加安全设施的验收、安全防护用品、灭火器材的验收、审查工作。

（8）发现重大安全隐患，有权立即向企业安全生产管理机构报告。

（9）依法报告安全生产事故情况。

五、班组兼职安全员

（1）班组兼职安全员一般由副班（组）长兼任，受项目安全员的业务指导，协助班组长做好班前安全布置、班中安全检查、班后安全总结，在安全生产中要以身作则，起模范带头作用。

（2）配合组长，经常组织本组工人学习操作规程和新工人的入场安全教育工作。

（3）协助班组长，坚持执行每日班前安全活动，开展无事故竞赛活动，并做好记录。

（4）教育督促本班组工人正确使用安全设备及个人防护用品，并在生产中随时检查执行情况。

（5）检查和维护班组的安全设施，做好作业现场安全自检工作，发现生产中有不安全因素应及时处理并报告。

（6）发生事故要及时了解情况，维护好现场，并向领导报告。

六、专职危爆物品管理员

（1）为项目火工品、易燃易爆物品和消防安全管理第一监督责任人

（2）认真贯彻落实国家和上级有关安全管理法律、法规及管理制度等，协助项目经理做好防火安全工作。

（3）加强火工品、易燃易爆物品和消防管理工作，定期对爆炸、易燃、有毒危险品和消防器材的使用、管理进行监督检查。

（4）监督做好爆炸、易燃、有毒危险品和消防器材的管理台账、卡片，保证现场各种器材的有效性、安全性，做到账物相符。

（5）主动配合有关部门开展安全大检查。

（6）参与有关事故的调查处理。

七、工长

（1）认真贯彻落实上级有关安全生产的规程、规定和制度，对所管辖班组的安全生产负直接领导责任。

（2）认真执行安全技术措施及安全操作规程，针对生产任务特点，向班组进行书面安全技术交底，履行签认手续，并对规程、措施、交底要求执行情况经常检查，随时纠正违章作业。

（3）经常检查所辖班组作业环境及各种设备、设施的安全状况，发现问题及时纠正解决。对重点、特殊部位施工，必须检查作业人员及各种设备设施技术状况是否符合安全要求，严格执行安全技术交底，落实安全技术措施，并监督其执行，做到不违章指挥。

（4）牢固树立"安全第一、预防为主"思想，坚持经常性的安全教育工作，组织工人学习安全操作规程，教育工人不违规作业，督促班组实施早点名并开好班前教育会。

（5）对分管工程项目应用的新材料、新工艺、新技术、新设备，要严格执行申报、审批制度，发现问题，及时停止使用，并上报有关部门或领导。

（6）发生工伤事故立即上报，保护现场，参加调查处理。

八、班组长

（1）认真执行上级有关安全生产的规章制度，领导本班组安全作业，对本班组生产的安全负责。

（2）组织开好班前安全生产交底会，认真执行安全交底，不违章操作，不违章指挥，同时有权拒绝违章指挥。

（3）经常组织本班组工人学习安全操作规程和规章制度，做好新工人的入场教育，教育工人在任何情况下不得违章作业，对不听劝阻的违章作业人员，可责令其停止作业。

（4）班前要对所使用的机具、设备、防护用品及作业环境进行安全检查，发现的问题及时解决后，才能使用和作业。

（5）在生产过程中，要经常注意检查施工现场（作业场所）存在的不安全因素，发现隐患及时解决，不能解决的要立即报请上级采取措施，保证安全后方可继续作业。

（6）发生工伤事故，要立即向工长报告，并保护现场，做好记录，组织本班组人员分析事故原因，从中吸取教训，改进工作。

（7）组织本班组安全生产竞赛和评比，及时表扬好人好事，学习推广安全生产的先进管理经验。

九、生产工人

（1）努力学习劳动卫生和安全生产知识，自觉遵守各项规章制度及安全操作规程，做到不违章作业。

（2）自觉遵守劳动纪律，服从领导、听从指挥。

（3）爱护并正确使用生产设备、防护设施和防护用品。

（4）有权拒绝违章指挥，制止他人违章作业，主动采取措施解决问题。

（5）积极参加安全生产活动，提出合理化建议，揭露、批评安全生产工作中的缺点和问题。

（6）发生事故时，应积极抢救，保护现场，并如实向有关负责人报告。

4.1.2 开展安全教育与训练

进行安全教育与训练，能增强人的安全生产意识，提高安全生产知识，有效地防止人的不安全行为，减少人失误。安全教育、训练是进行人的行为控制的重要方法和手段。因此，进行安全教育、训练要适时、宜人，内容合理、方式多样，形成制度。组织安全教育、训练做到严肃、严格、严密、严谨，讲求实效。

4.1.2.1 施工人员的基本条件与较高的素质

一切管理、操作人员应具有基本条件与较高的素质。

（1）具有合法的劳动手续。临时性人员须正式签订劳动合同，接受入场教育后，才可进入施工现场和劳动岗位。

（2）没有痴呆、健忘、精神失常、癫痫、脑外伤后遗症、心血管疾病、晕眩以及不适于从事操作的疾病。

（3）没有感官缺陷，感性良好。有良好的接受、处理、反馈信息的能力。

（4）具有适于不同层次操作所必需的文化。

（5）输入的劳务，必须具有基本的安全操作素质。经过正规训练、考核，输入手续完善。

4.1.2.2 安全教育、训练的目的与方式

安全教育、训练包括知识、技能、意识三个阶段的教育。进行安全教育、训练，不仅要使操作者掌握安全生产知识，而且能正确、认真地在作业过程中，表现出安全的行为。

安全知识教育。使操作者了解、掌握生产操作过程中，潜在的危险因素及防范措施。

安全技能训练。使操作者逐渐掌握安全生产技能，获得完善化、自动化的行为方式，减少操作中的失误现象。

安全意识教育。在于激励操作者自觉坚持实行安全技能。

4.1.2.3 安全教育的内容随实际需要而确定

（1）新工人入场前应完成三级安全教育。对学徒工、实习生的入场三级安全教育，重点偏重一般安全知识、生产组织原则、生产环境、生产纪律等。强调操作的非独立性。对季节工、农民工三级安全教育，以生产组织原则、环境、纪律、操作标准为主。两个月内安全技能不能达到熟练的，应及时解除劳动合同，废止劳动资格。

（2）结合施工生产的变化，适时进行安全知识教育。一般每10天组织一次较合适。

（3）结合生产组织安全技能训练，干什么训练什么，反复训练，分步验收，以达到出现完善化、自动化的行为方式，划为一个训练阶段。

（4）安全意识教育的内容不易确定，应随安全生产的形势变化，确定阶段教育内容。可

结合发生的事故，进行增强安全意识、坚定掌握安全知识与技能的信心，接受事故教训教育。

（5）受季节、自然变化影响时，针对由于这种变化而出现生产环境、作业条件的变化进行的教育，其目的在于增强安全意识，控制人的行为，尽快地适应变化，减少人失误。

（6）采用新技术，使用新设备、新材料，推行新工艺之前，应对有关人员进行安全知识、技能、意识的全面安全教育，激励操作者实行安全技能的自觉性。

4.1.2.4　加强教育管理，增强安全教育效果

（1）教育内容全面，重点突出，系统性强，抓住关键反复教育。

（2）反复实践。养成自觉采用安全的操作方法的习惯。

（3）使每个受教育的人，了解自己的学习成果。鼓励受教育者树立坚持安全操作方法的信心，养成安全操作的良好习惯。

（4）告诉受教者怎样做才能保证安全，而不是不应该做什么。

（5）奖励促进，巩固学习成果。

4.1.2.5　安全教育记录

进行各种形式、不同内容的安全教育，都应把教育的时间、内容等，清楚地记录在安全教育记录本或记录卡上。

4.1.3　开展安全检查

安全检查是发现不安全行为和不安全状态的重要途径，是消除事故隐患，落实整改措施，防止事故伤害，改善劳动条件的重要方法。

安全检查的形式有普遍检查、专业检查和季节性检查。

4.1.3.1　安全检查的内容

安全检查的内容主要是查思想、查管理、查制度、查现场、查隐患、查事故处理。

（1）施工项目的安全检查以自检形式为主，是对项目经理至操作，生产全部过程、各个方位的全面安全状况的检查。检查的重点以劳动条件、生产设备、现场管理、安全卫生设施以及生产人员的行为为主。发现危及人的安全因素时，必须果断地消除。

（2）各级生产组织者，应在全面安全检查中，透过作业环境状态和隐患，对照安全生产方针、政策，检查对安全生产认识的差距。

（3）对安全管理的检查，主要如下几方面。

① 安全生产是否提到议事日程上，各级安全责任人是否坚持"五同时"。

② 业务职能部门、人员，是否在各自业务范围内，落实了安全生产责任。专职安全人员是否在位、在岗。

③ 安全教育是否落实，教育是否到位。

④ 工程技术、安全技术是否结合为统一体。

⑤ 作业标准化实施情况。

⑥ 安全控制措施是否有力，控制是否到位，有哪些消除管理差距的措施。

⑦ 事故处理是否符合规则，是否坚持"四不放过"的原则。

4.1.3.2　安全检查的组织

（1）建立安全检查制度，按制度要求的规模、时间、原则、处理、报偿全面落实。

（2）成立由第一责任人为首，业务部门、人员参加的安全检查组织。

（3）安全检查必须做到有计划、有目的、有准备、有整改、有总结、有处理。

4.1.3.3　安全检查的准备

（1）思想准备。发动全员开展自检，自检与制度检查结合，形成自检自改，边检边改的局面。使全员在发现危险因素方面得到提高，在消除危险因素中受到教育，从安全检查中受到锻炼。

（2）业务准备。确定安全检查目的、步骤、方法。成立检查组，安排检查日程。分析事故资料，确定检查重点，把精力侧重于事故多发部位和工种的检查。规范检查记录用表，使安全检查逐步纳入科学化、规范化轨道。

4.1.3.4　安全检查方法

常用的有一般检查方法和安全检查表法。

（1）一般方法。常采用看、听、嗅、问、查、测、验、析等方法。

看：看现场环境和作业条件，看实物和实际操作，看记录和资料等。

听：听汇报、听介绍、听反映、听意见或批评，听机械设备的运转响声或承重物发出的微弱声等。

嗅：对挥发物、腐蚀物、有毒气体进行辨别。

问：评影响安全问题，详细询问，寻根究底。

查：查明问题、查对数据、查清原因，追查责任。

测：测量、测试、监测。

验：进行必要的试验或化验。

析：分析安全事故的隐患、原因。

（2）安全检查表法。这是一种原始的、初步的定性分析方法，它通过事先拟定的安全检查明细表或清单，对安全生产进行初步的诊断和控制。

安全检查表通常包括检查项目、内容、回答问题、存在问题、改进措施、检查措施、检查人等内容。

4.1.3.5　安全检查的形式

（1）定期安全检查。指列入安全管理活动计划，有较一致时间间隔的安全检查。定期安全检查的周期，施工项目自检宜控制在 10～15 天。班组必须坚持日检。季节性、专业性安全检查，按规定要求确定日程。

（2）突击性安全检查。指无固定检查周期，对特别部门、特殊设备、小区域的安全检查，属于突击性安全检查。

（3）特殊检查。对预料中可能会带来新的危险因素的新安装的设备、新采用的工艺、新建或改建的工程项目，投入使用前，以"发现"危险因素为专题的安全检查，叫特殊安全检查。

特殊安全检查还包括，对有特殊安全要求的手持电动工具，电气、照明设备，通风设备，有毒有害物的储运设备进行的安全检查。

4.1.3.6　消除危险因素的关键

安全检查的目的是发现、处理、消除危险因素，避免事故伤害，实现安全生产。消除危险因素的关键环节，在于认真地整改，真正的、确确实实的把危险因素消除。对于一些由于种种原因而一时不能消除的危险因素，应逐项分析，寻求解决办法，安排整改计划，尽快予以消除。

安全检查后的整改，必须坚持"三定"和"不推不拖"，不使危险因素长期存在而危及人的安全。

"三定"指的是对检查后发现的危险因素的消除态度。三定即定具体整改责任人；定解决与改正的具体措施，限定消除危险因素的整改时间。在解决具体的危险因素时，凡借用自己的力量能够解决的，不推脱、不等不靠，坚决地组织整改。自己解决有困难时，应积极主动寻找解决的办法，争取外界支援以尽快整改。不把整改的责任推给上级，也不拖延整改时间，以尽量快的速度，把危险因素消除。

4.1.4　作业标准化

在操作者产生的不安全行为中，由于不知正确的操作方法，为了干得快些而省略了必要的操作步骤，坚持自己的操作习惯等原因所占比例很大。按科学的作业标准规范人的行为，有利于控制人的不安全行为，减少人失误。

4.1.4.1　制定作业标准，是实施作业标准化的首要条件

（1）采取技术人员、管理人员、操作者三结合的方式，根据操作的具体条件制定作业标准。坚持反复实践、反复修订后加以确定的原则。

（2）作业标准要明确规定操作程序、步骤。怎样操作、操作质量标准、操作的阶段目的、完成操作后物的状态等，都要做出具体规定。

（3）尽量使操作简单化、专业化，尽量减少使用工具、夹具次数，以降低操作者熟练技能或注意力的要求。使作业标准尽量减轻操作者的精神负担。

（4）作业标准必须符合生产和作业环境的实际情况，不能把作业标准通用化。不同作业条件的作业标准应有所区别。

4.1.4.2　作业标准的制定要求

作业标准的制定必须考虑到人的身体运动特点和规律，作业场地布置、使用工具设备、操作幅度等，应符合人机学的要求。

（1）人的身体运动时，尽量避开不自然的姿势和重心的经常移动，动作要有连贯性，自然节奏强。如，不出现运动方向的急剧变化；动作不受限制；尽量减少用手和眼的操作次数；肢体动作尽量小。

（2）作业场地布置必须考虑行进道路、照明、通风的合理分配，机、料具位置固定，作业方便。要求如下。

① 人力移动物体，尽量限于水平移动。

② 把机械的操作部分，安排在正常操作范围之内，防止增加操作者的精神和体力的负担。

③ 尽量利用重力作用移动物体。

④ 操作台、座椅的高度与操作要求、人的身体条件匹配。

（3）使用工具与设备

① 尽可能使用专用工具代替徒手操作。

② 操纵操作杆或手把时，尽量使人身体不必过大移动，与手的接触面积，以适合手握时的自然状态为宜。

4.1.4.3 反复训练

（1）训练要讲求方法和程序，宜以讲解示范为先，符合重点突出、交代透彻的要求。

（2）边训练边作业，巡检纠正偏向。

4.1.5 生产技术与安全技术的统一

生产技术工作是通过完善生产工艺过程、完备生产设备、规范工艺操作，发挥技术的作用，保证生产顺利进行的。包含了安全技术在保证生产顺利进行的全部职能和作用。两者的实施目标虽各有侧重，但工作目的完全统一在保证生产顺利进行、实现效益这一共同的基点上。生产技术、安全技术统一，体现了安全生产责任制的落实、具体的落实"管生产同时管安全"的管理原则。具体表现在以下几方面。

4.1.5.1 施工生产进行之前

施工生产进行之前，考虑产品的特点、规模、质量，生产环境，自然条件等。摸清生产人员流动规律、能源供给状况、机械设备的配置条件，需要的临时设施规模，以及物料供应、储放、运输等条件。完成生产因素的合理匹配计算，完成施工设计和现场布置。

施工设计和现场布置，经过审查、批准，即成为施工现场中生产因素流动与动态控制的唯一依据。

施工项目中的分部、分项工程，在施工进行之前，针对工程具体情况与生产因素的流动特点，完成作业或操作方案。这将为分部、分项工程的实施，提供具体的作业或操作规范。方案完成后，为使操作人员充分理解方案的全部内容，减少实际操作中的失误，避免操作时的事故伤害，要把方案的设计思想、内容与要求，向作业人员进行充分的交底。

交底既是安全知识教育的过程，同时，也确定了安全技能训练的时机和目标。

4.1.5.2 控制人的不安全行为、物的不安全状态

从控制人的不安全行为、物的不安全状态，预防伤害事故，保证生产工艺过程顺利实施去认识，生产技术工作中应纳入如下的安全管理职责。

（1）进行安全知识、安全技能的教育，规范人的行为，使操作者获得完善的、自动化的操作行为，减少操作中的人失误。

（2）参加安全检查和事故调查，从中充分了解生产过程中物的不安全状态存在的环节和部位、发生与发展、危害性质与程度，摸索控制物的不安全状态的规律和方法，提高对物的不安全状态的控制能力。

（3）严把设备、设施用前验收关，不使有危险状态的设备、设施盲目投入运行，预防人、机运动轨迹交叉而发生的伤害事故。

4.2　施工安全危险源的辨识和防控措施

危险源是施工作业中潜在的不安全因素，如不对其进行防护或预防，有可能导致事故发生。在施工安全管理中，要把施工过程中各种危险源都能够辨识出来，并制定相应的预防措施，以确保安全生产。

4.2.1　施工安全重大危险源分类

根据国务院《建设工程安全生产管理条例》相关规定及参照《重大危险源辨识》有关原理，进行施工安全重大危险源的辨识，是加强施工安全生产管理、预防重大事故发生的基础性工作。目前，城市建设施工安全重大危险源可初步分为施工场所重大危险源、施工场所及周围地段重大危险源两类，见表4-1。

表4-1　施工安全重大危险源分类

序号	分类	具体说明
1	施工场所重大危险源	（1）脚手架（包括落地架、悬挑架、爬架等）、模板和支撑、起重塔式起重机、物料提升机、施工电梯安装与运行、人工挖孔桩（井）、基坑（槽）施工、局部结构工程或临时建筑（工棚、围墙等）失稳，造成坍塌、倒塌 （2）高度大于2米的作业面（包括高空、洞口、临边作业），因安全防护设施不符合或无防护设施、人员未配系防护绳（带）等造成人员踏空、滑倒、失稳 （3）焊接、金属切割、冲击钻孔（凿岩）等施工及各种施工电器设备的安全保护（如漏电、绝缘、接地保护、一机一闸）不符合要求，造成人员触电、局部火灾 （4）工程材料、构件及设备的堆放与搬（吊）运等发生高空坠落、堆放散落，撞击人员 （5）工程拆除、人工挖孔（井）、浅岩基及隧道凿进等爆破，因误操作、防护不足等，发生人员伤亡、建筑及设施损坏 （6）人工挖孔桩（井）、隧道凿进、室内涂料（油漆）及粘贴等因通风排气不畅造成人员窒息或气体中毒 （7）施工用易燃易爆化学物品临时存放或使用不符合要求、防护不到位，造成火灾或人员中毒 （8）工地饮食因卫生不符合要求，造成集体中毒或疾病
2	施工场所及周围地段重大危险源	（1）临街或居民聚集、居住区的工程深基坑、隧道、地铁、竖井、大型管沟的施工，因为支护、顶撑等设施失稳、坍塌，不但造成施工场所破坏，往往引起地面、周边建筑和城市运营重要设施的坍塌、塌陷、爆炸与火灾 （2）基坑开挖、人工挖孔桩等施工降水，造成周围建筑物因地基不均匀沉降而倾斜、开裂、倒塌 （3）临街施工高层建筑或高度大于2米的临空（街）作业面，因无安全防护设施或不符合要求，造成外脚手架、滑模失稳等坠落物体（件）打击人员 （4）工程拆除、人工挖孔（井）、浅岩基及隧道凿进等爆破，因设计方案、误操作、防护不足等造成施工场所及周围已有建筑及设施损坏、人员伤亡

4.2.2 施工安全危险源辨识

4.2.2.1 施工企业对危险源辨识要求

（1）通常建筑公司会按职能管理系统充分地辨识出一般建筑施工共性的危害，并列出清单，作为危害辨识的基础。

（2）由项目经理部针对具体的施工项目，以公司已辨识的危害为基础，按职能分别对其项目的个性进行辨识并加以补充，形成项目经理部的危害辨识清单。

（3）项目经理部将危害辨识的清单报送公司的各职能部门审阅，再经归口管理部门（或按本公司相关规定）批准后实施控制。

（4）项目经理部对不可预见部分（如工程项目内容、施工工艺、周围环境和法律、法规要求的改变、相关方的意见、运行控制的实践要求等），做及时、认真、全面的补充辨识，对原有的辨识进行动态管理。

（5）鉴于建筑施工企业一线施工人员的素质一般较低且人员流动性大的特点，危害辨识工作的具体操作应以管理人员为主，辅之以班组工人的培训，将危害辨识工作形成一个以管理人员为主，班组工人全员参与的过程。

（6）危害辨识的方法应简明易行。宜由管理人员事先形成检查表，班组进行"是"与"否"的确认，并进行必要的补充和修改，使危害因素辨识得更全面。

（7）必须由懂专业、有经验的人员组成辨识小组。

（8）识别和应用的法律法规要全，基本覆盖本单位、本项目的所有施工、作业（工作）及设备（设施）。

（9）参加辨识的员工应掌握辨识范围和类别的基本情况，了解法律法规对本单位、本项目安全的具体要求。

4.2.2.2 危险源的辨识方法

危险源的辨识方法主要包括调查法、安全检查表辨识法、经验法三类，如图4-1所示。

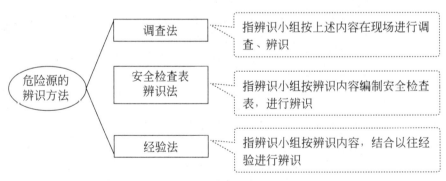

图4-1 危险源的辨识方法

4.2.2.3 危险源辨识的确定要点

在危险源辨识的过程中，确定危险源的辨识要点主要体现在以下三个方面。

（1）重大危险源是指能导致重大事故发生的危险因素，具有伤亡人数众多、经济损失严重、社会影响大的特征。

（2）危险源一般出现在冒顶、突然涌水、煤层瓦斯、斜竖井提升、掘进爆破、基础开挖、起吊作业、多人高处作业、高压电气、锅炉压力容器、油料、爆破物品储运等场所。

（3）危险源的确定要防止遗漏，不仅要分析正常施工、操作时的危险因素，更重要的是要充分考虑组织活动的三种时态（过去、现在、将来）和三种状态（正常、异常、紧急）下潜在的各种危险，分析支护失效，设备、装置破坏及操作失误可能产生严重后果的危险因素。

危险源的三种时态是指危险源的过去、现在和将来三种时态，如图4-2所示。

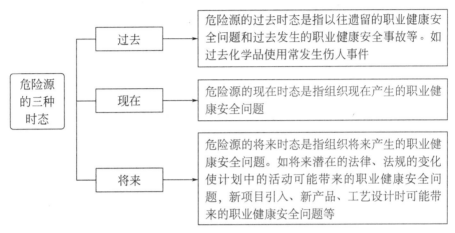

图4-2　危险源的三种时态

危险源的三种状态是指危险源的正常、异常和紧急三种状态，如图4-3所示。

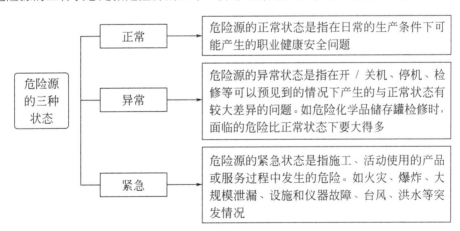

图4-3　危险源的三种状态

4.2.3　施工安全重大危险源防控措施

为了更好地开展安全生产、文明施工，彻底将安全生产事故消灭于萌芽状态，一定要制定重大危险源安全预防控制措施。以下是一些包含重大危险源的分部、分项工程的控制措施。

4.2.3.1　土方工程安全预防控制措施

（1）开挖土方时，必须由上往下进行，禁止采用掏洞、挖空底脚和挖"伸悬土"的开挖方法，以防止塌方事故。

（2）挖掘土方作业中，如遇有电缆、管道、地下埋藏物或辨识不清的物品，应立即停止作业，并设专人看护，同时立即向施工负责人报告，严禁随意敲击、刨挖。

（3）基坑、基槽的挖掘深度大于2米时，应在坑、槽周边设置防护栏杆，防护栏杆应符合《建筑施工高处作业安全技术规范》的有关规定。

（4）深基坑挖土时，操作人员应使用梯子或搭设斜道上下，禁止蹬踏固壁支撑或在土壁上挖洞蹬踏上下。

（5）从基坑、基槽内向外抛土时，抛出的土离坑槽边沿至少1.0米，堆土的高度不得超过1.5米。

（6）深基坑挖土时，应按设计要求放坡或采取固壁支撑防护。

（7）在设有支挡工程的地质不良地段作业时，除考虑分段开挖的同时，还应分段修建支挡工程。

（8）作业中，作业人员不得在陡坡及深坑下休息。作业时，应随时观察边坡土壁稳定情况，如发现边坡土壁有裂缝、疏松、渗水或支撑断裂、移位等现象，作业人员应先撤离作业现场，并立即报告施工负责人及时采取有效措施，待险情排除后方可继续作业。

（9）在斜坡面上挖土作业时，作业人员应系好安全带；坡面挖掘夹有石块的土方时，必须先清除较大石块，并在清除危石前设置拦截危石的措施，同时作业时，坡下严禁车辆行人通行。

（10）在滑坡地段开挖时，应从滑坡体两侧向中部自上而下开挖，严禁全面拉槽开挖，同时弃土不得堆在主滑区内。开挖挡墙基槽应从滑坡体两侧向中部分段跳槽开挖，并加强支撑，及时砌筑和回填墙背，同时，作业时应设专人观察，严防塌方。

（11）在电杆附近挖土时，对于不能取消的拉线地垄及杆身，应留出土台。电杆土台半径为1.0～1.5米，拉线土台半径为1.5～2.5米，并视土质情况决定边坡坡度，同时土台周围应插标杆示警。

（12）在公共场所如道路、城区、广场等处进行开挖土方作业时，应在作业区四周设置围栏和护板，同时设立警告标志牌。

4.2.3.2 高空作业安全预防控制措施

（1）从事高空作业人员，必须定期进行身体检查，凡患有严重心脏病、高血压、贫血症以及其他不适应高空作业的人，不得从事高空作业。

（2）高空作业现场的一切孔洞必须增设牢固盖板、围栏或安全网。

（3）在进行高空作业时，所用材料必须放置稳妥；所用工具必须随手装入工具袋，以防坠落伤人。

（4）非操作或非排除障碍的人，不得攀爬脚手架、起重臂、绳索和随同吊物上下。

（5）搭设脚手架使用的木、竹、金属管件等必须牢固，严禁使用腐蚀易折材料。

（6）脚手架必须绑扎牢固，不得超负荷使用，脚手架踏板之间不得有空隙，并要有防滑措施。

（7）凡施工建筑物高度超过4米时，必须随施工层在工作面外侧搭设3米宽的安全网，首层必须支一道固定的安全网，直到确无高空作业时方可拆除。

（8）在无法采用架设安全网等防护措施时，在3米以上高处作业时，必须系安全带；在陡坡施工时，必须拉好保险绳。

4.2.3.3　塔式起重机起重工程安全预防控制措施

（1）塔式起重机司机应受过专业训练，按有关部门规定考核合格并取得操作证。同时应了解操作塔式起重机的工作原理，熟悉该机械的构造、各安全装置的作用及其调整方法，掌握该机各项性能的操作方法及维修保养技术。

（2）塔式起重机必须由持证的专职人员进行操作，非专职人员不得操作。同时作业时应有专人指挥；司机酒后及患病时，不得进行施工操作。

（3）作业前应检查轨道是否平直无沉陷，轨道螺栓有无松动，清除轨道上的障碍物，松开夹轨并向上固定好；各传动机构应正常，主要部位连接螺栓无松动，钢丝绳磨损情况及穿绕滑轮应符合规定。

（4）起重机的变幅指示器、力矩限制器以及各种行程限位开关等安全保护装置，必须齐全完整、灵敏可靠，不得随意调整和拆除，严禁用限位装置代替操纵机构。

（5）起吊前应进行空载运转，检查行走、回转、起重、变幅等各机构的制动器、安全限位器、防护装置等，确认正常后方可作业。

（6）操纵各控制器时应依次逐级操作，严禁越档操作；在变换运转方向时，应将控制器转到零位，待电机停止转动后，再转向另一方向；操作时力求平稳，严禁急开急停。

（7）作业时，应将驾驶室窗户打开，注意指挥信号；驾驶室内应有防火、防触电安全措施。

（8）起重作业时，重物下方不得有人停留或通过，严禁超荷载作业和起吊不明重量的物件。

（9）起吊重物时绑扎应平稳、牢固，不准斜拉、斜吊物品，不准抽吊交错挤压物品，不准起吊埋在土里或冻粘在地上的物品，不得在重物上堆放或悬挂零星物件。零星物料和物件必须用筐笼或钢丝绳绑牢固后方可起吊。

（10）雨天起吊，应先试吊，确认制动器灵敏可靠后方可进行作业。

（11）有物品悬挂在空中时，塔式起重机司机与起重工不得离开工作岗位。

（12）起重机行走到接近轨道限位开关时，应提前减速缓行至停止位置。

（13）多机作业时，应注意保持各机的操作距离；各机吊钩上所悬挂重物的距离不得小于3米。

（14）遇有6级以上（含6级）大风或大雨、大雾、雷雨天，应停止作业。

（15）作业完毕后，塔式起重机应停放在轨道中部，吊钩、小车应移到吊臂根部，臂杆不应过高，并顺风向，放松回转制动器，卡紧轨钳，切断电源。

（16）塔式起重机司机必须认真做好起重机的使用、维修、保养和交接班的记录工作，定期对机械进行维修保养，做好设备"十字"作业（清洁、润滑、调整、紧固、防腐）。

（17）自升塔式起重机还应遵守下列规定

① 吊运物件时，平衡重心必须移至规定位置。

② 专用电梯每次限乘3人，当臂杆回转或起重作业时，严禁开动电梯。

③ 顶升前必须检查液压顶升系统各部件的连接情况，并调整好爬升架滚轮与塔身的间

隙，然后放松电缆，其长度略大于顶升高度，并紧固好电缆卷筒。

④ 顶升作业必须有专人指挥，非作业人员不得登上顶升套架的操作台，操作室内只准一人操作，应严格听从信号指挥。

⑤ 顶升时，应把起重小车和平衡重心移近塔帽，并使吊臂和平衡臂处于平衡状态，将回转部分制动住，严禁回转臂杆及其他作业。

⑥ 顶升到规定高度时，必须先将塔身附着在建筑物上，方可继续顶升。

⑦ 顶升完毕后，各连接螺栓应按规定的力矩紧固，爬升套架滚轮与塔身应吻合良好，左右操纵杆应在中间位置，并切断液压顶升机构电源。

（18）履带塔式起重机还应遵守下列规定

① 地面必须平坦、坚实；起重机工作、行驶或停放时，应与沟渠、基坑保持安全距离，不得停放在斜坡上；操作前左右履带板应全部伸出。

② 竖立塔身应缓慢，履带前面要加铁楔垫实；当塔身竖到90°时，防后倾装置应松动，塔身不得与防后倾装置相碰。

③ 严禁带负荷行走；空车行走时塔身应稍向前倾，行驶中不得急转弯及旋转上体；转弯半径过小，应分次转弯；下坡时严禁空挡滑行。

④ 作业结束后，应将塔身放下，并将旋转机构锁好。

4.2.3.4　模板工程安全预防控制措施

（1）模板、支撑体系必须整体稳定，结构安全可靠。

（2）模板没有固定之前，不得踩踏，应派人看管。

（3）严禁在模板的连接件和支撑件上攀登上下，严禁在同一垂直面上安装模板。

（4）支设高度在3米以上的柱模板和梁模板时，应搭设工作平台，不准站在柱模板上操作和梁底模上行走，更不应利用拉杆、支撑攀登上下。

（5）任何部位模板拆除必须经施工员、安全员许可，其混凝土强度达到规定强度时方可拆除，施工人员切不可私自拆除模板，以防发生坍塌事故。

（6）模板装拆前后，应及时清理带钉的模板并按规定堆放，堆放高度不得超过1米，楼层边口通道、脚手架边缘处严禁堆放任何拆下或没使用的物件。

（7）模板拆除时，应将已活动的模板、栏杆、支撑等固定牢固，严防突然掉落、倒塌意外伤人。

（8）拆除3米以上的模板时，应搭设脚手架式的操作平台，并设防护栏杆。

4.2.3.5　脚手架工程安全预防控制措施

（1）从事架子工种的人员，必须定期（每年）进行体检。凡是高血压、心脏病、癫痫病、晕高或视力不够等不适合做高处作业的人员，均不得从事架子工作业。新上岗架子工，在培训以前必须经过医务部门体检合格，操作时必须有技工带领、指导，由低到高，逐步增加，不得任意单独上架操作。

（2）脚手架支撑前，必须制定施工方案并进行安全技术交底。对于高大异形的架子应报请上级部门批准，并向所有参加作业人员进行书面交底。

（3）操作小组接受任务后，必须根据任务特点和交底要求进行讨论，确定支搭方法，明确分工。开始操作前，班组长和安全员应对施工环境及所需防护用具做一次检查，消除隐患后方可施工。

（4）架子工在高处（距地高度2米以上）作业时，必须佩戴安全带，所用的杆子应拴2米长的杆子绳；安全带必须与已绑好的立、横杆挂牢，不得挂在钢丝扣或其他不牢固的地方，不得"走过档"（即在一根顺水杆上不扶任何支点行走），也不得跳跃架子；在架子上操作应精力集中，禁止打闹和玩笑，休息时应下架子；严禁酒后作业。

（5）遇有恶劣气候（如风力五级以上，高温、雨天气等）影响安全施工时应停止高处作业。

（6）大横杆应绑在立杆里边，绑第一步大横杆时，必须检查立杆是否立正，绑至四步时，必须绑临时小横杆和临时十字杆；绑大横杆时，必须2～3人配合操作，由中间一人接杆、放平，按顺序绑扎。

（7）递杆、拉杆时，上下左右操作人员应密切配合，协调一致。拉杆人员应注意不碰撞上方人员和已绑好的杆子，下方递杆人员应在上方人员接住杆子后方可松手，并躲离其垂直操作距离3米以外。使用人力吊运材料时，大绳必须坚固，严禁在垂直下方3米以内拉大绳吊运材料。使用机械吊运作业时，应设天地轮，天地轮必须加固，同时遵守机械吊装安全操作规程；吊运杉板、钢管等脚手架构件时，应绑扎牢固，接料平台外侧不准站人，接料人员应等起重机械停车后再接料、解绑绳。

（8）未搭完的一切脚手架，非架子工一律不准上架。架子搭完后由其施工人员会同架子工组长以及技术、安全等有关人员共同进行验收，确认合格后，方可办理交接验收手续。使用中的架子必须保持完整，禁止随意拆、改脚手架或挪用脚手板；必须拆改时，应经施工负责人批准，由架子工负责操作。

（9）所有的架子，经过大风、大雨后，要进行检查，如发现倾斜、下沉及松扣、崩扣要及时修理。

（10）外架拆除前，班组长要向拆架施工人员进行书面安全交底工作；交底有接收人签字。

（11）拆除前，班组长必须对拆架人员进行安全交底，并有交底记录；交底内容要有针对性及注意事项。

（12）架子拆除前在相应的地上用绳子或铁丝先拉好围栏，并设专人监护，若安全员、班组长不在场，外架不准拆除。

（13）架子拆除程序应由上而下，按层按步拆除，先清理架上杂物，如脚手板上的混凝土、砂浆块、U型卡、活动杆子及材料；拆除时，按拆架原则先拆后搭的杆子；剪刀撑、拉杆不准一次性全部拆除；要求杆拆到哪一层，剪刀撑、拉杆拆到哪一层。

（14）拆除工艺流程：拆护栏→拆脚手板→拆小横杆→拆大横杆→拆剪刀撑→拆立杆→拉杆传递至地面→清除扣件→按规格堆码。

（15）拆杆和放杆时必须由2～3人协同操作；拆大横杆时，应由站在中间的人将杆顺下传递，下方人员接到杆拿稳拿牢后，上方人员才准松手，严禁往下乱扔脚手料具。

（16）拆架人员必须系安全带；拆除过程中，应指派一个责任心强、技术水平高的工人担任指挥，负责拆除工作的全部安全作业。

（17）拆架时有管线阻碍时，不得任意割移，同时要注意扣件崩扣，避免踩在滑动的杆件上操作。

（18）拆架时脚手架连接扣件必须从钢管上拆除，不准连接扣件连在被拆下的钢管上。

（19）拆架人员应配备工具套；手上拿钢管时，不准同时拿扳手；工具用后必须放在工具套内。

（20）拆架休息时不准坐在架子上或不安全的地方，严禁在拆架时嬉戏打闹。

（21）拆架人员要穿戴好个人劳保用品，不准穿胶底易滑鞋上架作业，衣服要轻便。

（22）拆除中途不得换人，如更换人员必须重新进行安全技术交底。

（23）拆下来的脚手杆要随拆、随清、随运，分类、分堆、分规格码放整齐，并有防水措施，以防雨后生锈；扣件要分型号装箱保管。

（24）拆下来的钢管要定期重新外刷一道防锈漆，刷一道调和漆；弯管要调直，扣件要上油润滑。

（25）严禁架子工在夜间进行架子搭拆工作；未尽事宜班组长在安全技术交底中做详细的交底，施工中存在问题的地方应及时与技术部门联系，以便及时纠正。

4.2.3.6　人工挖孔桩工程安全预防控制措施

（1）凡遇相邻桩间距小于2倍桩身直径的间隔桩施工，后施工桩开挖前，先施工的桩应已浇筑混凝土且满足强度要求；桩芯混凝土浇灌完成，经抽芯检验合格后，再进行上部结构施工。

（2）施工现场设置临时土方堆放场地时，挖出土方必须在两天内用汽车外运（挖掘机配合人工装车），所挖土方不准堆放在桩孔边，并确保施工现场畅通。

（3）每个桩孔有一个固定的小组负责施工，每个正在施工的井下、井上均应有人操作，并明确对井下操作人员应负的安全责任，上、下之间应有良好的联络信号。

（4）保持井内有足够的新鲜空气，并不断向井内送风。

（5）弃土和其他建筑材料在井内垂直运输时，应在井底设置安全区，确保井下操作人员的安全，以防坠物伤人。

（6）掘进工作必须连续进行，交接班的时间尽量缩短，使未经支护的土体减少在空气中或水中的暴露时间，以防坍塌。

（7）当相邻孔桩在浇灌桩芯混凝土时，原则上要停止掘进，以防竖井在较大侧压力下土体失去稳定而坍塌。

4.2.3.7　施工用电安全预防控制措施

（1）施工现场必须配备专职值班电工；低压电工不得从事高压作业，实习电工不得独立操作；严禁非电工作业。

（2）工程开工前，技术人员或电工应根据规范并结合工程的实际情况，编制临时用电施工组织设计，并报工程部备案。

（3）临时用电工程应遵循施工组织→交底→安装→调试→验收→交付使用→检查整改→维修保养→竣工拆除的施工程序。

（4）架空线必须采用绝缘导线或电缆，电杆倾斜应不大于杆稍头的一半，转角、终端杆按线路反方向倾斜一个杆头，横担歪斜应不大于其长度的1%。

（5）架空线路的拉线与电杆夹角宜为45°，拉线底盘埋设深度不小于1.2米。撑杆与主杆的夹角宜为30°，撑杆埋深不小于1米，同挡距内导线弧垂应一致，杆上引下线应穿保护管，保护管应作防水弯头。

（6）电缆不得沿地面或基坑明敷，埋地敷设时过路及穿过建筑物必须穿保护管；保护管内径不小于电缆外径的1.5倍，过路保护管两端与电缆间应作绝缘固定，在转弯处和直线段每隔20米应设电缆走向标示桩。

（7）电缆不宜沿钢管、脚手架等金属构筑物敷设，必要时需用绝缘子作隔离固定或穿管敷设，严禁用金属裸线绑扎加固电缆。

（8）生活区、办公室等室内配线必须用绝缘子固定，过墙要穿保护管。

（9）地下工程所用电源线必须使用橡套电缆，且沿墙壁等架空敷设，其架设高度应不低于2米，固定时也应用绝缘子。

（10）不得在高压输电线路上、下方，从事任何吊装作业；在架空线附近吊装作业时，应设专人监护至工作完毕，其安全距离为吊装作业绳和吊装物侧向与10千伏高压线的水平安全距离不得小于2米。

（11）配电系统宜设三级配电，即总配电箱（室）→分配电箱→开关箱。

（12）配电箱使用材料要求：配电箱（盘）不得使用木制材料；配电箱、盘（配电柜除外），电器安装板应使用绝缘板；箱内配线（配电柜除外），必须使用绝缘导线。

（13）室外配电箱应设防雨、防砸棚和围栏，围栏高1.7米，格栅间隔0.15米。围栏设门向外开，并配锁，在围栏明显位置应悬挂警告标志。

（14）室外固定式配电箱（移动箱除外），应在自然地面以上设0.5米的水泥抹面砖基础，基础内应留有存放余量电缆装拆的方便孔槽。

（15）现场配电系统应设三级以上漏电保护，形成分级保护，即在总箱内设漏电保护器，作第一级漏电保护，在分箱及开关箱内分别设漏电保护器，作第二至第三级保护。

（16）凡装有专用变压器的施工现场，配电系统遵从《施工现场临时用电安全技术规范》JGJ 46—2005第1.0.3条的规定：三级配电、三级漏电保护、TN-S系统。

（17）电焊机、钢筋埋弧对焊机使用时，焊把线、地线应同时拉到施焊点，二次线与焊机连接应用线鼻子，二次线及焊钳绝缘应完好无损；电焊机均应装设"安全节电器"；焊机室外使用时，应有防雨水措施。

（18）潜水泵使用前应作检查、测试，绝缘电阻不小5兆欧，电缆线应接线正确，无破损、无接头；泵运行时，在半径30米水域内不得有人畜进入；挪动水泵时应断电，并不得拉拽电缆；挪动水泵的绳应用绝缘或采取绝缘保护措施。

（19）降水工程中每台水泵应设带漏电开关的开关箱。开关箱应背向基坑，关闭箱门，摆放在地面以上0.15米的水泥抹面砖基础上，并在箱门内侧贴有控制降水井编号，水泵电源插头与插座编号应一致。

（20）振捣器使用前应检查外观和电缆线，作业人员必须穿绝缘靴和戴绝缘手套。一人理线，一人操作，电源线不得拖地，不得敷设在水中。

（21）夜间施工用的照明装置宜采用固定灯具。

（22）施工现场外接电源，必须签订用电安全协议书，其中须注明允许安全用电额度，并办理用电交接手续，安装电表计量。

4.3 施工现场安全管理

4.3.1 临时用电安全管理

（1）遵守现场临时用电的检查制度，对现场的各种线路和设施进行定期检查和不定期抽查，并将检查、抽查记录存档。

（2）现场采用双路供电系统，确保电源供应。临时配电线路必须按规范架设，架空线必须采用绝缘导线，不得采用塑胶软线，不得成束架空敷设，也不得沿地面明敷设。

（3）施工机具、车辆及人员，应与线路保持安全距离；达不到规范规定的最小距离时，必须采用可靠的防护措施。

（4）配电系统必须实行分级配电。施工现场所有电闸箱的内部设备必须符合有关规定，开关电器应标明用途，箱体统一刷橘黄色，并按规定设置围栏和防护棚，流动箱与上一级电闸箱的联系，采用外插连接方式。

（5）施工现场的临时照明一般采用220伏电源，临时照明和动力电源应穿管布线，并按规定装设灯具，同时在电源一侧加装漏电保护器。

（6）低压照明的行灯，其电源电压应不超过36伏，灯体与手柄应坚固，绝缘良好，电源线须使用橡胶套电缆线，不得使用塑胶线；行灯变压器应有防潮、防雨水设施。外围的强电照明，必须搭设灯架，灯架的高度不得低于2米，并做好绝缘。

（7）电焊机应单独设置开关，外壳应做接零或接地保护；施工现场内使用的所有电焊机必须加装电焊机触电保护器，其一次线长度应小于5米，二次线长度应小于30米，接线应压接牢固，并安装可靠防护罩。

（8）施工现场开挖的非热管道沟槽的边缘，与埋地外电缆沟槽边缘之间的距离不得小于0.5米。

（9）配电屏（盘）或配电线路维修时，应悬挂停电标志牌，停、送电必须由专人负责；架空线必须设在专用的电线杆上，严禁架设在树木、脚手架上。

（10）电缆穿过建筑物、构筑物、道路、易受机械碰伤的场所及引出地面从2米高度至地下0.2米处，必须加设防护套管。橡皮电缆架空敷设时应沿墙壁或电杆设置，并用绝缘子固定，严禁使用金属裸线作绑线。

（11）对于夜间车辆通行的工程或机械设备，必须安装设置醒目的红色信号灯，其电源应设在施工现场电源总开关前侧。

（12）漏电保护作业及现场移动照明均应采用安全电压，值班电工要了解和掌握全部电气设备状况及用电电路走向，晚间施工设立足够照明。临时用电的防护如图4-4所示。

图4-4 临时用电的防护

4.3.2　施工机械安全管理

（1）施工机械应搭设防砸、防雨的专用操作棚，使用前应固定，不得用轮胎代替支撑，移动时必须先切断电源；启动装置、离合器、保险链防护罩应齐全完好，安全可靠。

（2）搅拌机从停止使用到搅拌机料斗升起时，必须挂好上料斗的保险链；维修、保养、清理时必须切断电源，并设专人监护。

（3）卷扬机的机身固定必须牢固锚地，传动部分必须安装防护罩，导向滑轮不得用开口拉板式滑轮，操作人员离开卷扬机或作业中停电时，应切断电源。

（4）蛙式打夯机必须两人操作，操作人员必须戴绝缘手套和穿绝缘鞋，打夯机用后应切断电源，严禁在打夯机运转时清除积土。

（5）砂轮机应使用单向开关，砂轮必须装设不小于180°的防护罩和牢固的托架，严禁使用不圆、有裂纹和磨损剩余部分不足25毫米的砂轮。

（6）机械设备进场后由技术、生产、机械及有关部门组织正确安装调试及验收，要经常性保养，保持施工机械完好状态。

（7）对机械设备使用贯彻管用结合、人机固定的原则，每台机械必须有专人负责管理使用，严格执行"三定"（定人、定机、定制度）制度。

（8）操作人员必须经过培训持证上岗，熟悉所操作机械情况，做到"四懂三会"，即懂原理、懂构造、懂性能、懂用途，会操作、会维修保养、会排除故障。

4.3.3　施工过程安全防护措施

4.3.3.1　基础阶段的防护

基础阶段的防护措施如表4-2所示。

表4-2　基础阶段的防护措施

序号	项目	防护措施
1	上下通道	（1）基坑施工人员上下作业必须设置专用通道，不准攀爬模板、脚手架，以确保安全 （2）人员专用通道应在施工组织设计中确定，其攀登设施可视条件采用梯子或专门搭设，同时，应符合高处作业规范中攀登作业的要求
2	基坑支护变形监测	（1）基坑开挖之前应做出系统的监测方案，包括监测方法、精度要求、监测点布置、观测周期、工序管理、记录制度、信息反馈等 （2）基坑开挖过程中特别注意监测支护体系变形情况、基坑外地面沉降或隆起变形、邻近建筑物动态 （3）监测支护结构的开裂、位移，重点监测桩位、护壁墙面、主要支撑杆、连接点以及渗漏情况
3	作业环境	（1）施工人员作业必须有安全立足点，脚手架搭设必须符合规范规定，临边防护应符合要求 （2）交叉作业、多层作业时，上下层之间应有可靠的隔层防护措施；垂直运输作业及设备也必须按照相应的规范进行检查

续表

序号	项目	防护措施
3	作业环境	（3）深基坑施工的照明、电箱的设置及各种电气设备的使用均应符合电气规范规定 （4）基础施工塔式起重机安装位置必须引起足够的重视，当安装在槽边滑坡角范围内时，塔式起重机的基础必须做设计方案并呈报相关部门；基础必须打桩，桩尖必须伸入到槽底标高0.60米以下，桩孔钻成后，浇筑混凝土前必须将桩孔内虚土夯实 （5）基础工程使用小型机电设备时，如蛙式打夯机、混凝土振捣器的操作者必须穿绝缘胶靴，戴绝缘手套 （6）基坑挖土前应要求甲方提供地下物情况，必要时人工挖探坑，将基坑附近地下物暴露出来，防止施工事故的发生

4.3.3.2 主体阶段的防护

主体阶段的防护措施如表4-3所示。

表4-3 主体阶段的防护措施

序号	项目	防护措施
1	钢筋工程	（1）在钢筋加工场应设立钢筋加工操作规程标牌，并设专人负责，严格遵守操作规程。钢筋加工机械使用前，须检查其运转是否正常，是否有漏电保护装置 （2）冷拉钢筋时，卷扬机前应设防护挡板，或将卷扬机与冷拉方向呈90°，且用封闭式导向滑轮，沿线须设围栏，禁止人员通行。冷拉钢筋时，应缓慢均匀，发现锚具异常，要先停车，放松钢筋后，才能重新进行操作 （3）钢筋断料、配料、弯折等作业应在地面进行，不准在高空操作；切断钢筋，要待机械运转正常，方准断料；活动刀片前进时禁止送料；切断机旁应设放料台；机械运转时严禁用手直接靠近刀口附近清料，或将手靠近机械传动部位；钢筋切断机切短料时，手和刀之间必须保持300毫米以上 （4）弯曲长钢筋时，应有专人扶住，并站在钢筋弯曲方向外侧 （5）塔式起重机在吊运钢筋时，必须将两根钢丝绳吊索在钢筋材料上缠绕两圈；钢筋缠绕必须紧密，两个吊点长度必须均匀，钢筋吊起时，保证钢筋水平，预防材料在吊运中发生滑移坠落；塔式起重机在吊运钢筋时，要派合格的信号员指挥，不得无人指挥或乱指挥 （6）起吊钢筋时，规格必须统一，不许长短参差不一，不准一点起吊；起吊钢筋或骨架，下方禁止站人，待钢筋或骨架降落至安装标高1米以内方准靠近，并等就位支撑好后，方准摘钩；塔式起重机在吊运钢筋时，必须保持被吊物与高压防护架之间有3米以上距离 （7）成批的钢筋严禁集中堆放在非承重的操作架上，只允许吊运到安全可靠处后进行传递倒运；短小钢筋必须用容器进行吊运，严禁挂在长钢筋上 （8）搬运钢筋要注意附近有无障碍物、架空电线和其他临时电气设备，防止钢筋在回转时碰撞电线或发生触电事故；多人运送钢筋时，起、落、转、停动作要一致，人工上下传递不得在同一垂直线上；钢筋要分散堆放，并做好标识

序号	项目	防护措施
1	钢筋工程	（9）绑扎立柱、墙体钢筋时，严禁沿骨架攀登上下；当柱筋高于4米以上时，应搭设工作平台，4米以下时，可用马凳或在楼地面上绑好再整体竖立；已绑好的柱骨架应用临时支撑拉牢，以防倾倒；在进行墙、柱、梁钢筋绑扎时，搭设的脚手架每步高度应不大于1.8米，且加斜撑，上铺脚手板；上端防护高度不小于1.2米，设置两道水平防护栏杆；操作架上严禁出现单板、探头和飞跳板，必要时操作工人要系挂安全带 （10）高空作业时，不得将钢筋集中堆放在楼板和脚手板上，也不要把工具、钢箍、短钢筋随意放在脚手板上，以免滑下伤人
2	模板工程	（1）支模应按工序进行，模板没有固定前，不得进行下道工序 （2）支设3米以上的立柱模板和梁模板时，应搭设工作台，不足3米的，可使用马凳操作；不准站在柱模上操作或在梁底模上行走，更不许利用拉杆、支撑攀登上下 （3）墙模板在未装对拉螺栓前，板面要向后倾斜一定角度并撑牢，以防倒塌，安装时要随时拆换支撑或增加支撑，以保持墙模处于稳定状态；模板未支撑稳固前不得松动吊钩 （4）安装墙模板时，应从内、外墙角开始，向相互垂直的两个方向拼装，连接模板的U形卡要正反交替使用，同一道墙（梁）的两侧模板应同时组合，以便确保模板安装时的稳定。当墙模板采用分层支模时，第一层模板拼装后，应立即将内、外钢楞、穿墙螺栓、斜撑等全部安设紧固稳定当下层模板不能独立安设支撑件时，必须采取可靠的临时固定措施，否则严禁进行上一层模板的安装 （5）模板拆除应严格遵守模板工程操作规范"先支后拆、后支先拆" （6）高处、复杂结构模板的拆除，应有专人指挥和切实的安全措施，并在下方标出工作区，设专人看守，严禁非操作人员进入作业区 （7）模板架设人员工作前应事先检查所使用的工具是否牢固，扳手等工具必须用绳系在身上，工作时要思想集中，防止钉子扎脚或让工具从空中滑落 （8）拆除模板一般应采用长撬杠，严禁操作人员站在正拆除的模板上并确认所有穿墙螺栓杆旋开拔出，方可示意信号工指挥起吊 （9）已拆除的模板、拉杆、支撑等应及时运走或妥善堆放，严防操作人员因扶空、踏空而坠落 （10）在楼面上有预留洞时，应在模板拆除后，随时将预留洞盖严并做好安全防护 （11）拆模间隙时，应将已活动的模板、拉杆、支撑等固定牢固，严防突然掉落、倒塌伤人 （12）拆除板、柱、墙板时应逐块拆卸，不得成片松动和撬落或拉倒拆除平台、楼层板的底模时，应设临时支撑，防止大片模板坠落，尤其是拆支柱时，更应严防模板突然全部掉落伤人
3	混凝土工程	（1）浇捣混凝土时，应站在脚手架上施工，不得站在模板或支撑上操作，操作时应戴绝缘手套，穿胶鞋 （2）泵车下料胶管、料斗都应设牵引绳；料斗串筒节间必须连接牢固；使用溜槽时，施工人员不得站在槽帮上操作

序号	项目	防护措施
3	混凝土工程	（3）用输送泵输送混凝土时，料管卡子必须卡牢，检修时必须先卸压，清洗料管时，严禁人员正对料管口 （4）屋面临边须设不低于1.5米的护身栏；浇筑雨篷、阳台应有防护设施，以防坠落 （5）夜间浇筑混凝土，必须保证足够的照明，并做好保护接零
4	防水工程	（1）存放防水原材料和黏结剂的仓库和现场要严禁烟火，配备足够消防器材，如需用明火，必须有防火措施 （2）屋面周围应设防护栏杆；孔洞应加盖封严，较大孔洞周边设置防护栏杆，并加设水平安全网 （3）雨、雪天时，必须待屋面干燥后，方可继续作业；刮大风时应停止作业 （4）通风不良处作业时，应安装通风设备，并设专人巡回看护，防止中毒
5	外防护	（1）多层建筑采用ϕ48钢管作双排外架子，外封密目式安全网，结构施工时，每层作业面处外脚手架要高出作业面不小于1.2米 （2）外阳台在未封闭前（未安装阳台栏板）均应设防护栏，挂密目安全网，窗台高度低于900毫米的外墙洞口均应设防护栏杆
6	楼梯口、电梯井口防护	（1）《建筑施工高处作业安全技术规范》规定：进行洞口作业以及因工程工序需要而产生的，使人与物有坠落危险或危及人身安全的其他洞口进行高处作业时，必须按规定设置防护设施 （2）楼梯口应设置防护栏杆；电梯井口除设置固定栅门外（门栅网格的间距应不大于150毫米），还应在电梯井内每隔两层（不大于10米）设置一道安全平网；平网内应无杂物，网与井壁间隙不大于100毫米；当防护高度超过一个标准层时，不得采用脚手板等硬质材料做水平防护 （3）防护栏杆、防护栅门应符合规范规定，整齐牢固，与现场规范化管理相适应。防护设施应在施工组织设计中有设计、有图纸，并经验收形成工具化、定型化的防护用具，并安全可靠、整齐美观，可周转使用
7	预留洞口、坑、井防护	（1）按照《建筑施工高处作业安全技术规范》规定，对孔洞口（水平孔洞短边尺寸大于250毫米，竖向孔洞高度大于750毫米）都要进行防护 （2）各类洞口的防护具体做法，应针对洞口大小及作业条件，在施工组织设计中分别进行设计规定，并在一个单位或在一个施工现场中形成定型化，不允许有作业人员随意找材料盖上的临时做法，防止由于不严密不牢固而存在事故隐患 （3）较小的洞口可临时砌砖或用定型盖板盖严；较大的洞口可采用贯穿于混凝土板内的钢筋构成防护网，上面满铺竹笆或脚手板；边长在1.5米以上的洞口，张挂安全平网并在四周设防护栏杆，或按作业条件设计更合理的防护措施
8	通道口防护	（1）在建工程地面入口处和施工现场在施工人员流动密集的通道上方，应设置防护棚，防止因落物产生的物体打击事故 （2）防护棚顶部材料可采用50毫米厚木板或相当于50毫米厚木板强度的其他材料，两侧应沿栏杆架用密目式安全网封严出入口处。防护棚的长度应视建筑物的高度而定，符合坠落半径的尺寸要求

序号	项目	防护措施
9	楼板、屋面等临边防护	（1）临边防护栏杆搭设要求：防护栏杆由上、下两道横杆及栏杆柱组成，上杆离地高度为1.0～1.2米，下杆离地高度为0.5～0.6米横杆长度大于2米时，必须加设栏杆柱 （2）防护栏杆必须自上而下用密目网封闭，或在栏杆下边设置严密固定的高度不低于180毫米的挡脚板 （3）脚手架搭设必须有施工方案和安全技术交底，架子工应在专业工长和专职安全员的指导下严格按规程要求搭设，同时应有分部、分段、按施工进度的书面验收，并验收后才能投入使用 （4）楼板与墙的洞口处应设置牢固的盖板、防护栏杆、安全网等防坠落的防护措施；施工现场通道附近的各类洞口、坑槽及所建车道出入口等处，除设置防护设施与安全标志外，夜间还应设红灯示警；室内楼板孔洞应使用坚实的盖板固定盖严，边长1.50米以上的洞口，四周设防护栏杆，搭设高度为1.2米，用密目网封闭，洞口下设兜网 （5）在建筑物底层，人员来往频繁，并且立体交叉作业对底层的安全防护工作要求更高，为此将在人员活动频繁的地方搭设防护棚作为安全通道，其上采用双层木模板覆盖
10	装修阶段	（1）外装修时，每天检查外脚手架及防护设施的设置情况，发现不安全因素则及时整改加固，并及时汇报主管部门 （2）随时检查各种洞口临边的防护措施情况，因施工需要拆除的防护，必须设警示标志，施工结束后及时恢复。在洞口上下施工时，需设警戒区，派专人看守 （3）防止物体打击的防护措施，如建筑物外架张挂密目安全网进行全封闭防护，在各种材料加工场搭设防护棚

4.3.4　安全生产的保证措施

4.3.4.1　合理布置安全标识

（1）安全标识的分类。安全标识是指国家标准GB 2894—2008《安全标识及其使用导则》定义的安全标识和现场其他标识，为方便管理，统称为安全标识。

① 安全标识。安全标识即Safety Sign，由安全色、几何图形和图形符号构成的，用以表达特定安全信息的标记。安全标识的作用是引起人们对不安全因素的注意，预防事故发生。安全标识分为禁止标识、警告标识、指令标识和提示标识四类。警示标识如图4-5所示。

图4-5　警告标识

国家标准GB 2894—2008《安全标识及其使用导则》对安全标识的尺寸、衬底色、制作、设置位置、检查、维修以及各类安全标识的几何图形、标识数目、图形颜色及其补充标识等都做了具体规定，见表4-4。

表4-4　安全标识的类别

类别	定　　义	举　　例
禁止标识	禁止标识的几何图形是带斜杠的圆环，图形背景为白色，圆环和斜杠为红色，图形符号为黑色	禁止烟火、禁止吸烟、禁止用水灭火、禁止通行、禁放易燃物、禁带火种、禁止起动、修理时禁止转动、运转时禁止加油、禁止跨越、禁止乘车、禁止攀登、禁止饮用、禁止架梯、禁止入内、禁止停留等
警告标识	警告标识的几何图形是三角形，图形背景是黄色，三角形边框及图形符号均为黑色	注意安全、当心火灾、当心爆炸、当心腐蚀、当心有毒、当心触电、当心机械伤人、当心伤手、当心吊物、当心扎脚、当心落物、当心坠落、当心车辆、当心弧光、当心冒顶、当心瓦斯、当心塌方、当心坑洞、当心电离辐射、当心裂变物质、当心激光、当心微波、当心滑跌等
指令标识	指令标识是提醒人们必须要遵守的一种标识，几何图形是圆形，背景为蓝色，图形符号为白色	必须戴防护眼镜、必须戴防毒面具、必须戴安全帽、必须戴护耳器、必须戴防护手套、必须穿防护靴、必须系安全带、必须穿防护服等
提示标识	提示标识是指示目标方向的安全标识，几何图形是长方形，按长短边的比例不同，分一般提示标识和消防设备提示标识两类。提示标识图形背景为绿色，图形符号及文字为白色	太平门、安全通道，消防提示标识有消防警铃、火警电话、地下消火栓、地上消火栓、消防水带、灭火器、消防水泵接合器等

② 其他标识。其他标识是指施工现场具有宣传、提示性的安全标语、横幅、张贴画、设备操作规程牌等。如图4-6所示。

图4-6　悬挂的安全标识

（2）施工现场安全标识布置策划。项目部应组织安全、工程等人员，策划施工现场安全标识类别、挂设部位和挂设数量，同时，绘制施工现场"安全标识布置平面图"。

依据各部位挂设的安全标识的类别可制定《安全标识设置一览表》（表4-5）。

表4-5　安全标识设置一览表

危险部位		标识名称
临边防护	基坑临边	禁止吸烟、禁止跨越、当心落物、当心塌方、必须戴安全帽、必须系安全带
	楼层四周临边	禁止跨越、当心坠落、禁止抛物、当心落物
临边防护	阳台临边	禁止跨越、禁止抛物
	楼梯临边	禁止跨越、当心滑跌
	各种垂直运输卸料平台临边	禁止探头、随手关门
洞口防护	预留洞口	当心落物、当心坠落、禁止挪动
	通道口	当心落物、禁止停留、安全通道
	电梯井口、通风管道井口	禁止跨越
高处作业平网防护	外立面平网防护验收	禁止停留、当心落物
	脚手架作业面	注意安全、当心坠落、必须戴安全帽、必须系安全带
	满堂脚手架施工作业面	注意安全、当心坠落、必须系安全带
大模板存放区		"大模板存放区""大模板存放区管理规定"、非公莫入、当心落物
高大模板支撑区		当心坠落、必须系安全带
井道承重平台	现场电梯井、管道井等	当心坠落
物料周转平台		管理规定、材料码放数量、设计承重
交叉作业防护	采用非落地式脚手架进行回填土施工	当心落物
	处于塔式起重机等设备起重臂回转范围之内的人流较多的通道	当心落物、禁止停留
	结构施工时相邻近的作业面存在较大高差等情况	当心落物、禁止停留、注意安全
马道防护		当心滑跌、禁止停留
各类脚手架作业	落地式外脚手架、吊篮脚手架、悬挑式外脚手架、挂脚手架、附着式升降脚手架、门型脚手架等	当心坠落、必须系安全带
特种设备	塔式起重机	操作规程、设备编号、十不吊
	施工升降机	操作规程、设备编号、十不准、限重标牌
	物料提升机	操作规程、设备编号、限重标牌

危险部位		标识名称
普通机械	钢筋加工机械	操作规程、设备编号、当心机械伤手、修理时禁止转动、运转时禁止加油
	木工机械	操作规程、设备编号、当心机械伤手、当心扎脚、禁止烟火、修理时禁止转动、运转时禁止加油
	混凝土泵车	操作规程、设备编号、当心机械伤人、修理时禁止转动、运转时禁止加油
消防设施		禁止挪用、火警电话、地上（地下）消火栓、消防水带、灭火器
易燃易爆品存放区	易燃易爆品、易燃易爆材料	禁止烟火、当心火灾

进场后，根据工程特点、现场环境编制施工现场安全标志总平面图，并在施工现场坑、井、沟和各种孔洞、易燃品存放仓库、配电房周围设置护栏、盖板和警示灯等防护设施以及相应的安全标志，各种防护设施、警告标志，不得随意移动和拆除。

4.3.4.2 临边防护措施

（1）搭设临时防护栏杆，必须符合下列规定。防护栏杆应由上下两道横杆及栏杆柱组成，上杆离地高度为1.2米，下杆离地高度为0.6米；坡度大于12°的屋面、卸料平台，防护栏杆应高于1.5米，并加挂安全立网；横杆长度大于2米时，必须加设栏杆柱。

（2）栏杆柱的固定应符合下列要求

① 当在基坑四周固定时，可采用钢管打入地面500～700毫米深，钢管离边口的距离应不小于500毫米。

② 当在混凝土楼面、屋面或墙面固定时，可用预埋件与钢管焊牢。栏杆柱的固定及其与横杆的连接，其整体构造应使防护栏杆在上杆任何处，能经受任何方向的1000牛外力。

③ 防护栏杆必须自上而下用安全立网封闭，或在栏杆下边设置严密固定的高度不低于180毫米的挡脚板；卸料平台两侧的栏杆，必须自上而下加挂安全立网。

④ 当临边的外侧面临街道时，除防护栏杆外，敞口立面必须满挂安全网或其他可靠措施做全封闭处理。

（3）防护位置。在±0.00以下施工阶段，在基坑周边采用ϕ48钢管设置防护栏杆，并在基坑内设置上下坡道，坡道架子采用ϕ48钢管搭设，坡道用50毫米厚木板铺设，上钉防滑条，间距不超过300毫米，同时基坑顶部四周做挡水矮墙，临近坑边1米范围内不得堆土、堆料、停置机具。

① 建筑物楼层临边的四周，无围护结构时，必须设两道防护栏杆或一道防护栏杆并立挂安全网封闭。

② 分层施工的楼梯口和楼梯边，在现浇混凝土楼梯上预埋ϕ22螺纹钢筋，将ϕ22螺纹钢筋立杆焊接在预埋钢筋上，横杆用ϕ14螺纹钢筋与立杆焊接，上刷红白相间油漆。

③ 施工外用电梯、脚手架等、建筑物通道的两侧边，必须设防护栏杆，地面通道上部应设安全防护棚。

④ 所有临边部位均设置防护栏杆,防护栏杆由上、下两道横杆及栏杆柱组成,上杆距地高度为1.2米,下杆离地高度为0.6米,并设置高度不低于180毫米的挡脚板或立挂安全网防护。临边防护如图4-7所示。

图4-7 临边防护

4.3.4.3 洞口防护措施

(1)楼板上边长小于500毫米的洞口,必须加设盖板,盖板须能保持四周均衡,并有固定其位置的措施;楼板上的预留洞在施工过程中可保留钢筋网片,暂不割断,起到安全防护作用。边长为0.5~1.5米的洞口,必须设置以扣件接钢管而成的网格,并在上面满铺脚手板;边长大于1.5米以上的洞口,四周除设防护栏杆外,洞口下面设水平安全网。

(2)楼面上的所有施工洞口应及时覆盖以防人身坠落,严禁移动盖板(采取预留钢筋网的措施);进行洞口作业以及在由于工程和工序需要而产生的,使人与物有坠落危险或危及人身安全的其他洞口进行高处作业时,必须按下列规定设置防护设施。

① 板与墙的洞口,必须设置牢固的盖板、防护栏杆、安全网或其他防坠落的防护设施。

② 施工现场通道附近的各类洞口与坑槽边等处,除设置防护设施与安全标志外,夜间还应设红色示警灯。

③ 洞口根据具体情况采取防护栏杆,加盖板、张挂安全网与装栅门等措施时,必须符合下列要求。楼板、平台等面上短边尺寸小于250毫米但大于25毫米的孔口,必须用坚实的盖板盖设,盖板应能防止挪动移位。楼板面等处边长250~500毫米的洞口、安装预制构件时的洞口以及缺件临时形成的洞口,可用木板作盖板,盖住洞口。盖板须能保持四周搁置均衡,并有固定其位置的措施。墙面等处的竖向洞口,凡落地的洞口应加装固定防护门,门栅网格的间距应不大于150毫米。

4.3.4.4 现场用电安全防护

(1)电缆敷设若在基坑周边,直接敷设的深度应不小于0.6米,并在电缆上下各均匀敷设不小于50毫米厚的细砂,然后覆盖砖等硬质保护层。

(2)电缆穿越建筑物、构筑物、道路、易受机械损伤的场所及引出地面2米至地下0.2米处,必须加设防护套管。固定机械的电源电缆沿地面敷设时应穿管或埋地。

(3)进户线过墙应设穿管保护,距地面不得小于2.5米,并应采取防雨措施。

(4)配电系统应实行分级配电,即分为总配电箱、分配电箱和开关箱三级。动力配电箱与照明配电箱宜分别设置，如合置在同一配电箱内，动力和照明线路应分路设置。

（5）所有电气设备的外露导电部分，均应做保护接零；对产生振动的设备其保护零线的连接点不少于两处。

（6）施工现场的电气设备除保护接零外，必须在设备负荷线的首端处设置漏电保护器，采用三级漏电保护。

（7）现场的电动建筑机械、手持电动工具和用电安全装置必须符合相应的国家标准、专业标准和安全技术规程，并应有产品合格证和使用说明书。

（8）塔式起重机、室外龙门架等设备，除应做好保护接零外，还应按规定做重复接地。

（9）电焊机应单独设开关，并设漏电保护装置；电焊机应放置在防雨、防砸的地点，下方不得有堆十和积水，周围不得堆放易燃、易爆物品及其他杂物；焊工必须按规定穿戴防护用品，持证上岗。

（10）室内临时照明采用36伏的安全电压；场地的照明应在电源侧装设漏电保护器，并应有分路开关和熔断器；照明灯具的金属外壳和金属支架必须做保护接零。

4.3.4.5　高处作业及垂直交叉作业安全管理

（1）高处作业的安全技术措施及其所需料具，必须列入工程的施工组织设计。

（2）为防止高处坠物和物体打击，在建筑物周边用钢管搭设安全防护棚，在钢管上平铺双层安全网。

（3）各工种进行上下立体交叉作业时，不得在同一垂直方向上操作。下层操作必须在上层高度确定的可能坠落半径范围以外，不能满足时，应设置硬隔离安全防护网。

（4）模板拆除后，其临时堆放处应离楼层边沿不小于1米，且堆放高度不得超过1米；楼层边口、通道口、脚手架边缘处，严禁堆放任何拆下的物件。

（5）区域施工负责人应对高处作业安全技术负责并建立相应的责任制。施工前，应逐级进行安全技术教育及交底，落实所有安全技术措施和个人防护用品，未经落实不得进行施工。

（6）攀登和悬空高处作业人员以及搭设高处作业安全设施的人员，必须经过专业技术培训及专业考试合格持证上岗，并定期进行体格检查。

（7）施工中对高处作业的安全设施，发现有缺陷及隐患时，必须及时解决；危及人身安全时，必须立即停止作业。

（8）施工作业场所，所有存在坠落可能的物件，应一律先行撤除或加以固定；高处作业中所用的物料，均应堆放平稳，不妨碍通行及装卸；工具应随手放入工具袋；作业中的走道、通道板和马道，应随时清扫干净；拆卸下的物件及余料和废料应及时清理运走，不得任意乱置或向下丢弃；传递物件禁止抛掷。

（9）因作业必需，临时拆除或变动安全防护设施时，必须经施工负责人同意，并采取相应的可靠措施，作业后立即恢复。

（10）交叉作业时，各工种进行上下立体交叉作业时，不得在同一垂直方向上操作，下层作业的位置，必须处于依据上层高度确定的可能坠落范围半径之外，否则必须设置安全防护层。

（11）结构施工自二层起，凡人员进出的通道口，（包括施工用电梯的进出通道口），应搭设长36米，宽出入通道两侧各1米的防护棚，棚顶应满铺不小于50毫米厚的脚手板，非出入口和通道两侧必须封闭严密。

4.3.4.6　冬期、雨期施工阶段的防护措施

（1）冬期施工时，对施工作业面、垂直运输设备、外脚手架及施工现场主要道路采取防滑措施。

（2）电源开关，控制箱等设施要加锁，并设专人定期检查漏电保护器是否灵敏有效。

（3）做好电器设备的防雨工作，各种露天电器设备必备有防雨罩，并由电工专门管理，防止漏电触电。

（4）塔式起重机及电梯必须设有防雷接地装置，防止雷击。

（5）施工现场应排水畅通，雨后及时清除积水，保持整个施工现场的整洁。

4.3.4.7　卫生和急救措施

为确保管理人员和工人的安全，在施工现场设有医务室，备有医疗人员和急救措施以及附近的急救中心的联系电话，并经常与当地卫生保健部门取得联系，为预防传染病和其他福利做出必要的安排，积极宣传酒精饮料和毒品等危害，严格遵守相关法律法规和政府规章。

4.3.4.8　特种作业管理

特种作业类别：电工、焊工、塔式起重机司机、起重工、架子工等。

（1）特种作业人员必须持证上岗，坚决杜绝无证上岗现象的发生。

（2）安全教育与技术交底。有特种作业人员进入现场，都必须进行专门的安全教育。由工程主管工长进行安全交底，并办理签字手续。

4.3.4.9　脚手架拆除

（1）作业人员必须是经过培训考核，持证上岗；拆除人员应戴好安全帽，系好安全带。

（2）拆除区域10米范围内，设立警戒线及警戒标志，组织安全员进行巡视，严禁人员走动及其他施工。

（3）严禁交叉作业，最底一层架体拆除时，应与落地架加固，挂防护立网进行封闭。

4.4　工地事故的预防与应急处理

4.4.1　建筑工程施工特点及事故隐患的分布

4.4.1.1　施工的主要特点

（1）建筑物、构筑物形式多样，很难实现标准化。结构、外形多变，施工方法必将随之改变。

（2）生产活动都是围绕着建筑物、构筑物进行，形成了在有限的场地上集中了大量的人员、建筑材料、设备和施工机具，而且各种机械设备、施工人员都要随着施工的进展而不停地流动，作业条件随之变换，不安全因素随时可能出现。

（3）点多、面广、施工流动性大，施工管理困难。

（4）高、大、深，露天高空作业多，施工周期长；施工人员在室外露天作业，工作条件差，危险因素多。

（5）建筑结构复杂，工艺变化大，规则性差。每栋建筑物从基础、主体到装修，每道工序不同，不安全因素也不同，即使同一道工序由于工艺和施工方法不同，生产过程也不同。而随着工程进度的发展，施工现场的状况和不安全因素也随之变化。

可见，建筑施工是一个特殊的、复杂的生产过程，是一个各种因素多变的生产过程，存在的危险因素甚多，因此，建筑业是一个事故多发的行业。据全国伤亡事故统计，建筑业伤亡事故率仅次于矿山行业。

4.4.1.2 事故隐患的分布

通过对事故的类别、原因、发生的部位等进行统计分析得知，高处坠落、触电事故、物体打击、机械伤害、坍塌事故这五种是建筑业最常发生的事故，占事故总数的85%以上，因此，这五种事故称为"五大伤害"。此外，中毒和火灾也是多发性事故，所以，施工员在日常生产活动中要加强对以上多发性事故隐患的整治工作，采取有效措施，防止事故发生。

4.4.2 各类事故的预防措施

4.4.2.1 个体伤害事故预防监控措施

（1）触电事故。施工现场可能发生触电伤害事故的环节与预防措施如图4-8所示。

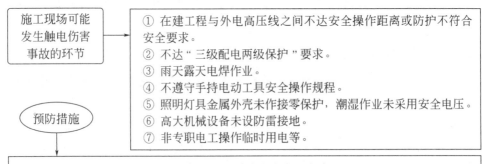

图4-8 触电事故的预防监控

（2）高处坠落及物体打击事故预防监控措施。如图4-9所示。

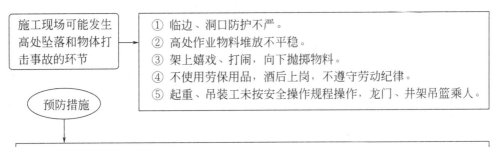

图4-9　高处坠落及物体打击事故预防监控措施

（3）机械伤害事故预防监控措施。如图4-10所示。

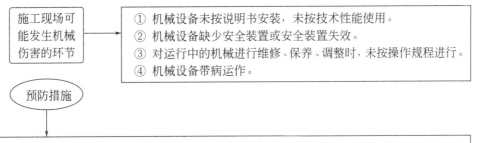

图4-10　机械伤害事故预防监控措施

（4）中毒事故预防监控措施。如图4-11所示。

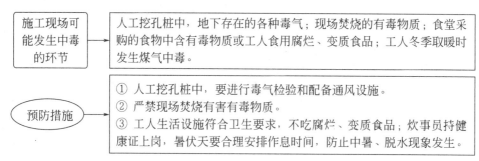

施工现场可能发生中毒的环节 → 人工挖孔桩中，地下存在的各种毒气；现场焚烧的有毒物质；食堂采购的食物中含有毒物质或工人食用腐烂、变质食品；工人冬季取暖时发生煤气中毒。

预防措施 → ① 人工挖孔桩中，要进行毒气检验和配备通风设施。
② 严禁现场焚烧有害有毒物质。
③ 工人生活设施符合卫生要求，不吃腐烂、变质食品；炊事员持健康证上岗，暑伏天要合理安排作息时间，防止中暑、脱水现象发生。

图4-11　中毒事故预防监控措施

4.4.2.2　火灾、化学物品爆燃或爆炸应急预案

（1）火灾事故预防监控措施。如图4-12所示。

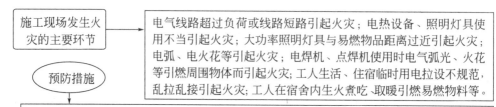

施工现场发生火灾的主要环节 → 电气线路超过负荷或线路短路引起火灾；电热设备、照明灯具使用不当引起火灾；大功率照明灯具与易燃物品距离过近引起火灾；电弧、电火花等引起火灾；电焊机、点焊机使用时电气弧光、火花等引燃周围物体而引起火灾；工人生活、住宿临时用电拉设不规范，乱拉乱接引起火灾；工人在宿舍内生火煮吃、取暖引燃易燃物料等。

预防措施

① 做施工组织设计时，要根据电器设备的用电量正确选择导线截面；导线架空敷设时，其安全间距必须满足规范要求。
② 电气操作人员要认真执行规范，正确连接导线，同时接线柱要压牢、压实。
③ 施工现场内严禁使用电炉子，使用碘钨灯时，灯与易燃物品间距要大于300毫米，室内不准使用功率超过60瓦的灯泡。
④ 使用焊机时严格按规程操作，并有人监护；施焊周围不能存在易燃物品，并配备防火设备，同时电焊机要放在通风良好的地方操作。
⑤ 施工现场的高大设备应做好防雷接地工作。
⑥ 存放易燃气体、易燃物仓库的照明装置一定要采用防爆装置，导线敷设、灯具安装、导线与设备连接均应满足有关规范要求。

图4-12　火灾事故预防监控措施

（2）易燃、易爆危险品引起火灾、爆炸事故预防监控措施。如图4-13所示。

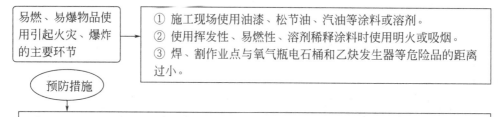

易燃、易爆物品使用引起火灾、爆炸的主要环节 → ① 施工现场使用油漆、松节油、汽油等涂料或溶剂。
② 使用挥发性、易燃性、溶剂稀释涂料时使用明火或吸烟。
③ 焊、割作业点与氧气瓶电石桶和乙炔发生器等危险品的距离过小。

预防措施

① 使用挥发性、易燃性等易燃、易爆危险品的现场，不得使用明火或吸烟，同时应加强通风，使作业场所有害气体浓度降低。
② 焊、割作业点与氧气瓶、电石桶和乙炔发生器等危险品的距离不得少于10米，与易燃、易爆危险品的距离不得少于30米。

图4-13　易燃、易爆危险品引起火灾、爆炸事故预防监控措施

4.4.2.3 土方坍塌预防监控措施

土方坍塌预防监控措施如图4-14所示。

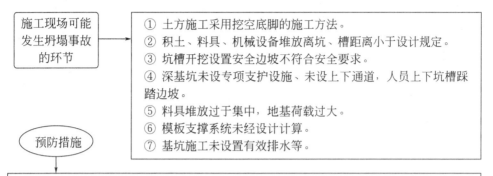

施工现场可能发生坍塌事故的环节

① 土方施工采用挖空底脚的施工方法。
② 积土、料具、机械设备堆放离坑、槽距离小于设计规定。
③ 坑槽开挖设置安全边坡不符合安全要求。
④ 深基坑未设专项支护设施、未设上下通道，人员上下坑槽踩踏边坡。
⑤ 料具堆放过于集中，地基荷载过大。
⑥ 模板支撑系统未经设计计算。
⑦ 基坑施工未设置有效排水等。

预防措施

① 严禁采用挖空底脚的方法进行土方施工。
② 基础工程施工前要制定有针对性的施工方案，按照土质的情况设置安全边坡或固壁支撑；基坑深度超过3米应有专项支护设计；基坑、井坑的边坡和固壁支架应随时检查，发现边坡有裂痕、疏松或支撑有折断、走动等危险征兆，应立即采取措施，消除隐患；对于挖出的土方，要按规定放置，不得随意沿围墙或临时建筑堆放。
③ 施工中严格控制建筑材料、模板、施工机械、机具或其他物料在楼层或屋面的堆放数量和重量，以避免产生过大的集中荷载，造成楼板或屋面断裂。
④ 基坑施工要采取有效排水措施，雨天要防止地表水冲刷土壁边坡，造成土方坍塌。

图4-14　土方坍塌预防监控措施

4.4.2.4 暴风雨预防监控措施

暴风雨预防监控措施如图4-15所示。

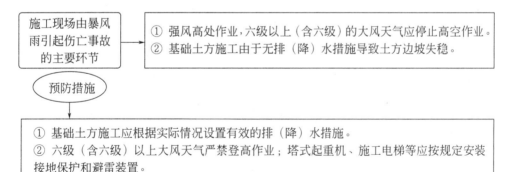

施工现场由暴风雨引起伤亡事故的主要环节

① 强风高处作业，六级以上（含六级）的大风天气应停止高空作业。
② 基础土方施工由于无排（降）水措施导致土方边坡失稳。

预防措施

① 基础土方施工应根据实际情况设置有效的排（降）水措施。
② 六级（含六级）以上大风天气严禁登高作业；塔式起重机、施工电梯等应按规定安装接地保护和避雷装置。

图4-15　暴风雨预防监控措施

4.4.3　各类事故的救援预案

4.4.3.1　处置程序

施工现场一旦发生事故，应急救援小组应根据当时的情况立即采取相应的处置措施或进行现场抢救，同时报警。应急指挥领导小组接到报告后，要立即赶赴事故现场，组织、指挥抢救排险，并根据规定向上级有关部门报告，尽量把事故控制在最小范围内，并最大限度地减少人员伤亡和财产损失。

公司及各在建工程项目部立即制定出本单位的安全消防通道及安全疏散道路路线图，并确保通道的畅通，由专人指挥与事故应急救援无关的人员紧急疏散，并根据不同的事故，明确疏散的方向、距离和集中地点。

4.4.3.2 报警和联络方式

一旦发生事故，施工现场应急救援小组在进行现场抢救、抢险的同时，还要报警，如有人员伤亡，要拨打"120"急救电话和公司报警电话；如果发生火灾，应拨打"119"火警电话和公司报警电话。

4.4.3.3 各类事故的救援预案

（1）触电事故的救援预案。一旦发生触电伤害事故，首先使触电者迅速脱离电源（方法是切断电源开关，用干燥的绝缘木棒、布带等将电源线从触电者身上拨离或将触电者拨离电源），其次将触电者移至空气流通好的地方，情况严重者，应就地采用人工呼吸法和心脏按压法抢救，同时拨打"120"。

（2）高处坠落及物体打击事故的救援预案。工地急救员边抢救边就近送往医院。

（3）坍塌事故的救援预案。一旦发生坍塌事故，应尽快解除挤压，在解除压迫的过程中，切勿生拉硬拽，以免造成二次伤害。根据伤者情况现场处理各种伤情，如心肺复苏等，同时，就近送往医院抢救或拨打"120"。严重者可能全身被埋，引起窒息而死亡，在急救中应先清除头部的土物，并迅速清除口、鼻污物，保持呼吸畅通。

（4）机械伤害事故的救援预案。一些微小伤情，工地急救员可以进行简单的止血、消炎、包扎。造成人身伤害的伤情应就近送往医院。

（5）中毒事故的救援预案。施工现场一旦发生中毒事故，应让病人大量饮水，刺激喉部使其呕吐，同时，立即送往医院抢救，并向当地卫生防疫部门报告，保留剩余食品以备检验。

（6）火灾事故的救援预案

① 迅速切断电源，以免事态扩大；切断电源时应戴绝缘手套，使用有绝缘柄的工具；当火场离开关较远需剪断电线时，火线和零线应分开错位剪断，以免在钳口处造成短路，并防止电源线掉在地上造成二次事故。

② 当电源线因其他原因不能及时切断时，一方面派人去供电端拉闸断电，一方面灭火抢险人员必须穿戴绝缘物品，同时人体的各部位与带电体要保持一定距离。

③ 扑灭电气火灾时要用绝缘性能好的灭火剂，如干粉灭火器、二氧化碳灭火器、1211灭火器或干燥沙子，严禁使用导电灭火剂扑救。

④ 气焊中，氧气软管着火时，不得折弯软管断气，应迅速关闭氧气阀门停止供氧。乙炔软管着火时，应先关熄炬火，可用弯折前面一段软管的办法将火熄灭。

⑤ 一般情况，发生火灾的工地应先用灭火器将火扑灭，情况严重时立即打"119"报警，报警人员需讲清火险发生的地点、情况、报告人及单位等。

第 5 章
施工成本管理

引言

建设工程项目施工成本管理是一项整体的、全员的、全过程的动态管理活动。施工企业应当把握工程项目成本的动向，在激烈的市场竞争中，施工企业在工程建设中实行施工项目管理是其生存和发展的基础和核心。现代施工企业应建立一套适合自身的成本控制的管理模式，特别是在施工阶段的成本控制中。

5.1 施工成本控制的基本原则

建筑施工企业在工程建设中实行施工项目成本管理是企业生存和发展的基础和核心，在施工阶段搞好成本控制，达到增收节支的目的是项目经营活动中更为重要的环节，以便在企业的生产经营中起指导作用。施工项目经理部在对项目施工过程进行成本控制时应遵循图5-1所示基本原则。

原则一 ▷ 因地制宜原则

建筑业是一个相当特殊的行业，没有相同的成本，也没有同等的管理，所以成本管理与控制系统必须个别化，适合特定企业、部门、岗位和成本项目的实际情况，不断完善和吸取别人的成功经验，而不是完全照搬别人成功的经验

原则二 ▷ 领导重视和全员参与的原则

进行成本控制时，如果单位领导不够重视，成本控制意识不强，一般员工也会受到影响，有力使不上。或者领导虽然强调成本控制，但是一般员工不配合，同样不能达到理想的效果。所以，在进行成本控制时，要做到领导重视，全员参与，充分发挥成本控制的积极作用

原则三 ▷ 全程控制的原则

成本控制从时间上说，包括对工程施工、保修服务阶段的成本控制。要求成本控制工作要随着项目进展的各个阶段连续进行，既不能疏漏，又不能时紧时松，应使施工项目成本自始至终置于有效的控制之下

原则四 ▷ 坚持成本最低化原则

施工项目成本控制的根本目的，在于通过成本管理的各种手段，促进不断降低施工项目成本，不是消极地进行成本控制，而应想方设法开辟财源增加收入

原则五 ▷ 动态控制原则

施工项目是一次性的，成本控制应强调项目的中间控制，即动态控制；因为施工准备阶段的成本控制只是根据施工组织设计的具体内容确定成本目标、编制成本计划、制定成本控制的方案，为今后的成本控制做好准备。而竣工阶段的成本控制，由于成本盈亏已基本定局，即使发生了偏差，也来不及纠正

原则六 ▷ 责、权、利相结合的原则

在项目施工过程中，项目经理部各部门、各班组在肩负成本控制责任的同时，享有成本控制的权力。同时项目经理要对各部门、各班组在成本控制中的业绩进行定期的检查和考评（一般为每月一次），发现成本差异偏高或偏低的情况，应会同责任部门或责任者分析产生差异的原因，并督促他们采取相应的对策来纠正差异，并根据各责任中心按其成本受控范围的大小以及成本责任目标承担相应的职责，实行有奖有罚。只有真正做好责、权、利相结合的成本控制，才能收到预期的效果

图 5-1　施工成本控制的基本原则

5.2　施工项目成本管理存在的主要问题

5.2.1　在成本控制认识方面存在误区

成本控制是一个全员全过程的控制，目标成本要通过施工生产组织和实施过程来实现。项目成本控制的主体是项目部和直接生产人员，而不仅仅是会计人员。长期以来，一提到成本控制一些同志就认为这是财务部门的事情，简单地将成本控制的责任归于会计人员，其结果是技术人员只负责技术和工程质量，项目组织人员只负责施工生产和工程进度，材料管理人员只负责材料的采购和点验、发放工作。这样表面上看起来分工明确，职责清晰，各司其职，实际上没有了成本管理责任。

5.2.2　缺乏完善的责权相结合的奖励机制

坚持责权利相结合的原则，奖罚分明，是促进工程成本管理工作健康发展的动力。目前有些施工企业因为各部门各岗位责、权、利不相对应，以至于无法考核其优劣，出现了干多干少一个样，干好干坏一个样的局面。即使兑现了也是受奖的不公、受罚的不服。特别是有些国有施工企业长期受大锅饭思想的影响，对本该受重奖的人员施重奖怕别人眼红，所以排排场面就算了；对于本该受处罚的人员，碍于情面批评一下了事。这种只安排工作而不考核其工作成效，或者只奖不罚、奖罚不到位、不对称的做法，不仅会严重挫伤有关人员的积极性，也给以后的成本控制工作带来不可估量的损失。

5.2.3　缺乏可操作的成本控制依据

成本控制要依据一定的标准来进行，工程项目作为施工企业生产的产品，由于其结构、规模和施工环境各不相同，各项工程的成本缺乏可比性。建筑工程成本管理与一般产品成本管理的根本区别在于它的目标成本控制是一次性的，它控制的对象只有一个工程项目，随着这个工程的完工而结束其历史使命。因而，如何针对单个工程项目制定出可操作的目标成本则十分关键。但很多施工企业对于工程目标成本的制定过于简单化和程序化，有些施工企业只是简单地依据企业以往的工程成本降低率确定一个目标成本，而忽略了该工程的现场环

境、施工条件以及工期的要求，项目经理部内部又将这一目标成本按照工程成本的构成即直接人工费、直接材料费、机械使用费、制造费用等按同比例套算下来，而不管这些成本项目到底有多大的利润空间。

5.2.4 人工费用控制不规范

有的项目管理班子搭建不以精干高效为原则，而先安排亲属，推行家族化管理，增加了工资总额的开支；有的不按施工进度合理安排人员，盲目安排工人进场，造成人浮于事；有的不能按定额承包工日，有的没有按分部分项承包工日进行事先预测，实施中不能严格控制，定额外用工不能从严审核，存在严重的关系工、人情工。有的材料进场堆放缺乏预见性，造成材料多次倒运，严重浪费了人工费用；有的出于责任心差或未吃透图纸，造成不必要的返工现象。

5.2.5 材料费用控制不规范

有的项目不能按施工进度，编制材料采购计划，无主次、无批次、无计划地一哄而上，造成巨额资金被占用，仓库材料积压，如遇合同变更，必然造成极大被动；在材料采购过程中，往往一个人说了算，无制约机制，无透明度，纯属暗箱操作，有的不找合格供货方，而是拐弯抹角联系中介人，挖空心思从中捞好处谋私利。有的在运输、收料、保管、发料等环节制度不严，未能责任到人，造成运输途中、工地仓库、施工现场等贵重材料被窃丢失。有的管理混乱，台账不清，账物不符，材料的收管发等环节缺少监督制约机制，甚至出现里应外合盗窃，虚开材料进货发票等违法违纪行为。

5.2.6 机械使用费用控制不规范

有的不能按工程质量、进度和设备能力的要求，合理配置机械设备；有的未能正确评估现有机械设备利用率，未能正确分析市场前景和工程项目的实际需求，以及项目可能产生的效益回报，盲目投入大型机械设备；有的外租设备不能采取按台班、按工作量或包月等不同租赁形式租用，随意性大、利用率低；有的设备维修和油料消耗无定额、无考核，机械设备完好率差，返修率报耗率大；有的项目不能精打细算，间接成本控制不严，临时设施过于奢华，费用开支无计划、无标准、无节制。

5.3 施工项目成本控制体系建立

5.3.1 建立施工现场项目成本控制标准体系

施工项目成本控制标准体系，是指为了实现对项目成本的有效控制，提高项目经济效益而建立起来的成本控制体系，是由不同的成本控制标准组成的，如图5-2所示。

5.3.1.1 单位标准

施工项目成本控制的单位标准，包括以下内容。

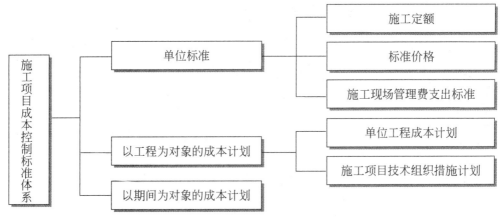

图5-2   施工项目成本控制标准体系

（1）施工定额。施工定额是单位实物工程量的工料等的消耗标准，可以依据现有的施工定额和变动成本法原理，结合企业实际，编制具体项目的施工定额。

（2）标准价格。随着建筑市场的发展，招投标确定建筑产品价格已逐步完善，将来发展到企业根据量价分离的原则，依据企业的施工定额和工料的实际价格自主报价，经过市场竞争，确定建筑产品价格。建筑行业管理部门将改直接管理为定期发布建材价格等市场信息，作为建筑企业制定材料标准价格体系并定期修订，一方面可以指导采购，做到有据可依；另一方面，也为事中或事后分析由于价格因素引起的成本变动的幅度提供方便。

（3）施工现场管理费支出标准。这一标准的计量单位与施工定额不同。施工定额是以实物工程量为计量单位，而不考虑时间因素，如每立方米混凝土消耗人工及材料的数量；而施工现场管理费支出标准，是反映某一非工程的单位数量在一定期间需支出某项费用的数额，如施工现场管理人员每人每年（或月、日）办公费标准，可据此及现场管理人员人数制定年（或月）办公费预算。

5.3.1.2   以工程为对象的成本计划

（1）单位工程成本计划。一个施工项目包括若干个单位工程。每个单位工程都应按分部分项工程编制施工预算，结合降低成本的技术组织措施计划的节约额，制订各单位工程成本计划。单位工程成本计划，既是控制单位工程成本支出的依据，又是制订期间成本计划的基础。

（2）施工项目技术组织措施计划。该项计划应针对具体的施工内容，采取相应的技术组织措施，并计算其节约额，然后按分项工程归入各有关单位工程，成为单位工程成本计划的重要组成部分。从编制成本计划考虑，可将技术组织措施分为两类：一类是为保证企业施工定额水平而采取的常规措施，其节约额在编制成本计划时不另行考虑；另一类是针对具体情况采取的特殊措施，其节约额应在编制成本计划时单独考虑。

5.3.1.3   以期间为对象的成本计划

对于需要跨年施工的单位工程项目经理部要按年度（或月度）编制成本计划，有利于分阶段考核整个项目经理部及其所属内部责任单位的成本控制情况，同时，也利于将成本和收入联系起来，计算和分析盈亏。

5.3.2 施工项目成本控制方法体系

5.3.2.1 施工项目成本核算体系

施工项目成本核算体系，是以施工项目为对象，对项目施工生产过程中的各项耗费，进行记录、计算和分析的体系，旨在考核施工项目成本控制效果。施工项目成本核算体系主要由会计核算、统计核算和业务核算组成。

(1)会计核算。会计核算主要是价值换算。会计核算通过设置账户、复式记账、填制和审核凭证，登记账簿、成本计算、财产清查和编制会计报表等方法，记录反映生产经营活动，据以提出一些用货币反映的经济指标。由于会计记录具有连续性、系统性、全面性等特点，所以是一种最重要的核算方法。在整个核算体系中处于中心地位。

(2)统计核算。统计核算是利用会计核算资料和业务核算资料，把企业生产经营活动客观现状的大量数据表，按统计方法加以系统整理，表明其规律性，它既可以用货币作为计量单位，也可以用实物量或劳动量计量，如施工项目实物量、单位工程个数等统计指标。统计核算通过全面调查和抽样调查等有特色的方法，不仅能提供绝对数指标，还能提供相对数指标和平均数指标；可以计算当前的实际水平，还可以预测发展趋势。

(3)业务核算。业务核算是各业务部门以工作需要而建立的核算制度，它包括业务原始记录和计算登记表，如单位工程及分部分项工程进度登记、质量登记、工效计算登记、测试记录等。它的范围比会计核算和统计核算还要广，方法也灵活。业务核算的目的在于迅速取得资料，在施工过程中及时采取措施进行调整，对于加强成本核算具有不可忽视的作用。

会计核算、统计核算和业务核算相辅相成，达到对施工项目的各项指标进行核算、分析的目的，形成以生产经营部门为核心的计划与统计核算，以财务部门为核心的会计核算，以技术部门为核心的业务核算，对施工项目进行全面的、系统的核算。

5.3.2.2 施工项目成本控制信息反馈

施工项目成本控制信息反馈，主要是将有关施工项目成本控制结果的会计信息以项目成本报表和相关考核指标资料的形式进行对比分析，通过这些会计信息的比较来反映项目成本增减变动情况。同时，确定成本差异及其产生原因和责任归属，组织力量挖掘增产节约的潜力，消除差异，并提出降低施工项目成本的新措施或修订项目成本控制标准的建议，为此后的项目提供成本控制依据。

施工项目成本控制信息反馈模式，如图5-3所示。

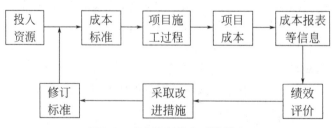

图5-3 成本控制信息反馈模式

从图5-3中可以看出，控制者从项目成本控制标准和实际成本的比较中得到相应的成本报表信息，并进行分析评价，及时修正成本标准，开始新一轮控制循环。

5.3.3　实行项目责任成本管理体系

建立施工项目成本控制责任体系的目的是使施工项目内部各责任单位的行为能同项目总体目标协调一致。同时，它也是加强成本控制的重要手段，因为只有明确施工项目各部门、单位的责任，才能使成本控制工作真正落到实处，实现降低项目成本的目的。责任体系作用的发挥，主要是通过对各责任单位的责任成本的控制来实现的，见图5-4。

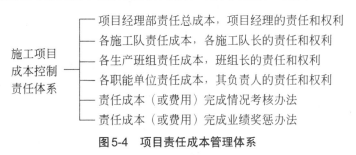

施工项目成本控制责任体系
- 项目经理部责任总成本，项目经理的责任和权利
- 各施工队责任成本，各施工队长的责任和权利
- 各生产班组责任成本，班组长的责任和权利
- 各职能单位责任成本，其负责人的责任和权利
- 责任成本（或费用）完成情况考核办法
- 责任成本（或费用）完成业绩奖惩办法

图5-4　项目责任成本管理体系

5.3.3.1　各重点管理岗位的成本职责

各重点管理岗位的成本职责如表5-1所示。

表5-1　各重点管理岗位的成本职责

序号	岗位	成本职责
1	项目经理	（1）对工程项目成本管理负全责，主持项目成本计划的编制、实施，落实成本项目管理岗位责任制 （2）为确保项目成本管理目标的实现要对全员、施工的全过程进行指导、检查、监督、分析与考核工作。但成本控制涉及项目实施的各个方面和整个过程，其实际控制的效果更多地依赖于项目成本控制体系的有效运行，故此，项目经理进行日常成本管理工作时，首要的是要保证体系处于良好的运行状态
2	成本核算员（预算员）	（1）及时、准确地办理工程的中间决算、竣工决算 （2）根据投标预算、成本预算和实际成本，按分部分项工程进行工料分析 （3）在项目经理的领导下，定期或不定期召集各职能部门召开经济分析会，分析节超原因，及时采取措施，最大限度地降低成本消耗 （4）及时地向会计员提供详细的预算收入的资料，协助会计员收取工程款
3	技术负责人	（1）根据建设项目的现场施工条件，本着科学、合理、安全、节约的原则，做好施工现场的布置 （2）提出合理的技术组织措施，编制施工方案，确保最大限度地降低工程成本
4	施工员（施工工长）	（1）组织实施施工方案 （2）对施工中的每一道工序，进行指导、检查、监督 （3）确保工程的质量、安全的前提下，降低各种工料消耗 （4）向预算员提供有效的设计更改、隐蔽工程验收的资料
5	设备工长	（1）根据施工组织设计，实际施工进度，编制、调整施工机械作业计划 （2）科学合理地安排施工机械进出场计划，以及施工机械运输设备的维修计划，最大限度地降低机械使用费的支出

序号	岗位	成本职责
6	材料员	（1）根据施工组织设计和实际的施工进度编制、调整材料、构配件等供求计划 （2）根据材料、构配件预算价格中的原价、运杂费，提出最佳的采购点 （3）在保证材料、构配件的质量前提下，以最低的材料成本、最佳的储备方式，降低资金占有 （4）进行限额领料控制
7	会计员	（1）根据各职能部门提供的原始资料，建立各种原始台账（如：工作量完成情况台账、工料消耗台账、成本项目台账、间接费用台账） （2）根据投标预算、成本预算和实际成本，按季进行管理费用（包括会计费用）分析 （3）会同核算员及时收回工程款，减少利息支出，促进资金周转，提高企业的经济效益

5.3.3.2 开展工程项目责任成本管理的程序、方法

（1）确定责任成本预算。责任成本预算的确定应采取事前管理和过程控制，科学合理地编制责任成本预算。如：公司施工技术部门和预算管理部门，依据本部门的责任成本管理职责，根据中标工程的施工组织程序，明确责任成本的主体，组织工程技术人员，根据施工工期、施工组织安排、资源配置、材料价格、劳动力价格、材料消耗定额、机械台班定额、劳动定额等，对照施工图和现场实际，按照不同专业（如：线路、隧道、房建、通信、信号等）编制责任成本预算，确定目标利润。责任成本预算需报经责任成本管理领导小组审定后实施，并作为责任成本主体（工程项目经理部）的营业收入依据。

（2）责任成本的控制和核算。工程项目经理部应根据上级核定的责任成本指标，结合自身实际，认真组织，分解责任成本指标，确保承包责任制的落实。在责任成本的控制上，要严把"五关"，控制"四要素"。即把住劳动力配置关、材料采购关、材料用量和储备关、工程质量关、机构保障关等五关；控制好人工费、材料费、机械使用费、现场管理费等四大成本费用要素。要按月份以实际完成的工作量为依据，对已完工作量进行计量验收，开展验工计价工作，按照权责发生制、配比性原则进行可控成本归集，计算出实际责任成本，然后将责任成本支出与责任成本预算进行对比，计算出责任成本中心（工程项目经理部）的利润和亏损。

（3）落实清欠工作责任制。凡工程款结算在责任主体（含分公司、实体形工程项目经理部）的，要负责在合同期限内收回工程款；凡未在合同期限内收回工程款，要对有关责任人予以罚款，并且不能完全兑现奖励，待工程款全部回收时才能予以兑现。

（4）建立责任成本管理经济分析制度。工程项目经理部按月、季、年度对责任成本管理开展情况进行经济活动分析。要对责任成本预算、责任成本（可控成本）支出、目标利润等的实际完成情况进行分析，分析其节超原因所在，特别对于盈亏比例异常的现象，要高度重视，在查明原因的基础上，采取果断措施，尽快加以纠正，从而加强和改进责任成本管理工作。

（5）建立考核、奖惩制度，兑现责任业绩。开展责任成本管理工作，要强化责任成本管

理考核、审计、兑现工作，实行责任成本否决制度。对完成责任成本管理责任制指标的单位和承包人，经审计后予以兑现奖励；完不成的予以处罚。通过完善的约束和激励机制，不断加强责任成本管理工作。

【他山之石】▶▶▶ ---

项目施工成本控制实施细则

第一章　总　则

第一条　根据××集团《工程项目成本管理规范》《施工项目管理办法》及《施工现场管理考核标准》和《工程合同管理文件范本》的有关规定，特制定本细则。

第二条　施工项目成本控制实行公司统一领导、合同管理部归口管理、项目经理负责实施、全员参与的成本控制体系。

第三条　分公司成立成本控制指标审核小组，成员由公司经理、书记、总会计、总经理组成，负责对项目施工成本指标的审查、确定。

第四条　项目经理部负责项目初期施工成本测算，公司合同管理部负责项目部上报的初期施工成本的审核，并与项目经理部进行沟通核对，及时将核对达成的初期成本资料报公司成本控制指标审核小组审查、确定。

第五条　公司各业务主管部门负责对项目经理部成本控制过程进行指导、检查、监督以及处理项目成本控制过程中发生的重大问题。

第六条　公司合同管理部负责公司成本控制工作归口管理，并履行以下职能。

（1）制定和修改公司成本控制管理规章制度。

（2）参与《项目施工目标管理责任书》签订，负责完工考核兑现工作。

（3）参与、指导项目部大型分包工程招标、议标工作。

（4）审批项目施工过程中分包申请及项目单价。

（5）审核分包队伍资质和合格分包商的管理。

（6）协助项目经理部办理工程竣工结算及索赔。

（7）协调分公司内部市场的生产要素和价格仲裁。

（8）收集、整理项目施工成本控制有关资料、推广项目成本控制的成功经验。

（9）组织公司业务主管部门对施工项目成本过程控制进行跟踪检查。

第七条　项目经理部是施工项目成本管理中心，直接负责公司成本控制目标的实施。

第二章　项目部各部门成本控制职责

第八条　项目经理职责

（1）项目经理是施工项目成本控制第一责任人，负责设立项目成本控制岗位，建立项目全过程、全方位的成本控制网络体系，监督其运行质量。

（2）组织项目部职能部门对公司下达的成本控制指标进行分解，制订项目成本控制计划，明确各岗位管理人员的成本控制指标，落实各岗位人员成本费用控制责任制，确保成本控制目标的实现。

（3）组织项目施工方案编制，对优化资源配置、管理措施等进行全面策划，降低项目施工决策成本。

（4）组织每季度一次经济活动分析，及时掌握项目经济活动情况，纠正成本控制工作中的偏差，制定事前预防控制措施，监督措施落实。

（5）执行局、公司有关成本控制的各项规章制度，对项目成本费支出的真实性、合法性负责。

第九条　项目总工职责

（1）负责组织编制施工组织设计，在确保工程质量、进度的前提下不断优化施工方案，对各项技术组织措施的经济效益负责。

（2）负责项目计量数据的完整性，严格控制分包结算工程数量，对项目实物工程量计量准确性负责。

（3）监督工程技术部门严格执行局公司质量管理规定，杜绝施工质量事故，降低施工成本。

（4）负责对分包商报送的施工分包方案进行审核、修改，监督、控制分包工程质量和进度。

（5）归口负责对施工措施费控制。

（6）参与项目经济活动分析，提出整改和预防措施。

第十条　项目副经理职责

（1）负责施工现场生产要素合理调配，组织均衡生产，确保施工进度计划的实现。

（2）负责监督现场施工材料、机械设备的使用，减少浪费，提高使用效率。

（3）与各部门保持密切联系，严格执行分包合同，控制计日工的发生，防止应由分包商承担的费用计入项目成本。

（4）归口负责对环境保护、文明施工、临时设施费的控制。

（5）参与项目经理部经济活动分析，提出降低施工成本的措施。

第十一条　工程技术部职责

（1）提供月度施工技术、测量、试验签证资料，协助计划部门办理施工进度款支付计量。

（2）负责按施工方案实施，对已经确定的施工方案提出进一步优化的建议，在保证质量的前提下，降低成本。

（3）对整个工程项目的质量负责，防止不合格品的出现，杜绝因质量事故造成返工和额外成本费用支出。

（4）负责办理和提供施工中因设计变更、材料代换、工程量调整、业主（分包商）违约等现场索赔资料签证，与计划（合约）部门保持密切联系，确保项目施工应得收入及时计量。

（5）对施工项目工程量计量的准确性负责，控制分包结算工程量不突破业主计量。

（6）参与季度经济活动分析，提出降低施工成本的措施。

第十二条　劳资部职责

（1）编制工资使用计划，根据施工组织设计，平衡调剂劳动力。

（2）负责职工、协议工的管理，严格劳动纪律，提高出勤率、工时利用率和劳动生产率。

（3）控制分包项目以外的人工费用支出，严格控制计日工结算。

（4）监督检查现场用工情况，建立人工费支出统计台账，编制有关报表，准确统计人工费用支出；对人工费使用情况进行分析。

（5）归口负责自行施工人工费（包括管理人员）的控制、由个人负担的三金统计和扣缴。

（6）按月及时办理人工费结算，参与季度经济活动分析，提出降低人工费措施。

第十三条　计划（合约）部职责

（1）编制施工项目初期成本测算，根据《项目施工管理目标责任书》确定的成本控制指标编制成本控制实施计划，并将指标分解到各部门进行控制。

（2）主持项目部限额以下的分包招标（议）标，按规定及时上报和登录合同管理相关资料。

（3）根据工程部门提供的施工中因设计变更、材料代换、工程量调整、业主（分包商）违约等签证，及时报送索赔资料，及时办理工程计量支付和分包结算。

（4）归口负责分包工程（劳务）费用控制准确统计已完工程工作量，按项目成本预算，提供季度施工项目预算成本，协助财务部组织季度经济活动分析。

（5）执行公司有关分包工程管理的各项制度、规定。

（6）定期向公司报告成本控制情况，收集项目成本控制信息，总结项目成本控制经验。

第十四条　物资部职责

（1）按规定程序对大宗材料进行招标采购。

（2）编制项目施工物资采购计划，对物资实行总量控制，执行限额领料制度，及时核算物资消耗，监督施工过程物资使用情况。

（3）负责监督分包商自购材料的质量及相关材质证书收集，严格项目部供料的领用、消耗、核算管理，防止应由分包商承担的费用进入项目部成本。

（4）项目完工按规定程序及时回收处理废旧材料，降低材料费用成本。

（5）归口负责材料费、生产工具用具使用费的控制。

（6）按规定向公司报送各种报表。

（7）按月及时办理各类材料使用、租赁结算，参与季度经济活动分析。

第十五条　设备部职责

（1）负责设备租赁、实行动态管理，提高船机利用率，降低船机使用成本。

（2）监督现场设备使用过程，控制不合理的机械费用支出。

（3）合理安排设备修理和维护，节约设备修理和维护费用，提高设备完好率和利用率。

（4）归口负责施工机械使用费、大型设备进出场及安拆费、固定资产使用费的控制。

（5）负责完工施工设备的清退、交接，在公司设备物资部指导下对废旧设备的处理。

（6）统计各类费用资料并及时上报。

（7）按月及时办理各类船械使用、租赁结算，参与季度经济活动分析。

第十六条　安全部职责

（1）参与项目施工组织设计的编制，制定安全技术措施。

（2）编制项目安全保证计划，落实安全设施和警示标识的设置，监督施工人员的劳运防护工作。

（3）加强对分包队伍的安全技术交底和安全教育、检查分包队伍的安全资质，负责与分包队伍签订安全生产协议。

（4）对施工全过程的安全进行监督检查，纠正违章作业，消除安全隐患，避免安全事故。

（5）负责项目施工安全文明环保措施费用的使用控制，协助财务部门收集整理安全文明环保措施专项费用归集。

第十七条　财务部职责

（1）严格执行资金管理规章制度，降低资金使用成本。

（2）编制项目成本计划、协助计划（合约）部落实各部门成本控制责任指标。

（3）核对查证合同条款，按规定程序实行合同财务联动支付，对每笔成本费用支出的合法性负责。

（4）负责对各部门成本费用的使用情况进行监督控制。

（5）每季牵头进行一次项目经济活动分析，提供成本分析报告。

（6）按规定向公司报送各类报表。

（7）对项目完工，上报本项目部办公费、固定资产使用费、工具用具使用费、临时设施费等间接费用开支情况及实际费率，为公司完善成本控制实施办法积累基础资料。

第十八条　综合办公室

（1）执行公司有关办公用品的采购、保管、领用、核销规定。

（2）编制办公用品及用具采购计划，建立办公用品领用台账。

（3）对完工项目，属于固定资产的对大件物品及时清收，按照相关规定移交公司。

（4）执行项目间接费用控制计划，降低间接费用成本。

第三章　施工成本费用测算

第十九条　项目施工预计总成本由人工费、材料费、机械费、其他直接费、间接费五部分组成。管理费、工程税金及其他单列，附《项目初期成本测算表》（略）。

第二十条　各项费用内容及测算方法

1.人工费

包括由项目经理部支付的主体员工（生产工人）的工资（包括岗位工资、绩效工资、工资性补贴）及工资附加费、按月计酬的协议工工资、计日工和按工程量计量支付的劳务分包费。

（1）生产工人工资。直接从事施工的生产工人数×月工资标准×合同工期（月）计算；工资附加费：（1）×8.00%。

（2）协议工工资。合同人数×月工资标准×合同工期（月）计算。

（3）劳务分包费。∑分包工程量清单×分包劳务单价。

生产工人工资＝核定的职工人数×上年度公司在岗职工月平均工资×1.06×合同工期。

（4）其他（施工中外协配合奖）。

2.材料费

施工过程中耗费的构成工程实体的原材料、辅助材料、外购成品、半成品费用。

（1）主材费。主材费＝∑自行施工工程量×定额消耗量×市场单价。

（2）公司物流中心集中采购主材价值×1.5%。

（3）周转材料。施工过程中需要的各种模板、支撑制作、安拆摊销费。

① 自购大宗周转材料摊销费以施工组织设计图纸用量×制作或购买单价×摊销比例计算。

　　定型组合钢模板　　　　30%；

临时轨道　　　　　　　30%；

钢管脚手架　　　　　　30%；

预制现浇构件模板　　　80%。

②租赁周转材料费＝租赁数量×单价×租赁时间。

3. 施工机械使用费

施工机械作业所发生的使用费包括以下几项。

（1）机械使用费＝∑船机设备数量×使用时间（月）×合同租赁单价（折旧）计算

或：按分包工程数量计价清单计算（如打桩、钻孔灌注桩成孔、混凝土构件运输安装）。

（2）租赁单价不含燃料费的，燃料费按台班消耗累计数量×80%×市场单价计算。

（3）调遣费。根据工程规模、调遣距离、设备和人员数量以市场价计算或已签合同金额计算。

4. 其他直接费

指为完成工程项目施工而发生的以上费用以外的费用，包括材料二次倒运费、现场施工水电费、临时设施摊销费、检验试验费、冬雨夜施工增加费、工程定位复测、工程点交、设计及技术援助、场地清理、安全文明环保措施费、工程保险费及其他等。

（1）材料二次倒运费。一般不予计算，确因施工场地狭小需要二次搬运的，按搬运材料费的0.15%计算。

（2）现场施工水电费，视工程规模、性质、施工组织方式按月计算。

（3）冬雨夜施工增加费。根据项目工期确定是否计列，若需夜间施工的，按测算人工费的1%计算。

（4）住地建设及临时设施摊销费。指为完成施工任务在施工现场搭建的临时性设施而发生的费用。临时设施费按审定的施工组织设计确定的规模计算。

（5）检验试验费，须由社会检测机构出具检测资料和项目常规测量试验所发生的费用。

①须由社会检测专业机构检测项目按检测合同金额计列。

②项目常规测量试验费以项目合同总额扣除暂定金额、经营过程中承诺的切块分包部分后为计费基础。

工程造价≤2000万元，1.3%；

2000万元＜工程造价≤5000万元，1.25%；

5000万元＜工程造价≤10 000万元，1.20%；

工程造价＞10 000万元，1.15%。

（6）安全文明环保施工措施费。工程合同单列的，按列明的费率计算，未列明的按合同总价的1%计算。

（7）设计及技术援助，视工程规模、技术难度合理估列，一般项目不计列。

（8）技术开发费。局（公司）列有技术开发计划时，按计划投入金额计算，一般项目不予计算。

（9）场地清理，视工程规模、性质、地域按总额计列，5000元～10 000元/项。

（10）工程保险费。合同工程量清单单列的，按单列金额计算；未单列的，视合同是否包含该费用按工程量清单价的0.3%计列或不计列。

（11）其他，视项目具体情况计列或不计列。

5.间接费用

为完成工程项目施工而发生的应由施工成本负担的现场管理费，包括管理人员工资（岗位工资、绩效工资、工资性补贴）、社会及企业统筹费用、项目部财务费用、预提费用、办公费、地方行业主管部门规费、税费等。

（1）管理人员工资。按核定的人数×上年度公司在岗职工月平均工资×1.06×合同工期（月）计算；工资附加费：按工资（管理人员工资＋生产工人工资）总额×8%计算。

（2）社会及企业统筹费用

养老保险：（管理人员工资＋生产工人工资）总额×20%；

住房公积金：（管理人员工资＋生产工人工资）总额×12%；

失业保险费：（管理人员工资＋生产工人工资）总额×2%；

企业年金：（管理人员工资＋生产工人工资）总额×8.33%；

工会经费：（管理人员工资＋生产工人工资）总额×2.00%计算；

职工教育经费：（管理人员工资＋生产工人工资）总额×2.00%计算；

（3）财务费用。包括：利息净支出、汇兑净损失、金融机构手续费。

① 利息净支出。一般项目不计算，有需要贷款（或公司资金管理中借款）施工的按相关合同或借款金额和利率计算。

② 汇兑净损失。国内施工项目不计算。

③ 金融机构手续费。一般项目不计算。

④ 印花税。按合同总额的0.035%计列。

（4）预提费用

① 存货盘亏、毁损和报废损失。成本测算时不计算，施工过程中预计不可避免风险存在，报请公司审批，按审批金额在期间合同成本调整时计算。

② 计提的合同预计损失。成本测算时不予计算，施工过程中预计不可避免风险存在，报请公司审批，按审批金额在期间合同成本调整时计算。

（5）办公费

① 固定资产使用费。管理用固定资产使用、维修、折旧费，按项目配备固定资产数量计算。

② 工具用具使用费。不属于固定资产的生产工具、器具、家具、交通工具等购置费、摊销费，按项目规模和部门设置情况估列。

③ 低值易耗品摊销费。项目管理用一次性耗材，包括办公用品、通信费、报刊费、水电、煤等费用按项目规模按10 000 ～ 15 000元/月计算。

④ 差旅交通费。以项目部正式职工定编人数，按工程所在地与公司机关的距离×每年1次往返路费计算的总额×2计算。

⑤ 通信费。

⑥ 劳动保护费。劳动保护费＝核定职工人数×1 200元/年（包括降温、取暖、医药费及发放给个人的劳保用品）。

（6）人身保险费。按工程规模大小10 000 ～ 50 000元计列。

（7）外单位管理费。按有关合同（协议）确定的金额计算。

（8）地方行业部门专项收费，包括安全监督、海事、质检、堤防、招标代理、施工许可等收费，根据投标报价清单项目或市场调查估列。

（9）其他费用。根据工程规模估列。

6.分包工程费

工程分包费=∑自行分包工程量×分包综合单价。

预计合同成本=∑（1~6）。

7.上级管理费

按合同总价扣除暂定金额×5%计算。

8.工程税金及其他

按国家税法规定应计入工程造价的营业税、城市建设维护税及教育税附加。税金=合同总价扣除暂定金额×适用税率。

第四章 施工成本费用控制

第二十一条 项目施工成本控制指标下达后，应在项目经理主持下，由项目部计划（合约）部门牵头制订项目成本控制计划（目标成本），将成本指标分解到各成本管理岗位控制，并制定相应的奖罚措施确保各项费用控制在目标成本范围内。

第二十二条 费用分解与控制。

（1）人工费，包括管理人员工资、生产工人工资、按月计酬的协议工工资、计日工资、外协奖等，按公司人力资源部下达的工资总额由项目劳资部门负责控制；劳务分包费用由计划（合约）部门控制。

施工过程中严格控制计日工的支出，现场副经理、工段长、单项技术员、班组长要参与分包合同的交底会议，熟悉分包合同的工作内容和范围，在未事先取得劳资和计划（合约）部门的同意不得向分包单位或个人开具计日工用工签证。

（2）材料费，包括项目部自行施工和分包施工两部分，费用由物资部门负责控制。

由项目部自行施工的材料供应，按审批计划采购，限额领料，监督材料的使用过程，防止材料浪费和积压。

分包商使用项目部限价供应材料，应按分包合同规定实行专人领料、签收制度，与中间计量支付同步核销扣除应由分包商承担的或超额使用的材料款，防止应由分包商负担的费用进入项目部自行施工成本。

按月进行材料核算，及时掌握材料使用及成本动态情况，适时调整材料采购供应，最大限度地节约材料成本。

（3）船机设备费，船机设备费由项目设备部门负责控制。根据施工技术和使用周期，合理选用和调配船机设备，按施工进度安排及时组织施工设备进场和退场工作，监督船机设备的使用过程。对租赁设备由项目部提供燃油料的，建立单机核算台账，实行限额领料，与中间计量支付同步核销扣除应由出租人承担的或超额使用的燃料款。

分包商使用项目部设备必须事先确订单价并及时办理签认手续，与中间计量支付同步核销扣除应由分包商承担的船机使用费，防止应由分包商负担的费用进入项目部自行施工成本。

项目部应建立成本控制体系，按公司审批的成本测算项目进行分解，及时下达给各责任部门，其他相关的职能部门负有监督责任。各项成本费用分解控制见附表《项目成本费用分解控制表》(略)。

第五章　经济活动分析与施工成本调整

第二十三条　每季度在项目经理领导下，由项目委派会计师主持，各职能部门及相关班组参加进行一次经济活动分析，找出影响成本差异的具体因素，提出进一步降低成本措施，为领导决策提供依据。具体操作执行《项目施工经济活动分析实施办法》。

第六章　完工考核

第二十四条　项目经理部完成项目施工(以业主最终结算凭证为准)，经公司有关业务部门综合审计按《项目施工管理目标责任书》和《项目经济责任合同兑现考核实施细则》有关条款对项目领导成员进行考核兑现。

第七章　附　则

第二十五条　本办法未涉及合同管理、分包工程控制、工程索赔、结算与支付等内容按《工程合同管理文件范本》的规定执行。

第二十六条　本办法由公司合同管理部负责解释。

5.4　施工前的工程项目成本控制措施

任何一个施工企业都应根据工程的中标价并结合企业自身的特点、施工条件、机械设备、人员素质等对项目的成本目标进行合理的预测和管理，在接到工程中标通知书后，企业应及时组织有关部门对项目进行经济评估，在广泛、深入、细致地进行市场调查的基础上，测算项目的目标成本，将预算成本与实际成本对比，对项目能否盈利及盈利额做到心中有数。同时根据项目的合同条款、施工条件、施工图纸以及材料设备的市场价格等因素，结合企业自身的施工能力和管理水平，按照生产要素最优组合的原理，优化施工组织方案，并依据优化后的施工方案，测算每道工序应消耗的工料机等生产要素，进行成本核算，合理地确定项目的目标成本，以指导施工和进行成本控制。

5.4.1　进行项目目标成本测算

5.4.1.1　目标成本测算原则

在建立这个体系的过程中，主要把握如图5-5所示三条原则。

5.4.1.2　主要费用测算过程

(1)工费测算。人工费一般占全部工程费用的10%～12%，所以，对于一个施工企业而言应严格控制人工费。在工程项目目标成本测算过程中，应首先根据当地的工资水平及社会劳力市场行情并结合中标工日单价测定一个比例系数K，然后根据定额当中的工日消耗量结合比例系数K测算出施工企业应实际投入的工日消耗量。

原则一　遵循谁实施、谁受控、谁负责的原则，将设定的分项成本与施工管理的基本分工一致起来，力求实现谁组织施工，谁控制消耗，谁对受控内容的结果负责

原则二　遵循建立成本责任区域原则，设定了项目成本责任区域，力求做到在责任区域内，生产管理、消耗控制、成本核算三位一体，实施集成管理

原则三　遵循目标成本可分解原则，对构成实物量的责任区域明确测算到分部、分项、分工序，便于项目部相关人员将局部控制和总体控制统一起来

图5-5　目标成本测算的原则

（2）材料费测算。材料费占全部工程费用的比重最大，一般在60%左右。可以说：材料成本这一关控制的好坏，直接影响到工程成本管理的成败与工程项目经济效益的好坏。任何一个施工企业都应结合工程自身的实际特点，依据科学的方法（例如：线性规划法、目标决策法等），并结合材料的中标单价来重新核定工程所需主材、地材、辅材的供货地点、购入价格、运输方式等，并应广泛搜集市场信息，来进行工程项目材料费用测算。

（3）机械费测算。投标测算中的机械设备一般是根据定额套算出来的一种理想化的东西，与施工现场的机械设备差异较大。在工程项目目标成本测算过程中，应根据现场的实际施工机械设备测算实际所应投入的机械费，来重新核定台班定额产量，并根据企业机械设备使用费用规定，核算出企业台班费用，从而得到工程项目机械费用使用计划。

（4）其他费用测算。工程项目其他费用包含企业管理费、规费、税金、现场管理费等占工程成本的15%左右。在工程项目目标成本测算过程中，结合以往类似工程经验值，通过精简机构、合理确定费用支出等方式，做到其他费用测算合理且保证工程项目支出。

5.4.1.3　目标成本的分解并落实

目标成本落实后，项目部要按企业规定的成本责任区域要求，将目标成本分解并落实到相关责任人身上。总体上责任人落实要按企业规定的要求实施，细步分工可以结合项目自身的特点自行寻找合适的方法，但不论采用什么方法，推行目标成本管理的项目，均要形成书面的责任人名单明确责任传递的方法。成本目标如果不能及时落实到责任人身上，过程控制就没有依据，就不可能有效展开。

【他山之石】▶▶▶

项目初期成本测算汇总表

工程名称：　　　　　　测算日期：　　年　　月　　日　　　　金额单位：元

序号	预算费用项目	合同总价	预测成本	占合同总价%
一	人工费			
1	项目部自行施工人工费			
2	项目分包劳务费			

续表

序号	预算费用项目	合同总价	预测成本	占合同总价%
二	材料费			
三	船机使用费			
四	其他直接费			
五	间接费用			
六	分包费用			
七	预计总成本			
八	上级管理费			
九	工程税金及其他			
十	合　计			

制表人：　　　　　　　审核：　　　　　　　部门负责人：

【他山之石】▶▶▶

劳务分包费用测算表

工程名称：　　　　　测算日期：　年　月　日　　　金额单位：元

序号	分部分项工程	单位	数量	单价	金额	备注

制表人：　　　　　　　审核：　　　　　　　部门负责人：

注：1.本表分部分项工程栏、单位栏、数量栏填写内容按合同文件中的清单及施工图要求填写。

　　2.备注中注明劳务分包工作内容。

【他山之石】▶▶▶ --

材料用量测算表

工程名称：　　　　　　　测算日期：　　年　　月　　日

序号	分部分项工程	单位	数量	主要材料名称及数量																					备注
				C 混凝土 /立方米		C /立方米		C /立方米		级钢筋 /吨		钢绞线 /吨		预应力钢筋 /吨		型钢 /吨		…			
				单耗	数量	单耗	数量	单耗	数量	单耗	数量	单耗	数量	单耗	数量	单耗	数量	单耗	数量		
	合计																				

制表人：　　　　　　　审核：　　　　　　　部门负责人：

注：1.分部分项工程内容按合同工程量清单内容填写。

　　2.材料名称栏可根据项目具体情况进行修改或扩充。

　　3.不涉及多个项目的特种材料可直接在材料费用表中填写。

【他山之石】▶▶▶ --

材料费用测算表

工程名称：　　　　　　　测算日期：　　年　　月　　日

序号	材料名称	单位	数量	单价/元	合计	备注
一	主要材料					
二	周转材料					施工方案
三	其他材料					
	合计					

续表

填表说明：

1. 主要材料为构成工程实体直接消耗的材料，由材料用量测算表数据计算；特殊材料如钢轨、护舷等直接在本表中列项计算；实行全费用分包的混凝土构件预制、钢构件制作等。

2. 辅助材料为完成主要材料加工、安装而消耗在工程实体中的零星用料，视工程规模、类型或分包情况按主要材料费的0.10% ~ 0.50%列项计算或不计算。

3. 周转材料为专用模板、支撑等可以周转使用和回收的施工措施用料，根据施工组织设计或优化方案应列项计算，并在备注栏中汪明一次投入量。

制表人：　　　　　　　　　审核：　　　　　　　　　部门负责人：

【他山之石】▶▶▶

船机设备使用费及调遣费测算表

工程名称：　　　　　测算日期：　年　月　日　　　　金额单位：元

序号	船机名称、规格	工程数量		台数	使用时间			使用费用		能源消耗费用					合计	备注
		单位	数量		起止时间	小计/月	合计/台月	单价/（元/台月）	小计/元	台月能耗/（千克/千瓦时）	能耗小计/（千克/千瓦时）	单价	小计/元			
1	2	3	4	5	6	7	8=5×7	9	10=8×7 或4×7	11	12=8×11	13	14=12×13	15=10+14	16
一	船机设备使用费														
1															
2															
3															
...															
二	燃油料费														
三	船机调遣费														
1															
2															
...															
	合计														

制表人：　　　　　　　　　审核：　　　　　　　　　部门负责人：

【他山之石】▶▶▶

其他直接费用测算表

工程名称：　　　　　　　测算日期：　　　年　　月　　日

序号	费用名称	单位	数量	单价	金额	备注
1	材料二次倒运费					
2	现场施工水电费（含管线铺设）					
3	冬雨夜施工增加费					
4	办公住地及临时设施					
4.1	办公住地建设（含场地硬化）					
4.2	现场临时作业车间					
4.3	临时道路					
5	检验、测量、试验费					
5.1	外检费（必须由专业机构检测的项目）					
5.2	常规测量试验费					
6	安全文明环保施工措施费					
7	设计及技术援助					
8	技术开发费					
9	场地清理					
10	工程保险费					
11	其他					
	合计					

制表人：　　　　　　　审核：　　　　　　　部门负责人：

【他山之石】▶▶▶

间接费用测算表

工程名称：　　　　　　　测算日期：　　　年　　月　　日

序号	费用名称	单位	数量	单价	金额	备注
1	管理人员工资					
1.1	管理人员工资					
1.2	工资附加费	元		8.00%		
2	社会及企业统筹费用					
2.1	养老保险金	元		20.00%		
2.2	住房公积金	元		12.00%		
2.3	失业保险金	元		2.00%		

续表

序号	费用名称	单位	数量	单价	金额	备注
2.4	企业年金	元		8.33%		
2.6	工会经费			2.00%		
2.7	职工教育经费			2.00%		
3	财务费用					
3.1	利息净支出					
3.2	汇兑净损失					
3.3	金融机构手续费					
3.4	印花税			0.03%		
4	预提费用					
4.1	存货盘亏、毁损和报废损失					
4.2	计提的合同预计损失					
5	办公费					
5.1	固定资产使用费					
5.2	工具用具使用费					
5.3	低值易耗品摊销费					
5.4	差旅交通费					
5.5	通信费					
5.6	劳动保护费					
6	财产及人身保险费					
7	外单位管理费					
8	地方行业主管部门专项收费					
9	其他费用					
	合计					

制表人：　　　　　　　　审核：　　　　　　　　部门负责人：

【他山之石】▶▶▶

分包工程成本测算表

工程名称：　　　　　　　　测算日期：　　年　　月　　日

序号	分包细目名称	单位	数量	单价	金额	备注
一						
1						
2						
…						

续表

序号	分包细目名称	单位	数量	单价	金额	备注
二						
1						
2						
…						
三						
1						
2						
…						
	合　计					

说明：本表分包工程系指以下几项。

（1）业主指定分包，但在项目部核算的项目。

（2）项目部切块分包收取管理费的项目。

（3）按照市场价格，通过内部招（议）标实行全费用分包的项目。

制表人：　　　　　　　　审核：　　　　　　　　部门负责人：

【他山之石】▶▶▶

管理费用、财务费用、税金测算表

工程名称：　　　　　　　　测算日期：　　年　　月　　日

序号	费用名称	单位	数量	单价	金额	备注
一	上级管理费	元				
二	财务费用					
三	工程税金及附加	元				
	合计					

制表人：　　　　　　　　审核：　　　　　　　　部门负责人：

5.4.2　制定合理的施工组织设计

对广大施工企业而言，面临着巨大的机遇和挑战。建筑施工企业必须完善自身机制，控制与缩小施工成本，以提高企业效益，提升自身的竞争力。而施工组织管理就是其中重要的一个方面。施工组织管理需要对施工过程中的各种资源，包括人力、物力和财力等按照施工技术规律与施工组织规律，同时满足设计文件的要求，在时间上按照先后顺序，在空间上按照一定的位置，在数量上按照不同比例，将各种资源合理科学地组织起来，并且统一指挥劳动者的活动，对控制建设项目的成本，提高企业效益具有重要的意义。

5.4.2.1　做好前期的施工预案工作

施工组织设计是做好施工准备工作的决定条件。施工准备工作包括施工技术准备、施工现场准备、组织机构的建立、施工物资的准备、生产设备准备等各方面的内容，对成本都有影响。管理组织机构的建立，各作业班组的组织准备，主要人员的职责分配等无一不在一开始就决定了成本控制的成败。由于项目成本费用涉及项目组织的各部门、班组，只有项目组织内的权、责、利明确，才能实现项目成本的目标。

5.4.2.2　具体的施工组织方案制定

施工方案不仅是成本控制方面的要求，更是质量方面的保证。只有应用合理的施工顺序与工艺流程，兼顾工艺的先进性和经济的合理性，才能在质量、成本、安全上达到较好的平衡，具体内容有以下几点。

（1）施工程序的优化。通常为先地下，后地上；先主体，后围护；先结构，后装饰；先土建，后设备。

（2）施工顺序的拟定。如一般顺序是：挖土—底—钎探—验槽—混凝土垫层—砌砖基础—基础圈梁等。

（3）施工方法分析。这要求在技术可行性、经济合理性、质量工期通盘考虑的基础上进行。

（4）设备选择。建筑使用设备应结合实际情况，从工程规模、进度计划、施工方法等来进行。既考虑业主方的经济利益，也考虑本企业的经济利益，真正使项目施工过程达到高质、低耗。

5.4.2.3　施工过程中的平面布置方法

施工现场平面布置图是施工组织设计的重要组成部分，它是根据实测的地形图，以及主要施工方案、垂直与水平运输措施、水、电源位置及交通道路等情况，全面综合考虑加以布置。平面布置的合理与否，直接影响了成本控制里的材料、设备等各种因素，而且对安全与质量起到直接影响，反过来又涉及了成本的风险。所以必须明确起重机械的位置，确定搅拌站、加工棚、仓库、材料及构件堆场的尺寸和位置，布置运输道路，布置临时设施，布置水电管线，布置安全消防设施，最后调整优化。

5.4.2.4　加强管理的控制

主要技术以及管理措施包括：保证质量措施、保证安全措施、环境保护措施、材料节约措施等。采用不同的措施能够使得施工项目的成本发生非常大变化。例如安全措施中要求，在建工程外侧采用密目安全网，这可以防止高处坠落及物体打击等事故，虽然发生了安全控制成本，却减少了安全事故带来的更大的成本支出。

5.4.2.5　施工组织设计的各项内容的选择及确定

施工组织设计的各项内容的选择及确定对施工项目成本的影响尤为显著，它的内容涉及了项目成本的各个方面，需要优化设计，根据合同工期目标、项目部所能利用的资源，合理安排进度计划、资源使用计划，使各种资源既不浪费，也不断档，充分有效。要考虑到必须的安全投入费用、质量保证措施和成本控制措施。在实施过程中，定期比较分析，找出偏差，及时纠偏，保证合同目标和项目成本目标的圆满完成。必须对施工组织加以重视，同时将成本控制的概念灌输进去，降低建设成本，提高企业的经济效益。

5.5　项目施工阶段成本控制

项目施工阶段成本控制是施工项目全过程控制的关键环节，因此，应认真分析、对待项目施工过程中的技术问题和经济问题，运用切实可行的方法，最大限度控制项目成本，以获取最大的经济效益。

5.5.1　加强施工任务单和限额领料的管理

材料费的控制，按"量价分离"的方法计算工程造价，以投标价格来控制材料的采购成本，材料消耗数量通过"限额领料单"控制。施工任务单应与工作报表结合起来，特别要做好每一个分部分项工程完成后的验收（包括实际工程量的验收和工作内容、工程质量、文明施工的验收），以及实耗人工、实耗材料的数量核对，以保证施工任务单和限额领料单的结算资料绝对正确，为成本控制提供真实可靠的数据。并将施工任务单和限额领料单的结算资料与施工预算进行核对，计算分部分项工程的成本差异，分析差异产生的原因，并采取有效的纠偏措施。

5.5.2　有效控制人工费

人工费约占建筑产品成本的 10% ～ 12%，并且随劳动力市场价格变化而变化。对施工期间所需发生的人工费进行控制，首先要牢固树立起成本意识的概念。虽然降低施工成本的重点不在人而在于物，但是如果施工人员素质低、成本概念模糊或淡薄，必然会导致行动的错位、劳动生产率低下，最终会使效益白白地流失。其次，依据施工组织设计、施工进度计划的安排，月初依据工序要求合理做出用工计划数量，并将安全生产、文明施工及零星用工按 5% ～ 10% 的比例一起包给班组，进行包干控制，结合市场人工单价计算出本月的人工费控制指标。最后，从用工数量方面进行成本控制，在施工过程中依据工程分部分项内容，对每天用工数量连续记录，完成一个分项工程后，与清单报价中的用工数量进行对比，找出存在的问题，采取相应的措施，对控制指标加以修正。每月完成几个工程分项后都同清单报价中的用工数量对比，考核控制指标完成情况。通过这种控制对比节约了用工数量，就意味着降低了人工费的支出。

5.5.3　科学控制材料费

材料费一般占全部工程项目成本的65%～75%，直接影响工程成本和经济效益。材料费控制包括材料订购、材料价格和材料用量控制三个方面内容。

5.5.3.1　材料订购

材料订购方面，应考虑资金的时间价值，减少资金占用，合理确定进货批量和批次，尽可能降低材料储备。比如按照价值工程理论采用ABC分析法将公司的所有材料成本按金额从大到小的顺序排列起来，分为ABC三大类，A类进行重点控制，B类实行一般控制，而C类只需采取简单的控制方法即可。不同类型材料采用不同的采购原则、领料制度。

5.5.3.2　材料价格

材料价格控制包括买价控制、运费控制。作为施工方，为了控制工程成本，应主动走向市场，了解市场，了解、比较多家材料供应商的产品质量和价格，筛选出几家质优、价廉的材料、设备供应商，并与这些供应商建立长期的联系，及时了解材料、设备的价格变化情况；同时也应适时掌握周边商家的材料、设备价格情况，从而能较好地控制材料、设备的质量和价格，降低工程造价。同时，要合理组织运输，尽可能就近购料，选用最经济的运输方法，降低运输成本。

5.5.3.3　材料用量控制

材料用量的控制包括图5-6所示几个要点。

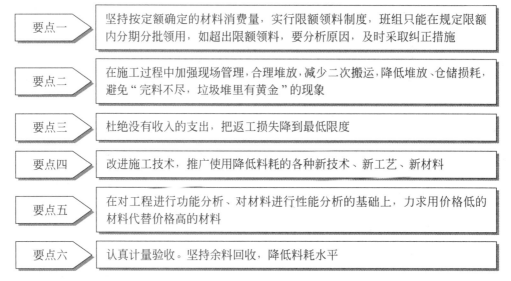

图5-6　材料用量的控制要点

另外，周转材料用量要根据支模方案、脚手架搭设方案，按照施工进度和进度计划，准确计算所需材料的规格、数量，避免因班组或项目部对周转材料使用规格、数量、时间计算不准，审核不严，造成现场窝工、停工。同时提高周转材料的使用次数，鼓励分包班组合理使用旧方木、旧模板，减少周转材料的丢失及损坏。

5.5.4 合理控制机械费

机械使用费约占建筑产品成本的5% ～ 8%，机械费控制指标，主要是根据工程量清单报价数量参考定额计算出各类机械的使用台班数。要充分利用现有机械设备进行内部合理调度，力求提高机械利用率。在设备选型配套中，注意一机多用，减少设备维修养护人员的数量和设备零星配件的费用。同时，施工机械的完好率和施工机械的工作效率直接关系到机械费的高低。因此，在施工过程中应做好每天的工作日记，采用了什么机械，用了多长时间，在此期间是否存在维修等。如存在现场停电超过合同规定的时间，最好当天同业主作好现场签证记录，月初依据计划量进行控制，月末应把实际使用台班数同控制台班数进行对比，分析发生的原因，制定出相应对策，以降低各项费用。

5.5.5 制定合理工期

工程的成本与工期直接相关，而且是随着工期的变化而变化的。成本-工期抉择模型（图5-7）就是要解决工程工期和成本预算的问题。

工程建设的直接成本（物料成本、人工成本等）与工期之间存在一定的对应关系。周期越短，因加快施工而增加的直接成本越多；相反，周期延长，正常施工的程度就会降低，工程直接成本也越低。将这种关系表示在工期-成本图中，就可得到一条直接成本曲线。间接成本包括管理费、贷款利息及其他随项目工期成正比的支付款项。将间接成本与工期的关系展示于工期-成本图中，

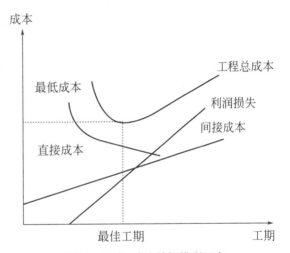

图5-7 工期-成本抉择模型示意

得到一条直线。在权衡工程工期和工程成本时，有一个容易被忽视的因素，就是利润损失。建筑工程的成本目标是盈利，提前建成提前收益，工期推迟则造成利润损失。所以，利润损失并不是实际发生的支付款项，是工期超过最短期限后造成的收入减少。在上述的工期-成本图中，利润损失也是一条直线。

制定合理工期是控制施工项目成本的关键。在合理工期下，项目成本支出较低。工期比合理工期提前或拖后都意味着工程成本的提高。影响进度和工期的因素很多，如人为因素、技术因素、材料和设备因素、气候因素、环境因素等。为了使这些因素转化为对进度工期有利因素，所采取的一些技术措施又势必对质量、成本产生影响。因此，在安排工期时，要注意处理工期与质量、成本的辩证统一关系，组织连续、均衡有节奏的施工，以求在合理使用资源的前提下，保证工期，降低成本。

5.5.6 优化现场管理

对于施工企业来说，现场管理是其生产经营活动的基础。同时，它也是企业整体管理工作中最重要的组成部分。从某种意义上说，现场管理优化水平，代表了企业的管理水平，也

是施工企业生产经营建设的综合表现。优化现场管理必须遵循经济效益原则、科学合理原则和标准化规范化原则，采用"5S"现场管理法，从根本上提高施工现场的生产和工作效率以及管理效益，从而建立起一个科学而规范的现场作业秩序，最终达到控制成本的目的。

5.5.7 加强质量管理

工程质量是指工程能够满足客户需求的特性与指标。显然，工程所要求的质量越高，所需要的成本自然越高。另外，一个工程的实现过程就是工程质量的形成过程，在这过程中为达到质量的要求，还需开展两个方面的工作：其一是质量的检验与保障工作，其二是质量失败的补救工作。这两项工作都要消耗资源，从而都会产生质量成本。

质量成本包括控制成本和故障成本两个主要方面。控制成本属于质量保证费用，与质量水平成正比关系；故障成本属于损失性费用，与质量水平成反比关系。应该以工程承包合同为标准，确定适宜的质量目标。质量目标定得越高，相应的质量标准也要高，投入也要增大。除树立品牌、扩大知名度工程以外，要仔细研究承包合同的质量要求，恰当把握准合同要求的临界点。

5.5.8 安全就是效益

项目部要树立安全就是效益的观念，积极预防和避免可能发生的安全事故，对安全事故的多发区域时刻监控，减少或避免发生安全事故；要严格执行奖罚制度，使全体员工树立起清醒的安全意识，从源头上消除安全事故隐患。安全工作越好，处理安全事故支出的费用就越少，施工所受的干扰也就越小，因而费用支出也越少。否则，如出现重大安全事故，不仅会给企业带来巨大的损失，也会影响工人的施工情绪，导致劳动生产率下降，施工进度势必受到影响，从而加大施工成本，施工安全直接影响施工项目的成本。

5.5.9 严格合同管理

项目施工合同管理的时间范围应从合同谈判开始，至保修日结束止，尤其加强施工过程中的合同管理，抓好合同管理的攻与守，攻意味着在合同执行期间密切注意己方履行合同的进展效果，以防止被对方索赔。在合同签订后，要做好合同文件的管理工作，合同及补充合同协议及经常性的工地会议纪要、工作联系单等作为合同内容的一种延伸和解释，必须完整保存，同时建立技术档案，对合同执行情况进行动态分析，根据分析结果采取积极主动措施。

5.6 竣工验收阶段的成本控制措施

5.6.1 确保工程顺利交付

重视竣工验收工作及时办理工程结算，干净利落地完成工程竣工扫尾工作，使工程项目顺利交付使用。从现实情况看，很多工程一到扫尾阶段，就把主要施工力量抽调到其他在建工程，以致扫尾工作拖拖拉拉，战线拉得很长；机械、设备无法转移，成本费用照常发生，使在建阶段取得的经济效益逐步流失。因此，一定要精心安排，采取"快刀斩乱麻"的方法，在保证质量的前提下把竣工扫尾时间缩短到最低限度。

5.6.2 建立签证索赔制度

随着工程量清单报价法的实施，施工企业多数抱着低价中标，签证赚钱的思路，所以施工企业要建立签证索赔制度。

5.6.2.1 签证与索赔的特征及关系

（1）签证。 签证是合同履行中，双方对质量变化、设计变更、工期增减、价款调整等事实意思一致而达成的协议。主要特征如图5-8所示。

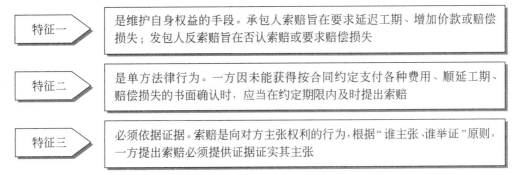

特征一 是意思表示一致的产物。一方提出签证要约，另一方给予承诺，双方意思表示一致，其法律后果是确认事实或者变更合同

特征二 是主张权利的凭据。承包人凭借签证，可以要求对方延迟工期、增加价款或赔偿损失，否则索赔无据

特征三 是常规行为。承包人欲实现盈利必须坚持"低中标、勤签证、高索赔"策略，开工迟延、设计变更、工程价款调整等事实经常发生，签证亦应同时进行

图5-8 签证的主要特征

（2）索赔。索赔是在合同履行过程中，对于并非自己过错，而是应由对方承担责任的情形所造成的损失，向对方提出经济补偿和（或）工期顺延等要求。主要特征如图5-9所示。

特征一 是维护自身权益的手段。承包人索赔旨在要求延迟工期、增加价款或赔偿损失；发包人反索赔旨在否认索赔或要求赔偿损失

特征二 是单方法律行为。一方因未能获得按合同约定支付各种费用、顺延工期、赔偿损失的书面确认时，应当在约定期限内及时提出索赔

特征三 必须依据证据。索赔是向对方主张权利的行为，根据"谁主张、谁举证"原则，一方提出索赔必须提供证据证实其主张

图5-9 索赔的主要特征

签证是意思表示达成一致的双方行为；索赔是主张未得到认可，而向对方行使权利的单方行为。签证是确认或变更事实，旨在固定证据，为索赔成功奠定基础；索赔是主张权利行为，依靠签证形成的证据支持。签证贯穿合同始终，是"面"上工作，故要勤签证；索赔是发生争议时行使权利的行为，是"点"上工作，故要精索赔。

5.6.2.2 应当签证的常见情形

从签证目的出发，合同履行之中所有发生工期延误、价款调整或损失发生的情形均应当提请签证，主要包括但不限于表5-2所列情形。

表5-2　应当签证的常见情形

序号	情形	说明
1	开工延期的签证	发包人提供原材料、设备、场地、资金、施工图纸、技术资料迟延导致开工延期，承包人应当及时提请签证
2	工期延误的签证	造成工期延误的事实包括： （1）发包人未能按专用条款的约定提供图纸及开工条件 （2）未能按约定日期支付工程预付款、进度款，致使施工不能正常进行 （3）工程师未按合同约定提供所需指令、批准，致使施工不能正常进行 （4）设计变更和工程量增加 （5）一周内非承包人原因停水、停电、停气造成停工累计超过8小时 （6）不可抗力 （7）专用条款中约定或工程师同意工期顺延的其他情况
3	价款调整的签证	可导致工程价款增加的情形包括工程量增加、质量标准提高、工程设计变更、施工条件变更、固定价可调条件等
4	窝工、停工损失的签证	包括发包人未及时检查隐蔽工程，因发包人原因停建、缓建和返工，发包人未提供施工协助以及工程师指令错误或迟延等造成窝工停工的情形
5	工程量确认的签证	采用工程量清单报价的，工程款是单价与工程量的乘积，故承包人应当按照专用条款约定每月向工程师提交已完成的工程量报告。确认工程量意味着确认价款，对结算价款和解决争议无不有益

5.6.2.3　索赔的种类

通常情况下，施工过程中的索赔主要分两类：工期索赔、费用索赔。

（1）工期索赔　当工程因不可抗拒的因素造成延误时，施工方都可以索赔工期。在索赔工期时，一种是不涉及费用的索赔，如恶劣的气候影响等，发生这种情况，既不是业主的责任又不是承包商的责任，只能索赔工期延长而不附带任何费用；另一种工期索赔是施工方既要求延长工期，又要求对工期延误造成的损失给予偿付，即附带费用的工期索赔。这两种形式有时分别进行索赔，有时又可能混在一起，也就是说，承包商可以既要求延长工期又要求赔偿损失。通常，施工方要求延长工期的主要理由有以下几点。

① 由于工程变更造成额外的工作。

② 由于不可抗力造成的工程损坏需要修复。

③ 恶劣的天气的影响。

④ 业主拖延了施工现场的移交。

⑤ 一些意外的原因（非承包商原因）使工程所需的材料、设备未能及时到货。

⑥ 有组织的工人动乱和罢工。

⑦ 业主指定分包的延误。

由于上述原因造成了工期的拖延，如果承包商提出索赔要求，就有可能获得工期补偿，但是工期补偿并不意味就必然伴随着费用的补偿，只有那些由于业主本身造成的工期延误才有可能获得费用补偿。

在工程施工中，常常会发生一些未能预见的干扰事件使预定的施工不能顺利进行，造成工期延长，这对合同双方都会造成损失。施工单位提出工期索赔的目的通常有两个：一是免去或推卸自己对已产生的工期延长的合同责任，使自己不支付或尽可能不支付工期延长的罚款；二是进行因工期延长而造成的费用损失的索赔。

对已经产生的工期延长，建设单位一般采用两种解决办法：一是不采取加速措施，工程仍按原方案和计划实施，但将合同期顺延；二是指施工单位采取加速措施，以全部或部分弥补已经损失的工期。如果工期延缓责任不是由施工单位造成，而建设单位已认可施工单位工期索赔，则施工单位还可以提出因采取加速措施而增加的费用索赔。

工期索赔一般采用分析法进行计算，其主要依据合同规定的总工期计划、进度计划，以及双方共同认可的对工期修改文件、调整计划和受干扰后实际工程进度记录。如施工日记、工程进度表等，施工单位应在每个月底以及在干扰事件发生时，分析对比上述资料，以发现工期拖延以及拖延原因，提出有说服力的索赔要求。

要提出一个适合的工期索赔是一件很复杂的事情，除了施工方应做好详细的施工记录、建立完整的施工档案资料，甚至工程师在现场的口头指令，都应该做出完整的记录和确认，一旦发现工程延误是不可避免时，就应该立即通知建筑师或业主。即使施工方找到了种种理由，可以证明工程的拖延是合理的，但作为施工方而言，应尽量避免工期延误，这一方面可以降低施工方成本的消耗，最大限度地实现预定利润，而最主要的是通过按期或提前竣工，提高施工方的社会信誉，为下一步承接更多的工程项目打下基础。

（2）费用索赔。费用索赔以补偿实际损失为原则，而实际损失包括直接损失和间接损失两个方面。其中要注意的是，索赔对建设单位不具有任何惩罚性质。因此，所有干扰事件引起的损失以及这些损失的计算，都应有详细的具体证明，并在索赔报告中出具这些证据。没有证据，索赔要求不能成立。

承包商可索赔费用的项目

根据国际咨询工程师联合会（FIDIC）的《土木工程施工合同条件》（国际通用），承包商可索赔费用的项目主要有以下内容。

（1）组成合同的多项文件有差异或含糊，而工程师发出指示解释或修正。

（2）工程师在合理的时间内，未曾或不能发出承包商所要求的图纸和指示。

（3）意外发生了不可预见的自然情况和人为障碍。

（4）根据工程师或其代表提供的错误的数据进行放线。

（5）根据工程师的指令钻孔或挖深坑。

（6）对意外风险引起的损坏修理和恢复。

（7）遵守法令或法规已支付的费用。

（8）在现场发现化石、钱币、有价值的物品或文物、建筑结构及具有地质或考古学价值的其他遗迹或物品。

（9）承包商为运输建筑机具设备或工程预制构件而保护或加固公路或桥梁。

（10）按工程师书面要求，承包商提供给其他承包商、业主的工人或有关机构当局使用道路、脚手架或设备及其他服务。

（11）要求的样品是合同中没有明确或没有规定提供的。

（12）要求的试验是合同中没有明确或没有规定进行的，且试验表明工程是完好合格的。

（13）工程师指示承包商剥露或凿开工程的任何部分，并发现该部分是符合合同规定的。

（14）命令终止工程并对工程进行维护和安全看管。

（15）按命令终止工程后，持续84天或更长时间未允许再开工，致使工程被视为业主取消该部分工程。

（16）业主未能将要求的现场提供给承包商占用。

（17）按要求进行了修理、修改、重建或校正等工作。

（18）工程变更。

（19）由于增减工程数量或性质致使工程中某项单价或价格变得不合理或不适应，而必须改变单价或价格。

（20）按照整个工程接受证书，发现完成金额比接受标价信函中总额降低量超过15%，使原期望的收益减少，承包商可索赔利润损失。

（21）法规的变化导致承包商在工程实施中增加成本，如调整关税、汇率变化等。

以上所列可以索赔的内容，仅是在施工过程可能发生的一部分，而且大部分都与工期有关；在工程承包索赔时，有些项目索赔仅考虑成本，有些则既考虑成本还要包括承包商的利润；同时，在编制工程承包索赔报告时，要综合考虑上述可索赔的内容，有时，一个单项的索赔可能涉及很多内容，这需要施工方首先应了解施工过程，对在施工过程可能发生的整个内容有一个清晰的认识，运用有关索赔条款综合处理。

特别提示

当工程发生可索赔的项目时，应立即着手进行，而不是将所有索赔放在工程竣工后，如果承包商的单项索赔未能及时解决，随着工程的进展，可能使单项索赔越积越多，这时，由于各项索赔所涉及的面广，影响因素增多，需要的资料繁杂，处理起来将变得非常困难，从而造成因提供的资料不全或数量差异较大，而影响索赔效果。

5.6.2.4　工程承包索赔的注意事项

工程承包索赔需要多方面的知识和实践经验，需要做大量的工作，在实际工作中主要应做好图5-10所示几点事项。

事项一　认真履行合同，建好工程项目

这是索赔成功的前提，如果履约不力，在工期、质量等方面令业主和工程师不满，在这种情况下，即使承包商有足够的理由，索赔也很难成功

事项二 ▷ 熟悉合同文件，充分论证索赔权

要进行索赔，首先要有索赔权，即该项索赔有合同依据。如果没有能力论证索赔权，无论遭受多么大的损失，也无权获得补偿，因此要十分熟悉全部的合同文件，引证合同条款，建立自己的索赔权

事项三 ▷ 采取正确方法，提出合理的要求

在索赔工作中，要树立求实的作风，不要漫天要价。为了获得工期延长，就要用网络技术"关键路线法"来计算工期延长的天数。为了获得经济补偿，最好用"实际费用法"来计算索赔的款额

事项四 ▷ 适时提出索赔要求，编制好索赔文件（报告）

任何索赔要求，都应在合同规定的期限内提出。否则，业主有权不予考虑。这个期限在 FIDIC 合同条件中，规定为"事发后 28 天以内"。索赔文件并不需很庞大，但对索赔权的论证、计价方法和证据等方面，则需要充分而准确

事项五 ▷ 随时申报，力争按月支付

凡发生超出合同范围或意外事态应进行索赔时，均应随时上报，应避免将数项索赔合并提出，使问题复杂化，难以解决。在每月申报工程进度款时，同时报送索赔报告，使工程承包当月发生当月完成

事项六 ▷ 做好公关工作，力争索赔友好协商解决

承包商应善于向工程师和业主解释自己要求补偿的理由，取得他们的谅解；应善于协助工程师做好合同管理工作，争取把所有的工程承包索赔争端在工程师主持下予以解决，能调解就调解，不要轻易诉诸法律

事项七 ▷ 如遇无理拒绝，可以施加压力

工程索赔是合同双方的共同权利。承包商要求索赔是为了获得对自己额外付出的补偿，如业主不按合同办事，无理拒绝时，承包商有权放慢施工速度，暂停施工，甚至通知终止合同

图5-10　工程承包索赔的注意事项

5.6.2.5　索赔的证据

证据，作为索赔文件的一部分，关系到索赔的成败，证据不足或没有证据，索赔是不成立的。

索赔证据的基本要求包括：真实性、全面性、法律证明效力、及时性。索赔证据的种类主要包括以下方面。

（1）招标文件、合同文本及附件。

（2）来往文件、签证及更改通知等。

（3）各种会谈纪要。

（4）施工进度计划和实际施工进度表。

（5）施工现场工程文件。

（6）工程照片。

（7）气象报告。

（8）工地交接班记录。

（9）建筑材料和设备采购、订货运输使用记录等。

（10）市场行情记录。

（11）各种会计核算资料。

（12）国家法律、法令、政策文件等。

5.6.2.6 索赔报告

（1）索赔报告的内容。索赔报告的具体内容，随该索赔事件的性质和特点而有所不同。但从报告的必要内容与文字结构方面而论，一个完整的索赔报告应包括表5-3所示四个部分。

表5-3 完整的索赔报告内容说明

序号	模块	内容及写作说明
1	总论部分	（1）一般包括以下内容：序言、索赔事项概述、具体索赔要求、索赔报告编写及审核人员名单 （2）文中首先应概要地论述索赔事件的发生日期与过程；施工单位为该索赔事件所付出的努力和附加开支；施工单位的具体索赔要求 （3）在总论部分，附上索赔报告编写组主要人员及审核人员的名单，注明有关人员的职称、职务及施工经验，以表示该索赔报告的严肃性和权威性 （4）总论部分的阐述要简明扼要，说明问题
2	根据部分	（1）本部分主要是说明自己具有的索赔权利，这是索赔能否成立的关键 （2）根据部分的内容主要来自该工程项目的合同文件，并参照有关法律规定。该部分中施工单位应引用合同中的具体条款，说明自己理应获得经济补偿或工期延长 （3）根据部分的篇幅可能很大，其具体内容随各个索赔事件的特点而不同。一般地说，根据部分应包括以下内容：索赔事件的发生情况；已递交索赔意向书的情况；索赔事件的处理过程；索赔要求的合同根据；所附的证据资料 （4）在写法结构上，按照索赔事件发生、发展、处理和最终解决的过程编写，并明确全文引用有关的合同条款，使建设单位和监理工程师能历史地、逻辑地了解索赔事件的始末，并充分认识该项索赔的合理性和合法性
3	计算部分	在款额计算部分，施工单位必须阐明下列问题： （1）索赔款的要求总额 （2）各项索赔款的计算，如额外开支的人工费、材料费、管理费和所失利润 （3）指明各项开支的计算依据及证据资料，施工单位应注意采用合适的计价方法。至于采用哪一种计价法，应根据索赔事件的特点及自己所掌握的证据资料等因素来确定。另外，应注意每项开支款的合理性，并指出相应的证据资料的名称及编号

序号	模块	内容及写作说明
4	证据部分	（1）索赔证据资料的范围很广，它可能包括工程项目施工过程中所涉及的有关政治、经济、技术、财务资料，具体可进行如下分类 　① 政治经济资料。重大新闻报道记录如罢工、动乱、地震以及其他重大灾害等；重要经济政策文件，如税收决定、海关规定、外币汇率变化、工资调整等；政府官员和工程主管部门领导视察工地时的讲话记录；权威机构发布的天气和气温预报，尤其是异常天气的报告等 　② 施工现场记录报表及来往函件。监理工程师的指令；与建设单位或监理工程师的来往函件和电话记录；现场施工日志；每日出勤的工人和设备报表；完工验收记录；施工事故详细记录；施工会议记录；施工材料使用记录本；施工质量检查记录；施工进度实况记录；施工图纸收发记录；工地风、雨、温度、湿度记录；索赔事件的详细记录本或摄像；施工效率降低的记录等 　③ 工程项目财务报表。施工进度月报表及收款录；索赔款月报表及收款记录；工人劳动计时卡及工资表；材料、设备及配件采购单；付款收据；收款单据；工程款及索赔款迟付记录；迟付款利息报表；向分包商付款记录；现金流动计划报表；会计日报表；会计总账；财务报告；会计来往信件及文件；通用货币汇率变化等 　（2）在引用证据时要注意该证据的效力或可信程度。为此，对重要的证据资料最好附以文字证明或确认件。例如，对一个重要的电话内容，仅附上自己的记录本是不够的，最好附上经过双方签字确认的电话记录；或附上发给对方要求确认该电话记录的函件，即使对方未给复函，也可说明责任在对方，因为对方未复函确认或修改，按惯例应理解为已经默认

（2）编写索赔报告的一般要求。索赔报告是具有法律效力的正规的书面文件。对重大的索赔，最好在律师或索赔专家的指导下进行。编写索赔报告时应注意图 5-11 所示要求。

要求一	索赔事件应该真实

索赔报告中所提出的干扰事件，必须有可靠的证据证明。对索赔事件的叙述，必须明确、肯定，不包含任何估计的猜测

要求二	责任分析应清楚、准确、有根据

索赔报告应仔细分析事件的责任，明确指出索赔所依据的合同条款或法律条文，且说明施工单位的索赔是完全按照合同规定程序进行的

要求三	充分论证事件造成施工单位的实际损失

索赔的原则是赔偿由事件引起的施工单位所遭受的实际损失，所以索赔报告中应强调由于事件影响，使施工单位在实施工程中所受到干扰的严重程度，以致工期拖延，费用增加；并充分论证事件影响实际损失之间的直接因果关系，报告中还应说明施工单位为了避免和减轻事件影响及损失已尽了最大的努力，采取了所能采用的措施

图 5-11

要采用合理的计算方法和数据，正确地计算出应取得的经济补偿款额或工期延长。计算中应力求避免漏项或重复，不出现计算错误

图5-11 编写索赔报告的一般要求

【他山之石】▶▶▶---

签证、索赔管理办法

一、及时办理签证的情形

1.当出现下列原因时，项目部须及时办理延长工期的签证

（1）增加合同以外的工作，如增加建筑面积、增加工程量、增加合同以外的工作内容等。

（2）业主原因导致停工而引起的工期延期，如施工许可证、规划许可证、征地拆迁未进行、四通一平条件不具备、下发图纸延误或指令错误等。

（3）甲供材料拖延时间、业主违约，第三方与业主纠纷而影响工期等。

（4）因异常恶劣的气候条件或其他不可抗力因素引起的延期。

（5）超过合同工期仍未竣工的，非我方原因必须办理工期顺延签证。

（6）其他不可预见的因素导致工期比合同工期延误的。

2.当发生下列情况，项目部必须及时办理经济签证

（1）增加的工作内容未包含在工程建设合同内。

（2）因设计图纸变更引起我方额外支付费用和延长工期的。

（3）因甲方违约导致我方人力窝工和机械、料具闲置的。

（4）非我方原因造成我方的损失。

（5）甲方提供的机械设备故障，一次性或累计停止运转超过协议约定时间的，也要办理工期顺延签证及相关经济签证。

（6）其他如货币、汇率变化，物价、工资上涨，政策法令变化等原因引起的索赔。

（7）其他超出合同约定的内容。

二、签证办理要求

（1）不论何种签证，必须先由项目经理、技术员、预算员讨论决定，由技术员牵头与业主交涉办理，预算员必须全力提供配合，两者互相补充、互为支持，任何个人不得以任何理由回避或拖延。

（2）签证办理要及时，签证索赔事项发生后3日内必须将有关签证资料发往业主，不可贻误时机。签证类资料须妥善保管，并定期把原件上交公司保存。

（3）签证要有收发文记录，要签明收到签证的日期、收到人。

（4）签证要有时间和编号，要留有签证底稿。

（5）签证上交业主后要及时催促。

（6）由于变更原有结构需要拆除的，要按原设计结构工程量计入取费，拆除部分以估工形式办理签工或签费用，避免只签量不签价。

三、索赔管理办法

1.发生以下情况，应向业主提出索赔

（1）由于建设单位未按合同规定的时间内发出施工所需的图纸和指令，导致我方延误工程进度，或导致费用加大。

（2）由于我方不能预见并被监理确认的不利的自然条件（如山洪暴发、地震等）和人为障碍所造成的额外费用支出。

（3）应甲方或监理要求，钻设工程量清单未列出的探孔或开挖探坑而支付的费用。

（4）由于其他风险（如战争、暴乱等），使工程遭受损坏，按甲方或监理的要求和制定范围，予以修复或修理所支付的费用。

（5）在施工现场发现文物古迹，为处理这些文物而支付的各种费用。

（6）由于运送大型机械设备，而对可能受损的桥梁、道路进行补强加固，并经监理或甲方同意所支付的费用。

（7）按照监理或者甲方要求，向建设单位雇佣在现场工作的人员提供服务所支付的费用。

（8）凡合同未明确规定提供样品进行检验的材料，按监理或甲方要求提供材料样品并进行检验所支付的费用。

（9）已竣工或部分竣工的工程，需经一定的荷载试验或检测方能确定其是否达到设计要求，但是在合同中未明确规定，若监理或甲方要求进行检测或试验，且试验或检测表明已达到设计要求，因此而支付的费用。

（10）监理或甲方批准进入下道工序施工的隐蔽工程，又要求再次进行复检，并且查明工程符合合同或规范要求，并再次将复检部分回复原状，由此而支付的费用。

（11）由于我方违约外的原因，监理或者甲方要求工程全部或者部分暂停施工并采取妥善保护，因此而导致的额外的费用支出。

（12）根据监理或甲方的指令或非我方所能控制的原因，而不能按合同规定的期限内开工所支付的相关费用。

（13）甲方未能根据合同规定，按我方提交监理和甲方的施工进度计划的安排，及时提供施工场地，由此造成延误工期或增加费用。

（14）由于工程合同未包括的额外增加的工程量，或合同规定的非由于我方违约的其他原因而延长工期，并在上述情况发生后7天内向监理或甲方申明理由，经其审查批准。

（15）在工程施工和保修期内，根据监理或甲方要求对工程的缺陷进行调查和维修，而缺陷不是由于我方未遵守合同规定的义务所造成且经监理或甲方确认，由此而支付的费用。

（16）在施工过程中，根据监理或甲方的要求，改变工程任何部分的标高、位置和尺寸，改变合同规定的工作量或质量要求，或增加额外的附加工作，由此而增加的费用支出。

（17）由于特殊风险（如战争、政治动乱、武装起义等）导致工程、已运至现场及现场附近或运往现场途中的为工程所需的材料或已用于及拟用于工程的属于我方的其他财产遭到破坏或损害时，对这些破坏的工程及财产或对其更换、修复所发生的费用；但不包括特殊风险发生以前已由监理或甲方宣布为不合格的工程重建费用。

（18）由于特殊风险或甲方或我方都无法控制的其他情况而导致工程中止合同，我方将施工机械设备撤离现场运至其他目的地所需费用，及我方为该工程所雇职工的遣返费用。

（19）按照合同规定，应人工、材料价格上涨而应增加的费用以及因国家法律或者地方法规变更等导致工程费用的增加。

（20）由于国家或其授权的金融机构变更合同规定支付工程款所用货币的汇率或实行汇兑限额，而使我方造成的损失。

2.提出索赔时须以下列资料作为依据

（1）合同文件中的条款约定。

（2）经监理工程师认可的施工进度计划。

（3）合同履行过程中的来往函件。

（4）施工现场记录。

（5）施工会议记录。

（6）工程资料照片。

（7）监理工程师发布的各种书面指令。

（8）中期支付工程进度款的单据。

（9）检查和试验记录。

（10）汇率检查表。

（11）各类财务凭证。

（12）施工进度计划和实际施工进度表。

（13）气象报告。

（14）工地交接班记录。

（15）建筑材料和设备采购、订货运输使用记录等。

（16）市场行情记录。

（17）国家法律、法令、政策文件。

（18）其他有关资料。

3.索赔工作程序

（1）发出索赔意向通知。索赔事件发生后，项目部应在索赔事件发生后的3天内（或合同约定的天数内）向业主或监理单位递交索赔意向通知，声明将对此事件提出索赔。发文、通知等有关书面文件事项由项目经理必须亲自把关。

（2）提交索赔报告。索赔意向通知提交后的7天内，或监理单位可能同意的其他合理时间，项目部应递送正式的索赔报告。

（3）如果索赔事件的影响持续存在，7天内还不能算出索赔额和工期顺延天数时，项目部应按监理单位合理要求的时间间隔（一般为14天），定期陆续报出每一个时间段内的索赔证据资料和索赔要求。在该项索赔事件的影响结束后的7天内，报出最终详细报告，提出索赔论证资料和累计索赔额。

（4）项目部发出索赔意向通知后，可以在监理单位指示的其他合理时间内再报送正式索赔报告，此情况是在监理单位由于某种原因不能马上处理索赔事件时，但承包人的索赔意向通知必须在事件发生的14天内提出，否则就失去了该事件请求补偿的索赔权利。

4. 索赔报告内容

（1）总论部分。一般包括以下内容：序言；索赔事项概述；具体索赔要求；索赔报告编写及审核人员名单。

文中首先应概要地论述索赔事件的发生日期与过程；我方为该索赔事件所付出的努力和附加开支；我方的具体索赔要求。在总论部分最末，附上索赔报告编写组主要人员及审核人员的名单，注明有关人员的职称、职务及施工经验，以表示该索赔报告的严肃性和权威性。总论部分的阐述要简明扼要，说明问题。

（2）根据部分。本部分主要是说明自己具有的索赔权利。

根据部分的内容主要来自该项目的合同文件，并参照有关法律规定。该部分中施工单位应引用合同中的具体条款，说明自己理应获得经济补偿或工期延长。

根据部分应包括以下内容：索赔事件的发生情况；已递交索赔意向书的情况；索赔事件的处理过程；索赔要求的合同根据；所附的证据资料。

在写法结构上，按照索赔事件发生、发展、处理和最终解决的过程编写，并明确全文引用有关的合同条款，使建设单位和监理工程师能历史地、逻辑地了解索赔事件的始末，并充分认识该项索赔的合理性和合法性。

（3）计算部分。在款额计算部分，必须阐明下列问题。

① 索赔款的要求总额。

② 各项索赔款的计算，如额外开支的用工费、材料费、管理费和利润损失。

③ 指明各项开支的计算依据及证据资料，应注意采用合适的计价方法。应根据索赔事件的特点及自己所掌握的证据资料等因素来确定采用哪一种计价法，并且应注意每项开支款的合理性，并指出相应的证据资料的名称及编号。不允许采用笼统的计价方法和不实的开支款额，因为本来索赔就很困难。

（4）证据部分。证据部分包括该索赔事件所涉及的一切证据资料，以及对这些证据的说明。

索赔证据资料具体可进行如下分类。

① 政治经济资料。重大新闻报道，如罢工、动乱、地震以及其他重大灾害等；重要经济政策文件，如税收决定、海关规定、外币汇率变化、工资调整等；政府官员和工程主管部门领导视察工地时的讲话记录；权威机构发布的天气和气温预报，尤其是异常天气的报告等。

② 施工现场记录报表及来往函件。监理工程师的指令；与建设单位或监理工程师的来往函件和电话记录；现场施工日志；每日出勤的工人和设备报表；完工验收记录；施工事故详细记录；施工会议记录；施工材料使用记录本；施工质量检查记录；施工进度实况记录；施工图纸收发记录；工地风、雨、温度、湿度记录；索赔事件的详细记录本或摄像；施工效率降低的记录等。

③ 项目财务报表。施工进度月报表及收款记录；索赔款月报表及收款记录；工人劳动计时卡及工资表；材料、设备及配件采购单；付款收据；收款单据；工程款及索赔款

迟付记录；迟付款利息报表；向分包商付款记录；现金流动计划报表；会计日报表；会计总账；财务报告；会计来往信件及文件；通用货币汇率变化等。

在引用证据时，要注意该证据的效力或可信程度。为此，对重要的证据资料最好附以文字证明或确认件。

对重要的内容，仅附上自己的记录本是不够的，最好附上经过双方签字确认的记录；或附上发给对方要求确认该内容的函件，即使对方未给复函，亦可说明责任在对方，因为对方未复函确认或修改，按惯例应理解为他已默认，这些都是重要的法律依据。

5.办理签证与索赔的要求

各类签证、发文（如工程签证单、工作联系单）须具备如下几个特性。

① 逻辑性和针对性——文字和内容要有逻辑性和针对性。

② 准确性——必须如实反映客观真实，理由充分，用词准确。

③ 合法性——应根据合同约定或甲方、监理的指令、变更，正确书写，并对发送时间都要合乎合同约定或法律约定。

④ 完整性。

5.6.3　完善工程资料

及时办理工程结算，在验收以前，要求相关人员准备好验收所需要的各种资料（包括竣工图，送甲方备查；对验收中甲方提出的意见，应根据设计要求和合同内容认真处理，如果涉及费用，应请甲方签证，列入工程结算）。一般来说，工程结算造价按原施工图预算的基础上增或减。但在施工过程中，有些按实结算的经济业务，是由财务部门直接支付的，项目预算员不掌握资料，往往在工程结算时遗漏。因此，在办理工程结算以前，要求项目预算员和成本员进行一次认真全面的核对。

5.6.4　合理控制保修期间费用

在工程保修期间，应由项目经理指定保修工作的责任者，并责成保修责任者根据实际情况做出保修计划（包费用计划），以此作为控制保修费用的依据。

第6章
施工质量管理

引言

　　在工程项目实施过程中，作为项目建设的主要承担者，施工方面临着较多的工作任务和管理内容。而其中，主要的管理工作体现在四个方面，即进度管理、质量管理、费用管理、安全管理。其中，作为工程项目本身作用发挥的重要支撑，工程项目的质量具有十分重要的意义，因此，需要项目施工方能够加强对质量的管理，以保证工程的建设质量能够满足要求。

6.1 质量的控制原则、内容与方法

建筑施工是把设计蓝图转变成工程实体的过程，也是最终形成建筑产品质量的重要阶段。因而，施工阶段的质量控制自然就成为提高工程质量的关键。那么，怎样才能搞好项目的质量控制呢？

6.1.1 施工质量控制的原则

施工质量控制应遵循图6-1所示原则。

原则一　　坚持"质量第一，用户至上"原则

建筑产品是一种特殊商品，使用年限长，相对来说购买费用较大，直接关系到人民生命财产的安全。所以，工程项目施工阶段，必须始终把"质量第一，用户至上"作为质量控制首要原则

原则三　　坚持"以人为核心"原则

人是质量的创造者，质量控制必须把人作为控制的动力，调动人的积极性、创造性，增强人的责任感，提高人的质量意识，减少甚至避免人的失误，以人的工作质量来保证工序质量，促进工程质量的提高

原则三　　坚持"以预防为主"原则

以预防为主，就是要从对工程质量的事后检查转向事前控制、事中控制；从对产品质量的检查转向对工作过程质量的检查、对工序质量的检查、对中间产品（工序或半成品、构配件）的检查。这是确保施工项目质量的有效措施

原则四　　坚持"用质量标准严格检查，一切用数据说话"原则

质量标准是评价建筑产品质量的尺度，数据是质量控制的基础和依据。产品质量是否符合质量标准，必须通过严格检查，用实测数据说话

原则五　　坚持"遵守科学、公正、守法"的职业规范

建筑施工企业的项目经理、技术负责人在处理质量方面的问题时，应尊重客观事实，尊重科学，正直、公正，不持偏见；遵纪守法，杜绝不正之风；既要坚持原则、严格要求、秉公办事，又要谦虚谨慎、实事求是、以理服人

图6-1　施工质量控制的原则

6.1.2　施工项目质量控制的内容

有许多因素直接或间接地影响工程质量，但归纳起来主要有五个方面，即人（Man）、材料（Material）、机械（Machine）、方法（Method）和环境（Environment），简称为4M1E因素（如图6-2所示）。所以，施工质量的控制内容也就是对4M1E进行控制。

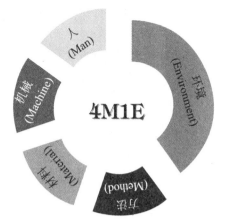

图6-2　影响工程质量的4M1E

6.1.2.1　对人（Man）的控制

人，是指直接参与施工的组织者、指挥者和具体操作者。对人的控制就是充分调动人的积极性，发挥人的主导作用。为此，除了加强政治思想教育、劳动纪律教育、专业技术和安全培训，健全岗位责任制、改善劳动条件外，还应根据工程特点，从确保工程质量出发，在人的技术水平、生理缺陷、心理行动、错误行为等方面来控制对人的使用。

（1）对技术复杂、难度大、精度要求高的工序，应尽可能地安排责任心强、技术熟练、经验丰富的工人完成。

（2）对某些要求万无一失的工序，一定要分析操作者的心理活动，稳定人的情绪。

（3）对具有危险源的作业现场，应严格控制人的行为，严禁吸烟、嬉戏、打闹等。

（4）严禁无技术资质的人员上岗作业。

（5）对不懂装懂、碰运气、侥幸心理严重的或有违章行为倾向的，应及时制止。

总之，只有提高人的素质，才能确保建筑新产品的质量。

6.1.2.2　对材料（Material）的控制

对材料的控制包括对原材料、成品、半成品、构配件等的控制，就是严格检查验收、正确合理地使用材料和构配件等，建立健全材料管理台账，认真做好收、储、发、运等各环节的技术管理，避免混料、错用和将不合格的原材料、构配件用到工程上去。

6.1.2.3　对机械（Machine）的控制

包括对所有施工机械和工具的控制。要根据不同的工艺特点和技术要求，选择合适的机械设备，正确使用、管理和保养机械设备，要建立健全"操作证"制度、岗位责任制度、"技术、保养"制度等，确保机械设备处于最佳运行状态。如施工现场进行电渣压力焊接长钢筋，按规范要求必须同心，如因焊接机械达不到要求，就应立即更换或维修后再用，不要让机械设备或工具带病作业，以免给所施工的环节埋下质量隐患。

6.1.2.4　对方法（Method）的控制

主要包括对施工组织设计、施工方案、施工工艺、施工技术措施等的控制，应切合工程实际，能解决施工难题，技术可行，经济合理，有利于保证工程质量、加快进度、降低成本。选择较为适当的方法，使质量、工期、成本处于相对平衡状态。

6.1.2.5 对环境（Environment）的控制

影响工程质量的环境因素较多，主要有技术环境，如地质、水文、气象等；管理环境，如质量保证体系、质量管理制度；劳动环境，如劳动组合、作业场所、工作面等。环境因素对工程质量的影响，具有复杂而多变的特点，如气象条件就千变万化，温度、湿度、大风、严寒酷暑都直接影响工程质量；又如，前一工序往往就是后一工序的环境。因此，应对影响工程质量的环境因素采取有效的措施予以严格控制，尤其是施工现场，应建立文明施工和安全生产的良好环境，始终保持材料堆放整齐、施工秩序井井有条，为确保工程质量和安全施工创造条件。

6.1.3 施工项目质量控制的方法

施工项目质量控制的方法，主要是审核有关技术文件、报告和直接进行现场检查或必要的试验等。

6.1.3.1 审核有关技术文件、报告或报表

技术文件、报告、报表的审核，是项目经理对工程质量进行全面控制的重要手段，其具体内容有以下几方面。

（1）审核有关技术资质证明文件。

（2）审核开工报告，并经现场核实。

（3）审核施工方案、施工组织设计和技术措施。

（4）审核有关材料、半成品的质量检验报告。

（5）审核反映工序质量动态的统计资料或控制图表。

（6）审核设计变更、修改图纸和技术核定书。

（7）审核有关质量问题的处理报告。

（8）审核有关应用新工艺、新材料、新技术、新结构的技术鉴定书。

（9）审核有关工序交接检查，分项、分部工程质量检查报告。

（10）审核并签署现场有关技术签证、文件等。

6.1.3.2 现场质量检查

（1）现场质量检查的内容。现场质量检查的主要内容如表6-1所示。

此外，还应经常深入现场，对施工操作质量进行巡视检查，必要时，还应进行跟班或追踪检查。

（2）现场质量检查的方法。现场进行质量检查的方法有目测法、实测法和试验法三种。

① 目测法。目测法的手段可归纳为"看、摸、敲、照"四个字，如图6-3所示。

② 实测法。实测法就是通过实测数据与施工规范及质量标准所规定的允许偏差对照，来判别质量是否合格。实测检查法的手段，也可归纳为"靠、吊、量、套"四个字，如图6-4所示。

③ 试验法。试验法是指必须通过试验手段，才能对质量进行判断的检查方法，主要包括两种方法，如图6-5所示。

表6-1　现场质量检查的主要内容

序号	检查内容	说明
1	开工前检查	目的是检查是否具备开工条件，开工后能否连续正常施工，能否保证工程质量
2	工序交接检查	对于重要的工序或对工程质量有重大影响的工序，在自检、互检的基础上，还要组织专职人员进行工序交接检查
3	隐蔽工程检查	凡是隐蔽工程均应检查认证后方可进行下一道工序的施工
4	停工后、复工前的检查	因处理质量问题或某种原因停工后需复工时，也应经检查认可后方可复工
5	分项、分部工程完工检查	分项、分部工程完工后，应经检查认可、签署验收记录后，才可进行下一工程项目施工
6	成品保护检查	检查成品有无保护措施，或保护措施是否可靠

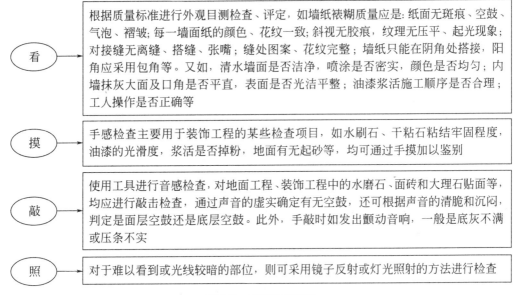

图6-3　目测法的手段

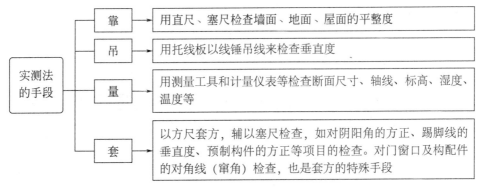

图6-4　实测法的手段

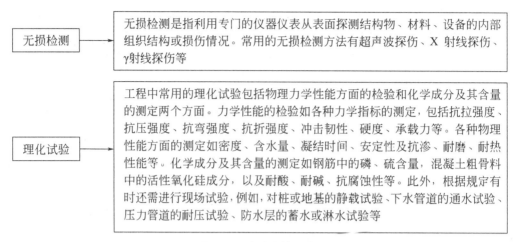

图6-5 试验法的形式

6.2 施工质量控制的三个阶段

施工阶段的质量控制是一个对投入资源和条件的质量控制（即施工项目的事前质量控制），进而对施工生产过程以及各个环节质量进行控制（即施工项目的事中质量控制），直到对所完成产品的质量检验与控制（即施工项目的事后质量控制）为止的全过程的系统控制过程。

6.2.1 事前质量控制

事前质量控制是指在正式施工前进行的质量控制，其控制重点是做好施工准备工作，且施工准备工作要贯穿于施工全过程。

6.2.1.1 施工准备的范围

施工准备的范围如表6-2所示。

表6-2 施工准备的范围

序号	类别	准备范围
1	全场性施工准备	以整个项目施工现场为对象而进行的各项施工准备
2	单位工程施工准备	以一个建筑物或构筑物为对象而进行的施工准备
3	分项（部）工程施工准备	以单位工程中的一个分项（部）工程或冬、雨期施工为对象而进行的施工准备
4	项目开工前的施工准备	在拟建项目正式开工前所进行的一切施工准备
5	项目开工后的施工准备	在拟建项目开工后，每个施工阶段正式开工前所进行的施工准备，如混合结构住宅施工，通常分为基础工程、主体工程和装饰工程等施工阶段。每个阶段的施工内容不同，其所需的物质技术条件、组织要求和现场布置也不同，因此，施工单位必须做好相应的施工准备

6.2.1.2　施工准备的内容

施工准备的内容包括四个方面，如图6-6所示。

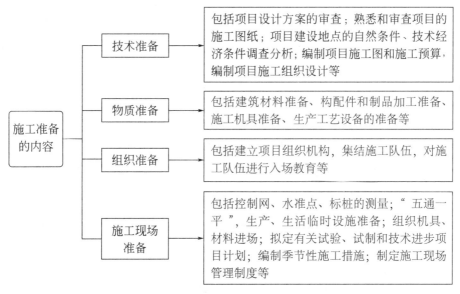

施工准备的内容		
	技术准备	包括项目设计方案的审查；熟悉和审查项目的施工图纸；项目建设地点的自然条件、技术经济条件调查分析；编制项目施工图和施工预算，编制项目施工组织设计等
	物质准备	包括建筑材料准备、构配件和制品加工准备、施工机具准备、生产工艺设备的准备等
	组织准备	包括建立项目组织机构，集结施工队伍，对施工队伍进行入场教育等
	施工现场准备	包括控制网、水准点、标桩的测量；"五通一平"，生产、生活临时设施准备；组织机具、材料进场；拟定有关试验、试制和技术进步项目计划；编制季节性施工措施；制定施工现场管理制度等

图6-6　施工准备的内容

6.2.2　事中质量控制

事中质量控制是指施工过程中进行的控制，是质量控制的重点阶段。

6.2.2.1　事中质量控制的主要内容

事中质量控制主要包括以下内容。

（1）加强施工工艺的管理。严格按照施工工艺标准和操作规程施工，加强施工过程中的工序控制，做到工序交接有检查，质量预控有对策，配制材料有试验，技术交底有措施。

（2）加强施工过程中的中间检查和技术复核，特别是关键部位的检查复核，及时做好隐蔽工程的质量检查和验收，并做好验收记录。隐蔽工程未经验收不得进入下道工序施工。

（3）掌握工程质量动态，做好施工记录，对工程质量状况进行综合统计与分析，为工程项目的动态控制提供依据。

（4）做好交工前质量检查和评定工作。当出现质量事故时，要认真分析，找出原因，并采取切实可行的整改措施和对策，将质量整改至合格为止，质量问题未经处理不得进行下道工序。质量处理要有复查，并总结经验，吸取教训，避免重复出现同样的错误。

（5）施工过程中要做好现场的成品保护，成品保护要有措施、有检查。另外，材料供应中的质量控制和保持机具设备的良好状态也是保证工程质量的重要环节。

6.2.2.2　施工过程中的质量控制策略及其具体措施

施工过程中的质量控制策略及其具体措施有以下几方面。

（1）工序交接有检查。

（2）质量预控有对策。

（3）施工项目有方案。

（4）技术措施有交底。

（5）图纸会审有记录。

（6）配制材料有试验。

（7）隐蔽工程有验收。

（8）计量器具有校核。

（9）设计变更有手续。

（10）质量处理有复查。

（11）成品保护有措施。

（12）行使质控有否决。如发现施工质量异常、隐蔽工程未验收、质量问题未处理、擅自变更设计图纸、擅自代换或使用不合格材料、资质审查的操作人员无证上岗等，均应对质量予以否决。

（13）质量文件有档案。凡是与质量有关的技术文件，如水准、坐标位置，测量、放线记录，沉降、变形观测记录，图纸会审记录，材料合格证明、试验报告，施工记录，隐蔽工程记录，设计变更记录，调试、试压运行记录，试车运转记录，竣工图等都要及时编制建档。

6.2.2.3 施工过程质量控制要求

施工过程质量控制要求如表6-3所示。

表6-3 施工过程质量控制要求

序号	控制点	控制要求
1	技术交底	（1）单位工程、分部工程和分项工程开工前，项目技术负责人应向承担施工的专业负责人和施工管理人员进行书面技术交底，技术交底资料应办理书面签字手续并归档 （2）在施工过程中，项目技术负责人对发包人或监理工程师提出的有关施工方案、技术措施及设计变更要求，应在执行前向实施人员进行书面技术交底
2	工程测量	（1）项目开工前应编制测量控制方案，经项目技术负责人批准后方可实施，测量记录应归档保存 （2）在施工过程中，应对测量点、线基准点妥善保护，严禁擅自移动
3	材料	（1）项目经理部应在确保质量的合格材料供应商名录中，按计划招标采购材料、半成品和构配件 （2）材料的搬运和储存应按搬运储存规定进行，并建立台账 （3）项目经理部应对材料、半成品、构配件进行标识 （4）未经检验和已经检验为不合格的材料、半成品、构配件和工程设备等，不得投入使用 （5）对发包人提供的材料、半成品、构配件、工程设备和检验设备等，必须按规定进行检验和验收 （6）监理工程师应对承包人自行采购的物资进行验证
4	机械设备	（1）应按设备进场计划进行施工设备的调配 （2）现场施工机械应满足施工需要 （3）应对机械设备操作人员的资格进行确认，无证或资格不符合者，严禁上岗操作

序号	控制点	控制要求
5	计量器具	计量人员应按规定控制计量器具的使用、保管、维修和检验，计量器具应符合有关规定
6	工序控制	（1）施工作业人员应按规定经考核合格后，持证上岗 （2）施工管理人员及作业人员应按操作规程、作业指导书和技术交底文件进行施工 （3）工序的检验和试验应符合过程检验和试验的规定，对查出的质量缺陷应按不合格控制程序及时处理 （4）施工管理人员应记录工序施工情况
7	特殊过程	（1）对在项目质量计划中界定的特殊过程，应设置工序质量控制点进行重点控制 （2）对特殊过程的控制，除应执行一般过程控制的规定外，还应由专业技术人员编制专门的作业指导书，经项目技术负责人审批后执行
8	工程设计变更	应严格执行设计变更程序，经有关单位批准后方可实施
9	建筑产品或半成品	应采取有效措施妥善保护
10	施工中发生的质量事故	必须按国务院颁发的《建设工程质量管理条例》有关规定处理

6.2.3 事后质量控制

事后质量控制是对施工产品的后期质量进行控制，主要应做好以下工作。

（1）组织联动测试。

（2）准备竣工验收资料，组织自检和初步验收。

（3）按规定的质量验收统一标准和方法对完成的分项、分部工程、单位工程进行质量验收。

（4）组织竣工验收。

（5）发现存在的问题及时给予解决。

（6）在保修期内及时回访用户，了解使用效果，做好使用过程的质量控制。

6.3 建立项目质量管理保证体系

6.3.1 成立质量管理小组

实施建筑工程项目必须建立完善的质量保证体系，实行项目经理质量责任制。项目经理是项目的第一质量责任人，其职责是把好每一道质量关，实现工程既定的质量目标。

6.3.1.1 质量管理小组的成员构成

建筑工程项目应成立工程质量管理小组，项目经理任组长，技术负责人、生产经理任副组长，专业工程师、质量员为小组成员。其组织架构如图6-7所示。

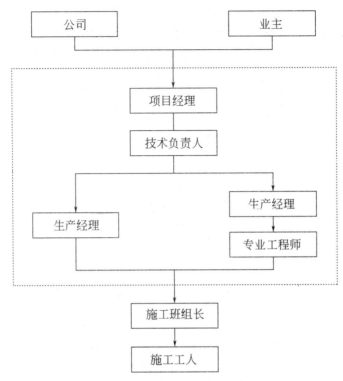

图6-7 质量管理小组的组织架构

6.3.1.2 质量管理小组的工作内容

质量管理小组的工作内容主要有以下方面。

（1）熟悉图纸各环节施工大样、质量标准。

（2）掌握各道工序质量检查的手段。

（3）现场施工巡查。

（4）发现施工质量现象，分析原因，研究对策，总结经验。

（5）做好施工日记。

（6）各施工队长互相交流经验，定期召开施工队长会议。

（7）对各班组交接工序进行检查。

（8）对隐蔽工程进行检查。隐蔽工程检查时，需通知监理方、设计力、甲方、政府质检部门进行隐蔽工程验收，并做好隐蔽验收工程资料的整理。

（9）成品保护的检查。

6.3.2 建立现场施工质量管理制度

想做好建设工程的现场质量控制工作，首先我们要做的是建立一个完善的质量管理机制，制定现场质量管理制度，比如施工质量责任制以及事故报告处理等责任制度，同时也要让这些制度落到实处，实实在在地在真正的工作中得到发挥，使其能发挥真正的监督施工质量的作用。

现场管理制度的组成如图6-8所示。

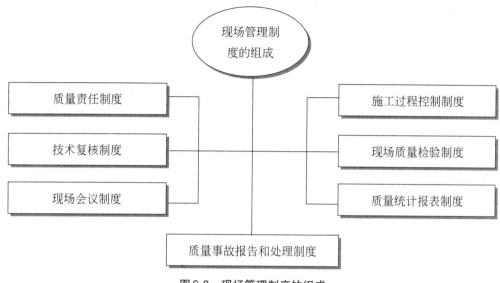

图6-8 现场管理制度的组成

6.3.2.1 质量责任制度

人是工程施工的操作者、组织者和指挥者。人既是控制的动力又是控制的对象；人是质量的创造者，也是不合格产品、失误和工程质量事故的制造者。因此，在整个现场质量管理的过程中，应该以人为中心，建立质量责任制，明确从事各项质量管理活动人员的职责和权限，并对工程项目所需的资源和人员资格做出规定。如表6-4所示。

表6-4 质量责任制度

职责和权限	人员资格
·明确规定工程项目领导和各级管理人员的质量责任 ·明确规定从事各项质量管理活动人员的责任和权限 ·规定各项工作之间的衔接、控制内容和控制措施 ·定期、不定期地检查工程质量控制和质量保证情况，并做出客观的评价	·项目经理、主要领导及专业管理人员应具备必需的专业技能和领导素质 ·根据项目规模，配备专职的经过培训的质量检查员 ·施工管理人员、班组长、操作人员应具备相应的管理业务水平和技术操作能力 ·关键、特殊岗位人员必须持证上岗

6.3.2.2 技术复核制度

（1）建立严格的技术管理体系。针对工程的特点，选派施工管理能力强、技术专业性高、施工经验丰富、工作责任心强的人员组成现场技术管理体系，主要解决施工过程中遇到的技术性问题，严格控制工程施工质量。施工技术人员在分项工程施工前，按照施工方案向施工班组进行详细的技术交底并精心组织施工，以此来保证工程的顺利进行。

（2）施工过程技术控制。施工前，认真组织各专业技术人员，熟悉掌握图纸和进行专业技术图纸会审，进行设计交底、施工技术交底。在分部分项工程施工中，每进行一道工序，经检查验收不合格的，不准进行下道工序，对操作人员先进行技术交底，用简单明确的文字构成施工任务单，发给各操作人员后再施工。

必须严格遵守技术复核制度，对建筑物的方位、标高、高度、轴线、图纸尺寸、误差等做复核记录，经复核无误后再进行资料存档管理。

认真做好每项技术复核和隐蔽工程验收工作，实行混凝土浇灌令签证制度，没有工程技术负责人、监理和有关工长、质检员签字，不准进入下一道工序。隐蔽工程施工时，质量检查人员、专业技术负责人和专职质量检查员必须共同进行监督，确保工程顺利进行。

专门负责设备安装技术工作的人员，要求在现场办公，处理问题不过夜，实行层层负责、层层交底制度，对施工工艺和特殊施工技术的要求和注意事项，给各班组交代清楚。对涉及修改、质量问题，必须征得建设（监理）单位、设计单位的同意，针对此问题制定出可靠的技术措施。

6.3.2.3 现场会议制度

施工现场必须建立、健全和完善现场会议制度，及时分析、通报工程质量状况，并协调有关单位间的业务活动，通过现场会议制度实现建设（监理）单位和施工单位现场质量管理部门之间以及施工现场各个专业施工队之间的合理沟通，确保各项管理指令传达的畅通，最终使施工的各个环节在相应管理层次的监督下有序进行。现场会议制度能够使建设项目的各方主体得到有效的沟通，使施工在受控状态下进行，最终达到各个相关方的满意。

6.3.2.4 施工过程控制制度

由于工程实物质量的形成过程是一个系统的过程，所以施工阶段的质量控制也是一个由对投入原材料的质量控制开始，直到工程完成、竣工验收为止的全过程的系统控制过程。

质量控制的范围包括对参与施工的人员的质量控制，对工程使用的原材料、构配件和半成品的质量控制，对施工机械设备的质量控制，对施工方法和方案的质量控制，对生产技术、劳动环境、管理环境的质量控制等。

在对施工全过程质量控制的原则中，也包含了对工程质量问题"预防为主"的内容，即事先分析在施工中可能产生的质量问题，提出相应的对策和措施，将各种隐患和问题消除在产生之前或萌芽状态。

6.3.2.5 现场质量检验制度

工程项目的质量是指工程建设过程中形成的工程项目，应满足用户从事生产、生活所需的功能和使用价值，应符合设计要求和合同规定的质量标准。为了确保工程项目的质量，就要采取一系列的质量监控措施、手段和方法，对工程实体的施工质量进行监控，而通过在施工现场建立并实施严格的质量检验制度，能够最有效地保证工程项目达到规定的质量标准。

6.3.2.6 质量统计报表制度

质量统计报表制度是指对已完成的检验批、分项工程、分部工程的质量评定情况进行统计分析，以施工过程中的监测、测量数据和验收评定结果为依据，通过应用适当的统计方法，对现场的质量情况作出科学的分析，进而为现场质量管理的有效性、产品的符合性以及施工过程的特性和趋势进行揭示，为制定预防措施提供依据，最终实现现场质量管理的持续改进。

严格贯彻实行计量管理各项规章制度。加强施工现场和计量管理工作，督促现场专职计量人员做好计量器具的使用和保管工作。对混凝土、砂浆、灰土等准确计量，以确保工程质量。

6.3.2.7　质量事故报告和处理制度

工程建设过程中，由于设计失误，原材料、半成品、构配件、设备不合格，施工工艺、施工方法错误，施工组织、指挥不当等责任过失的原因造成工程质量不符合规定的质量标准和设计要求，或造成工程倒塌、报废或重大经济损失的事故，都是工程质量事故。

建立和执行质量事故报告和处理制度是指在质量事故发生后由有关人员进行质量事故的识别和评审，分析产生质量事故的原因，并制定处理质量事故的措施，经相应责任部门审核批准后进行处理，并经相关部门复核验收。

6.4　施工技术管理工作的质量控制

6.4.1　进行技术交底

建筑施工企业中的技术交底，是在某一单位工程开工前或一个分项工程施工前，由主管技术领导向参与施工的人员进行技术性交代，其目的是使施工人员对工程特点、技术质量要求、施工方法与质量措施及生产安全等方面有一个较详细的了解，以便科学地组织施工，保证施工质量。

6.4.1.1　技术交底流程

技术交底的流程如图6-9所示。

图6-9　技术交底流程

6.4.1.2　技术交底的具体内容

技术交底的具体内容包括以下几方面。

（1）设计交底。由技术负责人主持，邀请设计人员主讲，施工专业负责人参加，详细介绍图纸设计的要求、工程特点、质量标准。

（2）施工组织设计交底。由项目部技术负责人或专业工程师向各专业工种的班组长进行技术交底。

6.4.1.3　技术交底卡制度

技术交底卡就是使用图表和书面材料，将具体做法、技术要求、施工方法、材料情况和操作规程等进行书面交底，施工班组按图表和书面材料内容施工，避免发生差错。在施工中，施工工人如忘记怎么做时，交底资料就能及时有效地帮助解决问题，做到防患于未然。

6.4.1.4 工序交接卡制度

班组与班组、工种与工种、工序与工序之间需按时进行交接。执行交接制度，便于检查工序，服务下道工序，保护工序成品，明确责任。

6.4.2 设置质量控制点，制定难点解决措施

对技术要求高、施工难度大的某个工序或环节，应设置技术和监理的重点，对操作人员、材料、工具、施工工艺参数和方法均应重点控制。比如楼梯的玻璃扶手、吊灯等，针对质量通病或质量不稳定、易出不合格品的工序，事先采取控制措施。如石材收口节点、卫生间洗手盆收口等做法，由技术部管理人员轮流值班全工序过程控制。

6.5 施工操作的质量控制

在建筑工程的施工质量中，施工操作过程起着决定性作用，所以加强施工过程中施工操作的质量监控相当关键，应从以下措施入手。

6.5.1 建立样板模型做法制度

在采用新工艺或重点区域的大面积施工前，由现场技术人员按施工方案和技术交底以及现行的国家规范、标准，组织安排施工班组进行样板段施工，在施工部位挂牌注明工序名称、施工责任人、技术交底人、操作班长、施工日期等。完成样板段的施工后，请甲方、监理方共同验收，样板通过验收后，方可大面积施工，以便做到统一操作程序，统一施工做法，统一质量验收标准。

6.5.2 实行三检制度

三检制度即自检、互检、交接检，如图6-10所示。

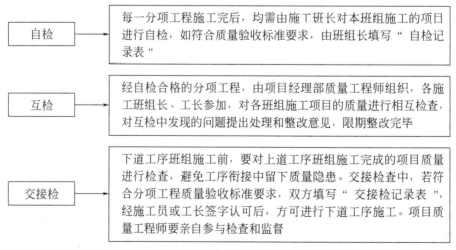

图6-10 三检制度

6.5.3 建立过程监控和巡查制度

施工过程中，应对过程及成品进行监控，并做好相应记录，对可能出现的质量问题应及时检查并采取措施。项目经理、项目工程师、技术员、质量员、主管工长应及时掌握施工质量情况，并逐级认真实施解决。

（1）质量员全天候巡视现场，发现问题马上协助本班组长及时解决，并做好笔录。

（2）项目经理带领班组成员，每天下午下班前对工地当天工程全面巡视一次，发现问题填好"现场问题整改卡"，并交给班组长整改。

（3）对工程重要部位、施工易形成缺陷而难于纠正的部位，技术组或质检部要认真进行全过程监督，轮值当班，保证本工序一次成功。

（4）对质量员的工作要有奖罚制度。出现质量问题的管理员要到项目部做书面检讨，工作成绩显著的管理员要进行表扬和奖励。

6.5.4 分部、分项工程核验制

分项工程质量在班组自检基础上由专业工长组织检验评定，质量员核定；分部工程质量由项目经理部技术负责人组织检查评定，质量员核定；重要部位，如地基与基础、主体结构，由工程施工总承包部组织核定，合格后方可报监督部门核定。其验收制度的流程如图6-11所示。

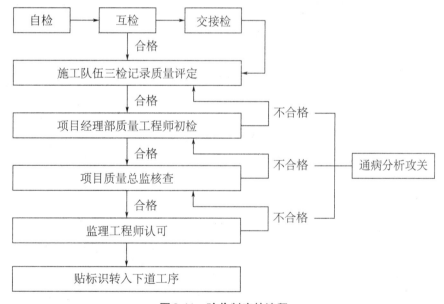

图6-11 验收制度的流程

6.5.5 实行挂牌施工，执行质量奖罚制度

采取班组操作区挂牌、质量与经济效益挂钩的制度。为保证工期、质量和安全，对班组工人操作优秀者给予奖励，不合格者重罚退场。这一措施必将有力地加强班组成员的责任心，保障提高一次交验合格率，保证工期。

图6-12为四种挂牌制度的分类。

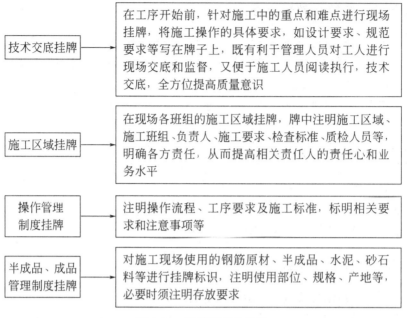

图6-12　挂牌制度的分类

6.5.6　执行质量跟踪制度

对施工中出现的质量问题，必须跟踪监督整改措施的执行和落实情况，直至工程质量整改至合格为止。跟踪工作可按以下程序执行。

（1）查原因、找根源，消除出现质量问题的隐患。

（2）按照责任划分追究相关责任人的责任。

（3）限期整改，检查整改措施的落实情况。

（4）验收结果不达标应重新整改，直至合格为止。

（5）不断总结经验，吸取教训，提高管理水平。

6.5.7　质量事故发生后的处理制度

（1）项目部召集技术人员和施工班组人员共同研讨问题产生的原因。

（2）书面通告事件处理意见，对施工管理人员和班组长进行罚款并要求其做出书面检查。

（3）召集施工队长、班组长的现场会议，以此为鉴，杜绝其余工段发生同类事故，再次强调要确保质量。

6.6　材料质量的控制

材料（含构配件）是工程施工的物质条件，没有材料就无法施工。材料质量是工程质量的基础，材料质量不符合要求，工程质量也就不可能符合标准。所以，加强材料质量的控制，是提高工程质量的重要保证，也是正常施工条件的前提。

6.6.1　材料质量控制的要点

6.6.1.1　掌握材料信息，优选供货厂家

掌握材料质量、价格、供货能力等信息，选择好供货厂家，就可获得质量高、价格低的材料，从而确保工程质量，降低工程造价。这是企业获得良好社会效益、经济效益、提高市场竞争能力的重要因素。

6.6.1.2　合理供应材料，确保施工正常进行

合理、科学地组织材料的采购、加工、储备、运输，制订严密的材料供应计划、调度体系，加快材料的周转，减少材料的占用量，按质、按量、如期地满足建设需要，才是提高供应效益、确保正常施工的关键环节。

6.6.1.3　合理地使用材料，减少材料的损失

正确按定额计量使用材料，加强材料运输、仓储、保管工作，控制材料限额和发放工作，健全现场材料管理制度，避免材料损失、变质，是确保材料质量、节约材料的重要措施。

6.6.1.4　加强材料检查验收，严把材料质量关

（1）用于工程的主要材料，进场时必须具备正式的出厂合格证和材质化验单，如不具备或检验证明有误时，应重做检验。

（2）工程中的所有构件，必须具有厂家批号和出厂合格证。钢筋混凝土和预应力钢筋混凝土构件，均应按规定的方法进行抽样检验。由于运输、安装等原因出现的构件质量问题，应分析研究，经处理鉴定后方可使用。

（3）凡标识不清或认为质量有问题的材料，对质量保证资料有怀疑或与合同规定不符的一般材料，应进行一定比例的材料试验。需要进行追踪检验，以控制和保证其质量的材料均应进行抽检。对于进口的材料设备和重要工程或关键施工部位所用的材料，则应进行全部检验。

（4）材料质量抽样和检验的方法，应符合相关国家标准和行业规范的要求，要能反映该批材料的质量性能。对于重要构件或非匀质的材料，还应酌情增加采样的数量。

（5）在现场配制的材料，如混凝土、砂浆、防水材料、防腐材料、绝缘材料、保温材料等的配合比，应先提出试配要求，经试配检验合格后才能使用。

（6）对进口材料、设备应会同商检局检验，如核对凭证中发现问题，应取得供方和商检人员签署的商务记录，按期提出索赔。

（7）高压电缆、电压绝缘材料要进行耐压试验。

6.6.1.5　要重视材料的使用认证，以防错用或使用不合格的材料

（1）主要装饰材料及建筑配件，应在订货前要求厂家提供样品或看样订货；主要设备订货时，要审核设备清单是否符合设计要求。

（2）必须充分了解材料性能、质量标准、适用范围和施工要求，以便慎重选择和使用材料。如红色大理石或带色纹（红、暗红、金黄色纹）的大理石易风化剥落，不宜用作外装饰；外加剂木钙粉不宜用蒸汽养护；早强剂三乙醇胺不能用作抗冻剂；碎石或卵石中含有不

定性二氧化硅时，将会使混凝土产生碱-骨料反应，使质量受到影响。

（3）凡是用于重要结构、部位的材料，使用时必须仔细核对其材料的品种、规格型号、性能有无错误，是否适合工程特点和满足设计要求。

（4）新材料应用必须通过试验和鉴定，代用材料必须通过计算和充分论证，并且符合结构构造的要求。

（5）材料认证不合格时，不许用于工程中；有些不合格的材料，如过期、受潮的水泥是否降级使用，也需结合工程的特点予以论证，但决不允许用于重要的工程或部位。

6.6.2 材料质量控制的内容

材料质量控制的内容主要有：材料的质量标准、材料的性能、材料取样和试验方法、材料的适用范围和施工要求等。

6.6.2.1 材料的质量标准

材料的质量标准是衡量材料质量的尺度，也是验收、检验材料质量的依据。不同的材料有不同的质量标准，如水泥的质量标准有细度、标准稠度用水量、凝结时间、强度、体积安定性等。掌握材料的质量标准，可以有效地控制材料使用和提高工程质量。如常用的水泥，颗粒越细，水化作用就越充分，强度就越高；初凝时间过短，不能满足施工有足够的操作时间，初凝时间过长，又影响施工进度；安定性不良，会引起混凝土开裂，造成质量事故；强度等级达不到要求，直接危害结构的安全。为此，对水泥的质量控制，就是要检验水泥是否符合质量标准。

6.6.2.2 材料质量的检（试）验

材料质量检验的目的是通过一系列的检测手段，将所取得的材料数据与材料的质量标准相比较，借以判断材料质量的可靠性能否用于工程中，同时，还有利于掌握材料信息。

（1）材料质量的检验方法。材料质量的检验方法有书面检验、外观检验、理化检验和无损检验四种，如图6-13所示。

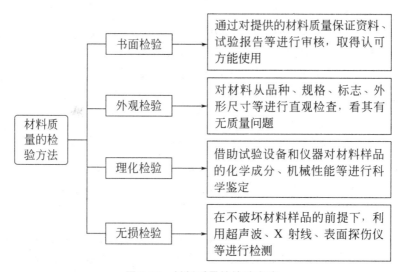

图6-13 材料质量的检验方法

（2）材料质量检验程度。根据材料信息和保证资料的具体情况，其质量检验程度分免检、抽检和全检验三种，如图6-14所示。

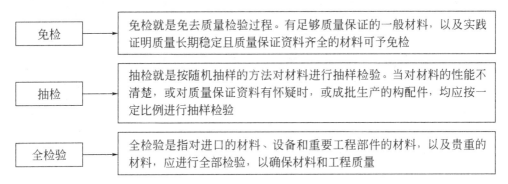

免检	→	免检就是免去质量检验过程。有足够质量保证的一般材料，以及实践证明质量长期稳定且质量保证资料齐全的材料可予免检
抽检	→	抽检就是按随机抽样的方法对材料进行抽样检验。当对材料的性能不清楚，或对质量保证资料有怀疑时，或成批生产的构配件，均应按一定比例进行抽样检验
全检验	→	全检验是指对进口的材料、设备和重要工程部件的材料，以及贵重的材料，应进行全部检验，以确保材料和工程质量

图6-14　质量检验程度

（3）材料质量检验的项目。材料质量检验的项目分为一般试验项目和其他试验项目两种。一般试验项目为通常进行的试验项目，其他试验项目为根据需要进行的试验项目。如水泥，一般要进行标准稠度、凝结时间、抗压和抗折强度检验。

（4）材料质量检验的取样。材料质量检验的取样必须有代表性，即所采取样品的质量应能代表该批材料的质量。在采取试样时，必须按规定的部位、数量及采选的操作要求进行。

（5）材料抽样检验的判断。抽样检验一般适用于对原材料、半成品或成品的质量鉴定。由于产品数量大或检验费用高，不可能对产品逐个进行检验，特别是破坏性和损伤性的检验。通过抽样检验，可判断整批产品是否合格。

（6）材料质量检验的标准。不同的材料有不同的检验项目和不同的检验标准，而检验标准则是用以判断材料是否合格的依据。

例如沥青胶，一般试验项目有耐热度、黏结力和柔韧性三项，而耐热度的确定，又应视屋面坡度和环境温度而定，如屋面坡度为3%～15%，环境温度为38～41℃时，则要求沥青胶的耐热度为70℃（即标号）。在进行耐热度试验时，则将一定配合比的沥青胶以2毫米厚黏合两张油纸，置于温度为70℃、坡度为1∶1的斜面上停放5小时，要求无流淌、滑动现象。黏结力检验是将两张黏合在一起的油纸撕开，其撕开面积要求不大于黏结面积的1/2。柔韧性检验，是以涂有2毫米厚的油纸，在温度为（18±2）℃条件下，围绕直径15毫米的圆棒以25米/分钟的速度弯曲半周无裂痕。

6.6.3　材料的选择和使用要求

材料的选择和使用不当，均会严重影响工程质量或造成质量事故。为此，必须针对工程特点，根据材料的性能、质量标准、适用范围和施工要求等方面进行综合考虑，慎重地选择和使用材料。

例如，储存期超过3个月的过期水泥或受潮、结块的水泥，需重新检定其强度等级，并且不允许用于重要工程中；不同品种、不同强度等级的水泥，由于水化热不同，不能混合使用；硅酸盐水泥、普通水泥因水化热大，适宜冬期施工，而不适宜大体积混凝土工程；矿渣水泥适用于配制大体积混凝土和耐热混凝土，但具有泌水性大的特点，易降低混凝土的匀质性和抗渗性，因此，施工时必须加以注意。

6.7　施工工序质量控制

6.7.1　工序质量控制的原理和步骤

工序质量控制的原理是采用数理统计方法，通过对工序一部分（子样）检验的数据进行统计、分析，判断整道工序的质量是否稳定、正常。若不稳定，产生异常情况须及时采取对策和措施予以改善，从而实现对工序质量的控制。其控制步骤如图6-15所示。

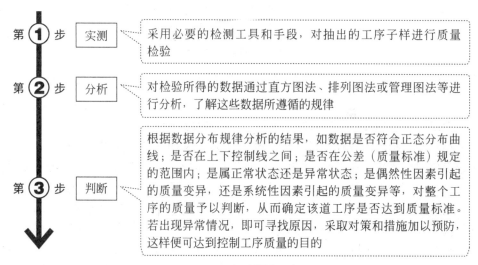

图6-15　工序质量控制步骤

6.7.2　工序质量控制的内容

进行工序质量控制时，应着重实施的工作如表6-5所示。

表6-5　工序质量控制内容

序号	控制内容	具体说明
1	严格遵守工艺规程	施工工艺和操作规程，是进行施工操作的依据，是确保工序质量的前提，任何人都必须严格执行，不得违反
2	主动控制工序活动条件的质量	工序活动条件包括的内容较多，主要是指影响质量的五大因素，即施工操作者、材料、施工机械设备、施工方法和施工环境。只要将这些因素切实有效地控制起来，使其处于被控制状态，确保工序投入品的质量，避免系统性因素变异发生，就能保证每道工序质量正常、稳定
3	及时检验工序活动效果的质量	工序活动效果是评价工序质量是否符合标准的尺度，为此，必须加强质量检验工作，对质量状况进行综合统计与分析，及时掌握质量动态，一旦发现质量问题，随即研究处理，自始至终使工序活动效果的质量满足规范和标准的要求
4	设置工序质量控制点	控制点是指为保证工序质量而需要进行控制的重点或关键部位、薄弱环节，以便在一定时期内、一定条件下进行强化管理，使工序处于良好的控制状态

6.7.3　工序质量的检验

工序质量的检验，就是利用一定的方法和手段，对工序操作及其完成产品的质量进行实际而及时的测定、查看和检查，并将所测得的结果同该工序的操作规程及形成质量特性的技术标准进行比较，从而判断是否合格或是否优良。

工序质量的检验，也是对工序活动的效果进行评价。工序活动的效果，归根结底就是指通过每道工序所完成的工程项目质量或产品的质量，判定是否符合质量标准。为此，工序质量检验工作的主要内容如图6-16所示。

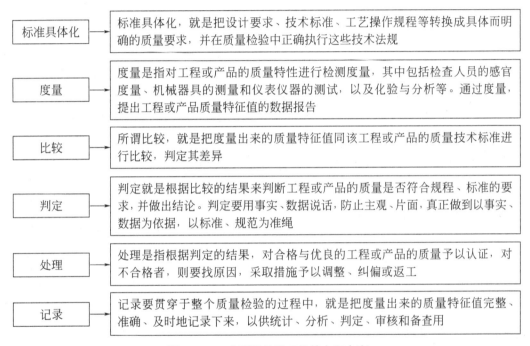

标准具体化	标准具体化，就是把设计要求、技术标准、工艺操作规程等转换成具体而明确的质量要求，并在质量检验中正确执行这些技术法规
度量	度量是指对工程或产品的质量特性进行检测度量，其中包括检查人员的感官度量、机械器具的测量和仪表仪器的测试，以及化验与分析等。通过度量，提出工程或产品质量特征值的数据报告
比较	所谓比较，就是把度量出来的质量特征值同该工程或产品的质量技术标准进行比较，判定其差异
判定	判定就是根据比较的结果来判断工程或产品的质量是否符合规程、标准的要求，并做出结论。判定要用事实、数据说话，防止主观、片面，真正做到以事实、数据为依据，以标准、规范为准绳
处理	处理是指根据判定的结果，对合格与优良的工程或产品的质量予以认证，对不合格者，则要找原因，采取措施予以调整、纠偏或返工
记录	记录要贯穿于整个质量检验的过程中，就是把度量出来的质量特征值完整、准确、及时地记录下来，以供统计、分析、判定、审核和备查用

图6-16　工序质量检验工作的主要内容

6.7.4　工序质量控制点的设置

建筑工程项目要设置建筑工程施工工序活动质量控制点进行预控。控制点设置原则，主要视其对质量特征影响大小、危害程度以及质量保证的难度大小而定。建筑工程施工工序就是生产和检验材料、零部件、各分部、分项工程的具体阶段。

6.7.4.1　建筑工程施工质量控制点的设置流程

建筑工程施工质量控制点的设置流程如下。

（1）按施工组织设计等有关文件确定前后衔接或并行的工序。

（2）从以往各类型工程质量控制点设置经验库中，调用同类工程质量控制点设置的资料作为基础模板，以质量通病知识库、质量事故分析知识库、项目特定要求列表（在项目的建设中业主通常会有特定的质量要求，比如装饰抹灰的立面垂直度和表面平整度等，业主特定的质量要求因项目的不同而异。同时，在新项目启动前把新项目所涉及的新工艺、新技术、新材料应用也罗列到项目特定要求列表中）为支持，按所设计的质量控制点判断选择规则，在所选模板的基础上增加和删除控制点，完成新项目质量控制点的初步设置，再用国家规范、质量标准来检验设置结果是否达到要求。

（3）借鉴以往工程质量控制点的管理和执行办法，或者重新制定措施对项目的质量控制点进行监督管理。

（4）对质量控制点的执行情况进行评价和总结，并结合以往各类工程质量控制点设置经验库，实现控制点设置经验库的更新和升级。控制点设置流程如图6-17所示。

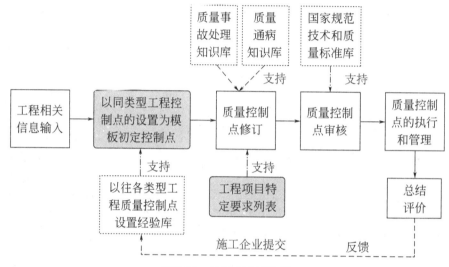

图6-17 控制点设置流程

质量控制点应选择技术要求高、施工难度大、对工程质量影响大或是发生质量问题时危害大的对象进行设置。

6.7.4.2 作为质量控制点的部位或环节

一般选择下列部位或环节作为质量控制点。

（1）对工程质量形成过程产生直接影响的关键部位、工序、环节及隐蔽工程。

（2）施工过程中的薄弱环节，或质量不稳定的工序、部位或对象。

（3）对下道工序有较大影响的上道工序。

（4）采用新技术、新工艺、新材料的部位或环节。

（5）施工质量无把握、施工条件困难或技术难度大的工序或环节。

（6）用户反馈指出和过去有过返工的不良工序。

一般建筑工程质量控制点设置的内容如表6-6所示。

表6-6 工程施工质量控制点

序号	分项	控制点内容	分级	控制要点
1	支盘桩基础	放线（轴线、标高、桩位）	停止点	按规划部门控制点校核
		钢筋焊接接头试验	控制点	试验单位试验报告
		钢筋、水泥、砂石原料检查	控制点	质量证明文件及试验报告

续表

序号	分项	控制点内容	分级	控制要点
1	支盘桩基础	试配报告审查	控制点	
		保护层厚度检查	控制点	
		挤扩压力值	见证点	量测
		验筋、浇灌混凝土	见证点	旁站
		垂直度	见证点	
		入持力层	控制点	核查施工记录、贯入度
		竣工资料审查见证点	停止点	
2	主体	轴线、标高、垂直度	见证点	测量
		断面尺寸抽查	控制点	量测
		验筋	见证点	数量、直径、位置、接头
		施工缝处理	见证点	旁站
		混凝土强度	见证点	配合比、坍落度、试验报告
		钢筋焊接焊缝	见证点	现场检查、检验报告
		预埋件	控制点	型号、位置、数量、锚固
3	砌体	砌筑砂浆强度	控制点	配合比、试验报告
		灰缝、错缝	控制点	
		门、窗、孔、洞	控制点	位置、标高、尺寸
		墙面	控制点	垂直度、水平度
		预埋件及埋设管线	控制点	数量、位置
4	内墙抹灰	材料配合比	控制点	试验报告
		抹灰层	控制点	厚度、平整度
5	外墙装饰	抹灰层	控制点	厚度、平整度
		面层	控制点	厚度、平整度
		分格线	控制点	垂直度、水平度
6	楼地面	找平层	控制点	厚度、平整度
		面层	控制点	厚度、平整度
7	门窗	制作、安装	控制点	嵌填、定位、开关
8	屋面	找平层	控制点	厚度、坡度、平整度
		分格线	控制点	位置
		保温层	控制点	厚度、平整度
		防水层	停止点	填嵌、黏结、平整
		水落管	停止点	固定、接头、排水

序号	分项	控制点内容	分级	控制要点
9	室内给排水	给排水管	控制点	位置、坡度、接头
		管阀连接	控制点	位置、接头
		水压试验	见证点	旁站
		水表、消火栓、卫生洁器具	控制点	
		排水系统闭水试验	停止点	旁站
10	电气	低压配电设备	控制点	安装正确、部件齐全
		绝缘、接地	停止点	检查、测试
		防雷系统	停止点	安装正确、部件齐全
		照明设备	控制点	安装正确、部件齐全

6.7.4.3 质量控制点的重点控制对象

质量控制点的选择要准确，要根据重要质量特性制定重点控制的要求，选择质量控制点的重点部位、重点工序和重点质量因素作为质量控制点的重点控制对象，进行重点预控和监控，从而有效地控制和保证施工质量。质量控制点的重点控制对象如表6-7所示。

表6-7 质量控制点的重点控制对象

序号	重点控制对象	具体说明
1	人的行为	某些操作或工序，应以人为重点控制对象，如高空、高温、水下、易燃易爆、重型构件吊装作业以及操作要求高的工序和技术难度大的工序等，都应从人的生理、心理、技术能力等方面进行控制
2	材料的质量与性能	这是直接影响工程质量的重要因素，在某些工程中应作为控制的重点。如钢结构工程中使用的高强度螺栓、某些特殊焊接使用的焊条，都应重点控制其材质与性能；又如水泥的质量是直接影响混凝土工程质量的关键因素，施工中应对进场的水泥质量进行重点控制，必须检查核对其出厂合格证，并按要求进行强度和安定性的复验等
3	施工方法与关键操作	某些直接影响工程质量的关键操作应作为控制的重点。如预应力钢筋的张拉工艺操作过程及张拉力的控制，是可靠地建立预应力值和保证预应力构件质量的关键过程。同时，那些易对工程质量产生重大影响的施工方法，也应列为控制的重点，如大模板施工中模板的稳定和组装问题、液压滑模施工时支撑杆稳定问题、升板法施工中提升量的控制问题等
4	施工技术参数	如混凝土的外加剂掺量、水胶比，回填土的含水量。砌体的砂浆饱满度，防水混凝土的抗渗等级，建筑物沉降与基坑边坡稳定监测数据，大体积混凝土内外温差及混凝土冬期施工受冻临界强度等技术参数都是应重点控制的质量参数与指标

序号	重点控制对象	具体说明
5	技术间歇	有些工序之间必须留有必要的技术间歇时间。如砌筑与抹灰之间，应在墙体砌筑后留6~10天时间，让墙体充分沉陷、稳定、干燥，然后再抹灰，抹灰层干燥后，才能喷白、刷浆；混凝土浇注与模板拆除之间，应保证混凝土有一定的硬化时间，达到规定拆模强度后方可拆除等
6	施工顺序	某些工序之间必须严格控制先后的施工顺序。如对冷拉的钢筋应当先焊接后冷拉，否则会失去冷强；屋架的安装固定，应采取对角同时施焊方法，否则会由于焊接应力导致校正好的屋架发生倾斜
7	易发生或常见的质量通病	如混凝土工程的蜂窝、麻面、空洞，墙、地面、屋面工程渗水、漏水、空鼓、起砂、裂缝等，都与工序操作有关，均应事先研究对策，提出预防措施
8	新技术、新材料及新工艺的应用	由于缺乏经验，施工时应将其作为重点进行控制
9	特殊地基或特种结构	对于湿陷性黄土、膨胀土、红黏土等特殊土地基的处理，以及大跨度结构、高耸结构等技术难度较大的施工环节和重要部位，均应予以特别重视
10	产品质量不稳定和不合格率较高的工序	应列为重点，认真分析，严格控制

6.7.5 质量控制点的管理

6.7.5.1 事前质量预控工作

设定了质量控制点后，质量控制的目标及工作重点就更加明晰。首先，要做好施工质量控制点的事前质量预控工作。

（1）明确质量控制的目标与控制参数。

（2）编制作业指导书和质量控制措施。

（3）确定质量检查、检验方式及抽样的数量与方法。

（4）明确检查结果的判断标准及质量记录与信息反馈要求等。

6.7.5.2 向施工作业班组进行认真交底

施工员要向施工作业班组进行认真交底，使每一个控制点上的作业人员明白施工作业规程及质量检验评定标准，掌握施工操作要领，同时在施工过程中，相关技术管理和质量控制人员要在现场进行重点指导和检查验收。

6.7.5.3 做好施工质量控制点的动态设置和动态跟踪管理

所谓动态设置，是指在工程开工前、设计交底和图纸会审时，可确定项目的一批质量控制点，随着工程的展开、施工条件的变化，随时或定期进行控制点的调整和更新。

动态跟踪是应用动态控制原理，落实专人负责跟踪和记录控制点质量控制的状态和效果，并及时向项目管理组织的高层管理者反馈质量控制信息，保持施工质量控制点的受控状态。

6.7.5.4 编制作业指导书

对于危险性较大的分部分项工程或特殊施工过程，除按一般过程质量控制的规定执行外，还应由专业技术人员编制专项施工方案或作业指导书，经施工单位技术负责人、项目总监理工程师、建设单位项目负责人签字后执行。超过一定规模的危险性较大的分部分项工程，还要组织专家对专项方案进行论证。作业前施工员、技术员做好交底和记录，使操作人员在明确工艺标准、质量要求的基础上进行作业。为保证质量控制点的目标实现，应严格按照三级检查制度进行检查控制。在施工中发现质量控制点有异常时，应立即停止施工，召开分析会查找原因，采取对策予以解决。

6.7.5.5 进行施工质量的监督和检查

施工单位应积极主动地支持、配合监理工程师的工作，应根据现场工程监理机构的要求，对施工作业质量控制点，按照不同的性质和管理要求，细分为"见证点"和"待检点"，进行施工质量的监督和检查。

（1）凡属"见证点"的施工作业，如重要部位、特种作业、专门工艺等，施工方必须在该项作业开始前24小时，书面通知现场监理机构到位旁站，见证施工作业过程。

（2）凡属"待检点"的施工作业，如隐蔽工程等，施工方必须在完成施工质量自检的基础上，提前通知项目监理机构进行检查验收，然后才能进行工程隐蔽或下道工序的施工。未经过项目监理机构检查验收合格，不得进行工程隐蔽或下道工序的施工。

6.7.6 施工工序质量监控措施

建筑工程施工工序质量监控，应在施工过程中实行事前、事中、事后全过程有效监控，并在控制过程中适时采取管理、组织、技术等方面的措施。为减小由于建筑施工工程工序产品质量偏差带来的损失，必须以事前控制为工作重点。

6.7.6.1 施工工序开展前的质量监控工作

（1）熟悉工序操作要点，通过工序分析掌握重点，工程人员在施工过程中有明确的标准及重点，使质量监控工作更具方向性及针对性。如砌砖工程的砂浆饱满度、灰缝水平度及厚度、拉结筋的布设；又如混凝土浇注时的振捣插点及振捣时间。

（2）检查质量管理体系的建立情况，人员是否各就其位、责任是否明确到人。

（3）建立两个制度，即材料样品制度与奖惩制度。

6.7.6.2 施工工序开展过程中的质量监控工作

（1）样板制度的落实。在施工工程工序中，往往不能通过设立控制点来超前控制工序质量，所以推行各工序的样板制度，严格按工程质量通病防治要求，对容易出现的各种质量通病问题进行专项技术交底，从制度上规范样板引路的操作，做好每个样板后再进行铺开作业。实践表明，实行样板制度是很有效的质量监控措施，在大面积工序活动展开前，通过样板的质量检查、分析可起到下面四个作用。

① 通过分析可确定在后期操作中可能存在的问题，实行重点控制。

② 可对操作人员的素质进行检查，不合格者予以清退处理，减轻后期质量控制负担。

③ 使操作者及检查者在后期工作中有明确、直观的实物标准，做到人人心中有标准。

④ 避免因普遍性操作问题，致使工序大面积展开而引起大范围的返工。

所以，施工工序展开前必须有样板工序产品的检查及验收工作，杜绝大范围返工，同时也对工序操作人员的素质进行有效的控制。

（2）加大现场巡查力度。加大现场巡查力度，力争掌握第一手资料，努力实现及时控制，对发生的问题务必做到早发现、早纠正，减少损失，同时对施工人员实行奖惩制度。

（3）实行监理质量监督

① 未经监理批准开工的项目不能开工，未经监理确认的工序不得隐蔽，不得进行下一道工序作业，未经监理的付款签证，不能确认其完工，这就保证了监理工程师的控制、协调有效。

② 分项、检验批、隐蔽工程验收，必须先自检合格后，填写"报验单"，书面通知监理工程师验收。分部工程应由总监理工程师（建设单位项目负责人）组织施工单位项目负责人和技术、质量负责人等进行验收，对于重要部位，比如地基与基础、主体部分还需勘察、设计单位工程项目负责人参加。

6.7.6.3　工序产品完成后的质量工作

（1）质量检查。质量检查的主要工作是工序产品效果的评价以及产品质量隐患的全面排查，重点在于尽可能减少质量隐患的漏查。检查过程可推行多级检查及交叉检查制度。如图6-18所示。

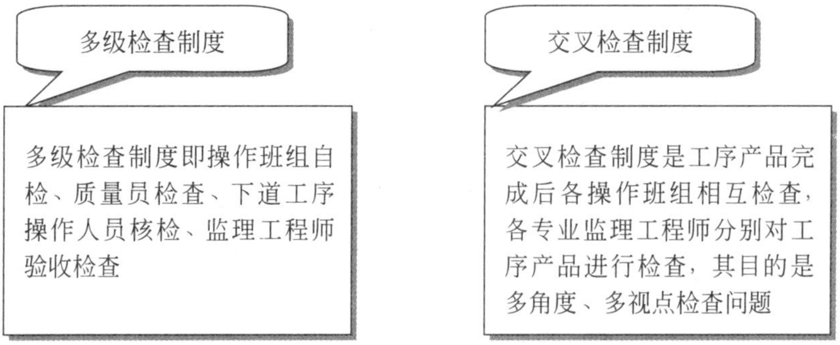

图6-18　质量检查制度

（2）成品保护。从建筑工程的特点看，成品保护可谓至关重要。作为最后一道工序，任何一点小的破坏都会影响工程验收。成品保护必须采取主动与被动相结合的做法来防护，采取相关强制性的防范制度及相关防碰撞手段来保护成品。总之，施工现场成品保护问题也应重点防治，加强和灌输成品保护的意识，提高工人的认识。

① 成品保护范围。成品保护包括施工过程中及工程竣工后正式交付业主前的所有成品、半成品及成套机电设备。成品包括已施工完毕的基础、主体、装饰和机电安装工程。半成品包括各种产品的构配件、零部件及已成型的钢筋、模板等。

② 成品保护总体要求。成品保护总体要求如图6-19所示。

要求一 ▷ 合理地安排施工顺序，按正确的施工流程组织施工，有效地防止后道工序损伤或污染前道工序，是进行成品保护的有效途径，通常包括以下内容

① 遵循"先地下后地上""先深后浅"的施工顺序，以免破坏地下管网和道路路面。
② 地下管道与基础工程相配合进行施工，避免基础完工后再打洞、挖槽安装管道，影响质量和进度。
③ 在房心回填后再做基础防潮层，保护防潮层不致受填土夯实损伤。
④ 装饰工程采用自上而下的流水顺序，使房屋主体工程完成后，有一定沉降期。
⑤ 先做屋面防水层，可防止雨水渗漏。
⑥ 先做地面，后做天棚、墙面抹灰，保护下层天棚、墙面抹灰不致受渗水污染。
⑦ 楼梯间和踏步饰面，宜在整个饰面工程完成后，再自上而下地进行。
⑧ 门窗扇的安装通常在抹灰后进行，一般应先油漆，后安装门窗玻璃。
⑨ 当采用单排外脚手架砌墙时，由于砖墙上面有脚手洞眼，故一般情况下内墙抹灰应待同一层外粉刷完成、脚手架拆除、洞眼填补后才进行。
⑩ 先喷浆而后安装灯具，避免安装灯具后又修理浆活，从而污染灯具。当铺贴连续多跨的卷材防水屋面时，应按先高跨、后低跨的顺序进行。按先天窗油漆、安装玻璃，后铺贴卷材屋面的顺序进行

要求二 ▷ 各专业施工遇有交叉"打架"现象时，不得擅自拆改，需与各方协调解决后，方可更改施工

图6-19 成品保护总体要求

③ 成品保护措施。成品保护措施主要分四个方面，如表6-8所示。

表6-8 成品保护措施

序号	措施	定义	具体说明
1	护	护就是提前防护，防止成品可能发生的损伤和污染	（1）定位放线的控制桩，应用混凝土防护，须设置明显标志或派专人看护 （2）为了防止清水墙面污染，在脚手架、安全网横杆、进料口四周以及临近墙面上，提前钉上塑料布或纸板 （3）清水墙、楼梯踏步采用护棱角铁上下连通固定 （4）推车易碰部位，在小车轴的高度位置钉上防护条或槽型盖铁 （5）门扇安好后要加楔固定，门框边用木条防护等
2	包	包就是进行包裹，防止成品被损伤和污染	（1）大理石或高级水磨石柱子贴好后，应用立板包裹捆扎 （2）楼梯扶手易污染变色，油漆前应裹纸防护 （3）铝合金门窗应用塑料布包扎，暖气片、管道污染后不好清理，应用纸包裹防护 （4）电器开关、插座、灯具等设备也应包裹，防止喷浆时污染等

序号	措施	定义	具体说明
3	盖	盖就是表面覆盖，防止堵塞及损伤	（1）机电设备就位后应用毡布或塑料布覆盖，防止灰尘入侵 （2）预制水磨石、大理石楼梯应用木板、加气板等覆盖，防止操作人员踩踏和物体磕碰 （3）水泥地面、现浇或预制水磨石地面，应铺干锯末保护，高级水磨石地面或大理石地面，应用毡布或棉毡覆盖 （4）落水口、排水管安好后要加覆盖层，以防堵塞 （5）散水交活后，为保水养护并防止磕碰，可盖一层土或沙子等
4	封	封就是局部封闭，防止被损伤和污染	（1）安装施工中的给排水管道、卫生器具、电管等应采取临时封堵措施 （2）预制水磨石楼梯、水泥抹面楼梯施工后，应将楼梯口暂时封闭，待达到上人强度并采取保护措施后再开放 （3）屋面防水做完后，应封闭上屋面的楼梯门或出入口 （4）室内抹灰或浆活交工后，为调节室内温湿度，应有专人开关外窗等

6.8 建筑工程施工项目质量问题分析与处理

施工项目由于具有产品固定，生产流动；产品多样，结构类型不一；露天作业多，自然条件（地质、水文、气象、地形等）多变；材料品种、规格不同，性能各异；交叉施工，现场配合复杂等特点，因此，影响质量的因素繁多，在施工过程中稍有疏忽，就极易引起系统性因素的质量变异，而产生质量问题或严重的工程质量事故。为此，必须采取有效措施，对常见的质量问题事先加以预防，对出现的质量事故应及时进行分析和处理。

6.8.1 施工项目质量问题的特点

施工项目质量问题具有复杂性、严重性、可变性和多发性的特点。

6.8.1.1 复杂性

施工项目质量问题的复杂性，主要表现在引发质量问题的因素复杂，从而增加了对质量问题的性质、危害的分析、判断和处理的复杂性。例如建筑物的倒塌，可能是未认真进行地质勘察，地基的容许承载力与持力层不符；也可能是未处理好不均匀地基，产生了过大的不均匀沉降；或是盲目套用图纸，结构方案不正确，计算简图与实际受力不符；或是荷载取值过小，内力分析有误，结构的刚度、强度、稳定性差；或是施工偷工减料、不按图施工、施工质量低劣；或是建筑材料及制品不合格，擅自代用材料等原因所致。由此可见，即使同一性质的质量问题，原因有时也截然不同。因此，质量员在处理问题时，必须深入实地调查研究，针对问题的特征做具体分析。

6.8.1.2 严重性

施工项目质量问题，轻者影响施工进度，拖延工期，增加工程费用，重者给工程留下隐患，成为危房，影响安全使用或不能使用；更严重时会引起建筑物倒塌，造成人民生命财产的巨大损失。

6.8.1.3 可变性

许多工程质量问题，还将随着时间不断发展而变化，例如，钢筋混凝土结构出现的裂缝将随着环境湿度、温度的变化而加重，或随着荷载的大小和持续时间而变化；建筑物的倾斜，将随着附加弯矩的增加和地基的沉降而变化；混合结构墙体的裂缝也会随着温度应力和地基的沉降量而变化；甚至有的细微裂缝，也可以发展成构件断裂或结筑物倒塌等重大事故。所以，质量员在分析、处理工程质量问题时，一定要特别重视质量事故的可变性，及时采取可靠的措施，以免事故进一步恶化。

6.8.1.4 多发性

施工项目中有些质量问题，就像"常见病""多发病"一样经常发生，而成为质量通病，如屋面、卫生间漏水；抹灰层开裂、脱落；地面起砂、空鼓；排水管道堵塞；预制构件裂缝等。另有一些同类型的质量问题，往往一再重复发生，如雨篷的倾覆，悬挑梁、板的断裂，混凝土强度不足等。因此，吸取多发性事故的教训，认真总结经验是避免事故重演的有效措施。

6.8.2 施工项目质量问题引发的原因

施工项目质量问题表现的形式多种多样，如建筑结构的错位、变形、倾斜、倒塌、破坏、开裂、渗水、漏水、刚度差、强度不足、断面尺寸不准等，但究其原因，可归纳为表6-9所示的几个原因。

表6-9 施工项目质量问题引发的原因

序号	原因	具体说明
1	违背建设程序	不经可行性论证，不做调查分析就拍板定案；未搞清工程地质、水文地质就仓促开工；无证设计，无图施工；任意修改设计，不按图纸施工；工程竣工不进行试运转、不经验收就交付使用等问题，致使不少工程项目留有严重隐患，房屋倒塌事故也常有发生
2	工程地质勘察原因	未认真进行地质勘察，提供的地质资料、数据有误；地质勘察时，钻孔间距太大，不能全面反映地基的实际情况，如当基岩地面起伏变化较大时，软土层厚薄相差也甚大；地质勘察钻孔深度不够，没有查清地下软土层、滑坡、墓穴、孔洞等地层构造；地质勘察报告不详细、不准确等，均会导致采用错误的基础方案，造成地基不均匀沉降、失稳，致使上部结构及墙体开裂、破坏、倒塌
3	设计计算问题	设计考虑不周，结构构造不合理，计算简图不正确，计算荷载取值过小，内力分析有误，沉降缝及伸缩缝设置不当，悬挑结构未进行抗倾覆验算等，都是诱发质量问题的隐患

序号	原因	具体说明
4	未加固处理好地基	对软弱土、冲填土、杂填土、湿陷性黄土、膨胀土、岩层出露、熔岩、土洞等不均匀地基未进行加固处理或处理不当，均是导致重大质量问题的原因。必须根据不同地基的工程特性，按照地基处理应与上部结构相结合，使其共同工作的原则，从地基处理、设计措施、结构措施、防水措施、施工措施等方面综合考虑治理
5	建筑材料及制品不合格	钢筋物理力学性能不符合标准，水泥受潮、过期、结块、安定性不良，砂石级配不合理、有害物含量过多，混凝土配合比不准，外加剂性能、掺量不符合要求时，均会影响混凝土强度、和易性、密实性、抗渗性，导致混凝土结构强度不足、裂缝、渗漏、蜂窝、露筋等质量问题；预制构件断面尺寸不准，支承锚固长度不足，未可靠建立预应力值，钢筋漏放、错位，板面开裂等，必然会出现断裂、垮塌
6	施工和管理问题	（1）不熟悉图纸，盲目施工，图纸未经会审，仓促施工；未经监理、设计部门同意，擅自修改设计 （2）不按图施工。把铰接做成刚接，把简支梁做成连续梁，抗裂结构用光圆钢筋代替变形钢筋等，致使结构裂缝破坏；挡土墙不按图设滤水层，留排水孔，致使土层压力增大，造成挡土墙倾覆 （3）不按有关施工验收规范施工。如现浇混凝土结构不按规定的位置和方法留设施工缝；不按规定的强度拆除模板；砌体不按组砌形式砌筑；留直槎不加拉结条；在小于1米宽的窗间墙上留设脚手眼等 （4）不按有关操作规程施工，如用插入式振捣器捣实混凝土时，不按插点均布、快插慢拔、上下抽动、层层扣搭的操作方法，致使混凝土振捣不实，整体性差；又如，砖砌体包心砌筑，上下通缝，灰浆不均匀饱满，游丁走缝，不横平竖直等都是导致砖墙、砖柱破坏、倒塌的主要原因 （5）缺乏基本结构知识，施工蛮干，如将钢筋混凝土预制梁倒放安装；将悬臂梁的受拉钢筋放在受压区；结构构件吊点选择不合理，不了解结构使用受力和吊装受力的状态；施工中在楼面超载堆放构件和材料等，均将给质量和安全造成严重的后果 （6）施工管理紊乱，施工方案考虑不周，施工顺序错误；技术组织措施不当，技术交底不清，违章作业；不重视质量检查和验收工作等，都是导致质量问题的祸根
7	自然条件影响	施工项目周期长、露天作业多，受自然条件影响大，温度、湿度、日照、雷电、供水、大风、暴雨等都能造成重大的质量事故，施工中应特别重视，采取有效措施予以预防
8	建筑结构使用问题	建筑物使用不当，也易造成质量问题。如不经校核、验算，就在原有建筑物上任意加层；使用荷载超过原设计的容许荷载；任意开槽、打洞、削弱承重结构的截面等

6.8.3 施工项目质量问题分析的程序

由于影响工程质量的因素众多，一个工程质量的问题，既可能是设计计算和施工图纸存在错误，也可能是施工中出现不合格的质量问题，或者由于设计、施工甚至使用、管理、社会体制等多种原因的复合作用。要分析究竟是哪种原因所致，必须对质量问题的特征，及其在施工和使用中所处的实际情况进行具体分析。分析方法很多，但其基本步骤和要领可概括如下。

6.8.3.1 分析的基本步骤

（1）进行细致的现场调查研究，观察记录全部实况，充分了解与掌握引发质量问题的现象和特征。

事故发生后，项目部应及时组织调查，确定事故的范围、性质、影响和原因等，为事故的分析与处理提供依据，事故调查一定要全面、准确、客观，并将结果整理撰写成调查报告。事故调查报告的主要内容如表6-10所示。

表6-10 事故调查报告的主要内容

序号	项目	具体说明
1	事故情况	出现事故的时间、地点；事故的描述；事故观测记录；事故发展变化规律；事故是否已经稳定等
2	事故性质	应区分属于结构性问题还是一般性缺陷；是表面性的还是实质性的；是否需要及时处理；是否需要采取防护性措施
3	事故原因	应阐明所造成事故的重要原因。如结构裂缝，是因地基不均匀沉降，还是温度变形；是因施工振动，还是由于结构本身承载能力不足所致
4	事故评估	阐明事故对建筑功能、使用要求、结构受力性能及施工安全有何影响，并应附有实测、验算数据和试验资料
5	其他	事故涉及人员及主要责任者的情况

（2）收集调查与质量问题有关的全部设计和施工资料，分析摸清工程在施工或使用过程中所处的环境及面临的各种条件和情况。

（3）找出可能产生质量问题的所有因素。

（4）分析、比较和判断，找出最可能造成质量问题的原因。事故的原因分析，要建立在事故情况调查的基础上，避免情况不明就主观推断事故的原因。尤其是有些事故，其原因错综复杂，往往涉及勘察、设计、施工、材质、使用管理等几方面因素，只有对调查提供的数据、资料进行详细分析后，才能去伪存真，找到造成事故的主要原因。

（5）进行必要的计算分析或模拟试验予以论证确认。

特别提示

事故的处理要建立在原因分析的基础上，对有些事故认识不清时，只要事故不致产生严重的恶化，可以继续观察一段时间，做进一步调查分析，不要急于求成，以免造成同一事故多次处理的不良后果。

6.8.3.2　分析的要领

分析的要领是逻辑推理法，其基本原理如下。

（1）确定质量问题的初始点，即所谓原点，它是一系列独立原因集合起来形成的爆发点。因其反映出质量问题的直接原因，而在分析过程中具有关键性作用。

（2）围绕原点对现场各种现象和特征进行分析，区别导致同类质量问题的不同原因，逐步揭示质量问题萌生、发展和最终形成的过程。

（3）综合考虑原点的复杂性，确定诱发质量问题的起源点。工程质量问题原因分析是对一堆模糊不清的事物和现象进行客观属性和联系的判断，其准确性与监理工程师的能力学识、经验和态度有极大的关系，其结果不仅是简单的信息描述，而是逻辑推理的产物，其推理可用于工程质量的事前控制。

6.8.4　施工项目质量问题的处理

质量问题处理的目的是消除缺陷或隐患，以保证建筑物安全、正常使用，满足建筑物各项功能要求，保证施工正常进行。

6.8.4.1　质量问题处理的应急措施

工程中的质量问题具有可变性，往往随时间、环境、施工情况等而发展变化，有的细微裂缝，可能逐步发展成构件断裂；有的局部沉降、变形，可能致使房屋倒塌。为此，质量员在处理质量问题前，应及时对问题的性质进行分析，作出判断，对那些随着时间、温度、湿度、荷载条件变化的变形、裂缝要认真观测记录，寻找变化规律及预计可能产生的恶果；对那些表面的质量问题，要进一步查明问题的性质是否会转化；对那些可能发展成为构件断裂、房屋倒塌的恶性事故，更要及时采取应急补救措施。

在拟定应急措施时，应注意的事项如图6-20所示。

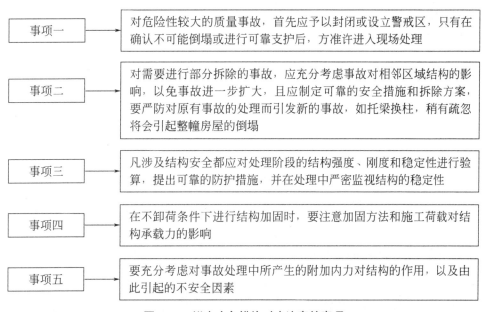

事项一	对危险性较大的质量事故，首先应予以封闭或设立警戒区，只有在确认不可能倒塌或进行可靠支护后，方准许进入现场处理
事项二	对需要进行部分拆除的事故，应充分考虑事故对相邻区域结构的影响，以免事故进一步扩大，且应制定可靠的安全措施和拆除方案，要严防对原有事故的处理而引发新的事故，如托梁换柱，稍有疏忽将会引起整幢房屋的倒塌
事项三	凡涉及结构安全都应对处理阶段的结构强度、刚度和稳定性进行验算，提出可靠的防护措施，并在处理中严密监视结构的稳定性
事项四	在不卸荷条件下进行结构加固时，要注意加固方法和施工荷载对结构承载力的影响
事项五	要充分考虑对事故处理中所产生的附加内力对结构的作用，以及由此引起的不安全因素

图6-20　拟定应急措施时应注意的事项

6.8.4.2 质量问题处理的基本要求

质量员对质量问题的处理应达到安全可靠，不留隐患，满足生产、使用要求，施工方便，经济合理的目的，具体要求如图6-21所示。

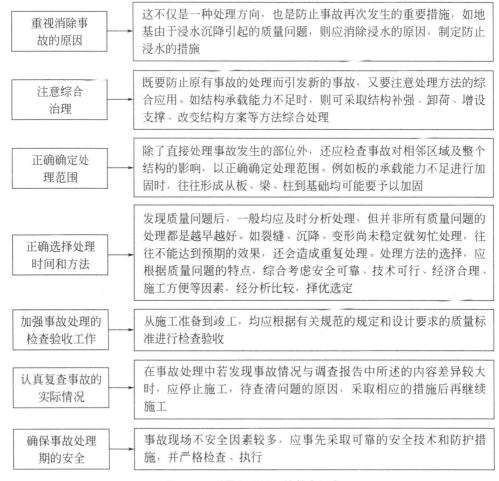

重视消除事故的原因	这不仅是一种处理方向，也是防止事故再次发生的重要措施，如地基由于浸水沉降引起的质量问题，则应消除浸水的原因，制定防止浸水的措施
注意综合治理	既要防止原有事故的处理而引发新的事故，又要注意处理方法的综合应用。如结构承载能力不足时，则可采取结构补强、卸荷、增设支撑、改变结构方案等方法综合处理
正确确定处理范围	除了直接处理事故发生的部位外，还应检查事故对相邻区域及整个结构的影响，以正确确定处理范围。例如板的承载能力不足进行加固时，往往形成从板、梁、柱到基础均可能要予以加固
正确选择处理时间和方法	发现质量问题后，一般均应及时分析处理，但并非所有质量问题的处理都是越早越好。如裂缝、沉降、变形尚未稳定就匆忙处理，往往不能达到预期的效果，还会造成重复处理。处理方法的选择，应根据质量问题的特点，综合考虑安全可靠、技术可行、经济合理、施工方便等因素，经分析比较，择优选定
加强事故处理的检查验收工作	从施工准备到竣工，均应根据有关规范的规定和设计要求的质量标准进行检查验收
认真复查事故的实际情况	在事故处理中若发现事故情况与调查报告中所述的内容差异较大时，应停止施工，待查清问题的原因，采取相应的措施后再继续施工
确保事故处理期的安全	事故现场不安全因素较多，应事先采取可靠的安全技术和防护措施，并严格检查、执行

图6-21 质量问题处理的基本要求

6.8.4.3 质量问题处理的资料

一般质量问题的处理，必须具备以下资料。

（1）与事故有关的施工图。

（2）与施工有关的资料，如建筑材料试验报告、施工记录、试块强度试验报告等。

（3）事故调查分析报告。

（4）设计、施工、使用单位对事故的意见和要求等。

6.8.4.4 质量问题处理的方案

质量员应根据质量问题的性质，制定处理方案。常见的处理方案有：封闭保护、防渗堵漏、复位纠偏、结构卸荷、加固补强、限制使用、拆除重建等。例如结构裂缝，根据其所在部位和受力情况，有的只需要表面保护，有的需要同时做内部灌浆和表面封闭，有的则需要进行结构补强等。

在确定处理方案时，必须掌握事故的情况和变化规律。如裂缝事故，只有待裂缝发展到最宽时，进行处理才最有效。同时，处理方案还应征得有关单位对事故调查和分析的一致意见，避免事故处理后无法做出一致的结论。

处理方案确定后，还要对方案进行设计，提出施工要求，以便付诸实施。

6.8.4.5　质量问题不做处理的论证

施工项目的质量问题并非都要处理，即使有些质量缺陷，虽已超出了国家标准及规范要求，但也可以针对工程的具体情况，经过分析、论证，做出无须处理的结论。总之，对质量问题的处理，也要实事求是，既不能掩饰，也不能扩大，以免造成不必要的经济损失和延误工期。

无须做处理的质量问题常有图6-22所示的几种情况。

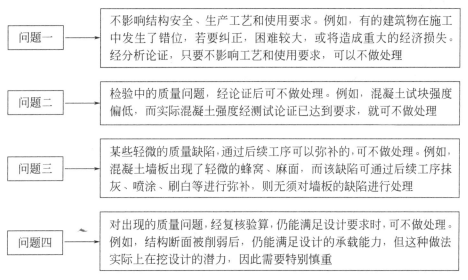

图6-22　无须做处理的质量问题

特别提示

在事故处理中，还必须加强质量检查和验收。对每一个质量事故，无论是否需要处理都要经过分析，做出明确的结论。

6.8.4.6　质量问题处理的鉴定

质量问题处理是否达到预期的目的、是否留有隐患，需要通过检查验收来做出结论。事故处理质量检查验收，必须严格按施工验收规范中的有关规定进行，必要时还要通过实测、实量，荷载试验，取样试压，仪表检测等方法获取可靠的数据。这样，才可能对事故做出明确的处理结论。

（1）事故处理结论。事故处理结论的内容有以下几种。

① 事故已排除，可以继续施工。

② 隐患已经消除，结构安全可靠。

③ 经修补处理后，完全满足使用要求。

④ 基本满足使用要求，但附有限制条件，如限制使用荷载、限制使用条件等。

⑤ 对耐久性影响的结论。

⑥ 对建筑外观影响的结论。

⑦ 对事故责任的结论等。

此外，对一时难以作出结论的事故，还应进一步提出观测检查的要求。

（2）事故处理报告。事故处理后，质量员还必须提交完整的事故处理报告，其内容包括以下方面。

① 事故调查的原始资料、测试数据，事故的原因分析、论证。

② 事故处理的依据。

③ 事故处理方案、方法及技术措施。

④ 检查验收记录。

⑤ 事故无须处理的论证。

⑥ 事故处理的结论等。

第7章
施工方合同管理

引言

　　合同是施工企业的轴心所在，企业的一切经济活动都是围绕合同进行的全过程、全方位的管理。只有合同条款对自身有利，才能为以后的索赔、施工、结算、转移风险等打下良好的基础，提供可靠的依据，才能够事半功倍，才能在激烈竞争的建筑市场中站稳脚跟且不断壮大。

7.1 施工合同管理的必要性

7.1.1 施工合同管理的重要性

施工合同的价值量和质量对施工企业尤其重要，直接影响施工企业建设工程施工全过程，主要体现在以下几个方面。

7.1.1.1 合同是安排项目施工的指导性文件

项目班子要根据工程规模、难易程度组建，工程的施工组织设计、计划、报表、竣工结算等要按合同的约定编制、报送，工程的质量、进度等都需按合同的要求组织施工，工程的材料、设备等应按合同约定的规格、数量、价格进行购买。

7.1.1.2 合同是进行索赔的依据

合同索赔主要包括以下三个方面的内容。

（1）由于业主违约引起。主要指业主未按《示范文本》规定完成应该完成的工作以及未能按时拨付预付款、工程款，拖延图纸审批，拖延对承包方提出变更、索赔的答复等。

（2）由于工程项目本身变更引起。如工程量的变化、材料价格变化、现场签证等。

（3）由施工条件和环境变化引起。如一周内连续停水、停电超过8小时，连续大雨不能进行室外作业等。

7.1.1.3 合同是控制工程成本和进行竣工结算的依据

控制工程成本，应学习邯钢经验，用倒推法确定分部、分项工程进而确定各岗位成本。合同签订后，该工程的预算成本就可确定下来，组建项目班子时，根据预算成本按照市场法则确定责任成本，确定工程的人工费、材料费、机械台班费、其他直接费和间接费等。项目经理组织施工时，首先可将以上费用分解到各分部分项，其次是确定各岗位成本，一旦成本确定，就应合理用工、用料、控制人工费用、管理费用和严防多领、冒领材料，为节约工程开支、办理工程结算打下基础。

7.1.1.4 合同为转移风险提供可能

《示范文本》中有违约、索赔、争议、保险、担保等转移风险条款，如能将这些内容协商并写进合同，那么就可将业主违约、工程变更以及自身在施工中发生的一些意外伤害向业主或第三方转移。

7.1.2 施工企业加强工程合同管理的意义

7.1.2.1 有利于施工企业的稳定经营和良好发展

有效的风险管理可以使得施工企业充分地意识到面临的潜在风险以及损失的严重程度，从而进一步帮助施工企业采取应对的措施，进而控制和避免损失，能够使得施工企业在千变万化的市场竞争中获得一方土地，从而实现企业的稳定经营和可持续发展。

7.1.2.2 有利于提高施工企业自身的经济效益

施工企业在签订施工合同时坚持的是"利益原则",就是说服修改某些比较苛刻的款项,尽量争取对自己有利的条件,进而通过对施工合同的风险管理提高企业的经济效益。

7.1.2.3 有利于解决工程款拖欠问题,保障农民利益从而维持社会稳定

农民工作为一个弱势群体,法律意识比较淡薄,同时现阶段我国相关的法律法规还不完善,使得农民工的合法权益得不到充分的保障,从而给社会增加了不安定的因素。对施工合同风险的分析研究和推行施工合同风险管理对于解决工程款的拖欠问题大有帮助。

7.2 施工企业在合同管理中面临的风险及成因

7.2.1 施工企业在合同管理中面临的风险

施工企业在合同管理中面临着如图7-1所示的风险。

风险一 合同管理模式确定的风险

> 无论是传统的合同管理模式还是 BOT 和 EPC 合同管理模式,施工企业的工程合同的法律意识缺失是导致合同不平等条款的主要原因。业主方是建设工程合同的主要制定者,迫于竞争压力,很多施工单位对合同中的很多不平等条款采取隐忍态度。同时很多合同为了回避业务或者是嫁接风险未能采用国家标准的合同文本增大了合同风险

风险二 承包商的风险

> 转发包是施工合同的常见现象,由于承发包商管理水平或信誉缺失,都会加大施工企业的合同管理风险

风险三 索赔的风险

> 建设工程项目的长期性与复杂性是工程索赔事件发生的主要原因。索赔对于工程项目的业主方或是承包方是一种依法保护自身权益、维护自身合法利益的重要方式。在建筑市场混乱的管理环境中,施工企业必须重视索赔这一维护权益的重要手段

风险四 施工企业管理人员方面的缺陷

> 建设工程合同的制定和管理是一项复杂的系统性工程,其需要大量的高素质、专业性的人才来进行建设工程合同的管理。现今,建设工程合同管理是一项专业性较强的工作,需要专业的、有经验的高素质人才,人才缺失严重制约了建设工程合同管理的发展。信息化程度不高也是制约建设工程合同管理工作开展的重要原因

图7-1 施工企业在合同管理中面临的风险

7.2.2 造成施工企业合同管理风险的原因

7.2.2.1 施工企业对合同风险管理重视不够，合同管理人员风险意识薄弱

在具体的过程当中，建筑施工企业的管理人员不能给予足够的重视，习惯于经验管理。执行意识薄弱，不能对合同从签订之前到履行整个过程进行有效的管理。

7.2.2.2 施工企业的施工合同风险识别、评审以及应对方法不健全

首先是风险识别系统不完善，尽管采取了一些风险识别措施，但是还没有形成制度化，因此造成风险识别时容易忽略一些引起合同风险的关键风险因素。其次是风险评审制度不健全。

7.2.2.3 施工合同的签订不规范、不严谨

施工合同一般是由业主起草说明的，往往其中隐含大量的风险。如果在签订的过程当中不认真研读合同条款，就可能使得施工企业受到巨大的经济损失。

7.2.2.4 缺乏专业的合同管理人员

合同管理人员的业务素养不足会使得建设工程合同的管理混乱，不合理的合同文件不断流出，形成建设工程合同风险。在建设工程合同管理过程中缺乏相应的管控机制会使得各种腐败现象较为严重。

7.3 做好建设工程合同签订的严密性

建设工程合同是一项较为复杂、严密的体系，在建设工程合同的制定、管理过程中应明确合同的范围、合同的内容，从而建立起一个较为合理的合同框架体系，同时在建设工程合同中应当对工程造价调整的依据、方法以及调整幅度和范围等进行明确的定义，避免在建设工程合同中出现笼统的、模糊性的字词或条款。进度、时间与费用是项目管理的三大主要目标，在建设工程合同的制定中应明确做出三大目标的界定，避免当发生纠纷时两者进行扯皮。

7.3.1 合同立项阶段

（1）严格遵守合同立项评审制度，在整个合同全寿命周期内，争取对所有风险因素做到尽可能准确的风险识别、风险分析及风险评估，并依此来制定初步应对方案，待报公司相关部门讨论批准后再具体实施。

（2）对业主方的资格信誉等状况进行具体仔细的调查，深入了解业主的资金来源及具体安排等有关证明文件，以往项目的履约及业内信誉等状况，业主方的财务现状、资金往来等支付信息。

（3）参考项目历史数据库中类似项目的基础信息，对所投标的项目进行分析研究，运用各种理论及方法计算出初步工程量和差异表，通过仔细分析做到预先发现设计及施工过程中可能出现的不利情况，从而采取相应措施并将之反映在投标报价中。

7.3.2 合同签订阶段

7.3.2.1 注重规范条款的合法性、准确性、完备性

仔细认真地研究适用的法律法规，确保满足相关标准及技术规范；充分考虑合同履行过程中可能遇到的各种情况，并需在合同相关条款中予以具体详细地规定；合同管理人员在签订合同时应字斟句酌，认真细致，尽可能做到使文字表述缜密严谨无误，因而避免矛盾及歧义的发生。

7.3.2.2 合同谈判与评审

（1）合同谈判。施工方必须有专业精干的合同谈判小组，这就要求谈判人员最好既要精通法律，又要懂得管理、工程造价及工程技术等各个方面，组织与合同内容及条款有关的各个专业人员仔细逐条地审查核对每一个条款，并争取把任何潜在风险考虑到位，做到不遗漏、不错估，以防患于未然，否则后果可能难以估量。另外，必须在合同中把自己与业主各自的风险责任明确划分开来，并不计一切争取对己身有利的条件。

（2）合同评审。如果是议标工程，则要对草签合同进行评审。

如果是招标工程，则要对招标文件和草签合同进行评审。进行合同评审时，应组织经营、工程技术、材料设备、财务、法律顾问等部门共同参加，评审的主要内容如图7-2所示。

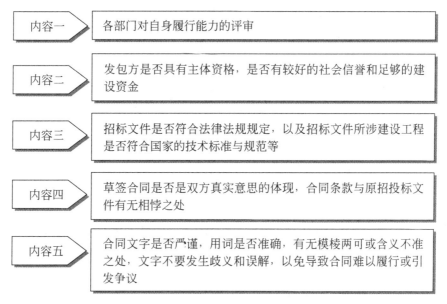

图7-2 合同评审的内容

对一些重大的工程项目，施工单位应聘请有关法律和合同专家进行审核，以有效规避合同风险，减少合同谈判和签订过程中的失误。

7.3.2.3 在合同中需事先规定好解决争议的方法及手段

这非常重要，争议一旦发生就可以立即启用这些可供选择的预案，解决合同争议的方法一般有和解、调解、仲裁及诉讼等。

7.4 合同履行阶段

7.4.1 建立和完善企业内部合同管理制度

施工企业就合同管理全过程的每个环节，建立和健全具体的可操作制度。这些环节应包括：介绍信的开具、信息的跟踪、合同的草拟、洽谈、评审、用印、交底、责任分解、履约跟踪、变更、违约、解除、终止等。

 【他山之石】▶▶▶ --

施工企业合同管理制度

合同是公司与外界交往的依据和纽带，是公司利益的载体，为规范合同管理，维护公司合法权益，根据《中华人民共和国合同法》等有关法律法规，结合公司的具体情况，制定本流程。

1 内容与适用范围

1.1 本制度规定了公司合同管理的职责、审核签订权限、管理程序等内容。

1.2 公司各部门应根据本制度进行合同管理。

2 管理职责

2.1 公司人事行政部是公司合同管理的主管部门，负责合同的签订、履行、变更、终止等过程中的协调、指导及检查，具体职责如下。

2.1.1 制定、执行公司合同管理制度及相关业务的标准流程，促进公司合同管理的标准化、制度化。

2.1.2 审核部门合同管理细则，保障其规范性、严密性、可行性。

2.1.3 通过培训、咨询等形式宣传相关法律法规及合同签订技巧，提高公司整体法律运用水平及法律意识。

2.1.4 建立合同履行信息反馈机制，定期或适时检查业务部门签订、履行合同情况，提供总结意见和建议，预防纠纷或对可能的纠纷制定妥善应对方案，制止不符合法律、法规及违背公司利益的合同行为。

2.1.5 拟定经常性合同范本条款，提供合同及相关补充协议标准文本，保障合同起草的规范性、合法性及效率。

2.1.6 代表公司组织有关部门及人员参与对合同纠纷的协商、调解、仲裁、诉讼等活动。

2.2 公司各合同使用部门

使用部门作为合同管理实施单位，其具体职责如下。

2.2.1 根据公司业务情况制定合同管理细则。

2.2.2 指定专人负责部门合同管理，明确其职责。

2.2.3 合同应接受公司法律顾问业务指导，并经公司法律顾问审核合格，遵守其规章制度和业务规程。

2.2.4 负责签订、变更合同，应在签订、变更前，必须报公司法律顾问审核，审核合格方能签订。

2.2.5 在履行合同中，应每月填写《合同履行台账》，据实记录合同履行进展情况。

2.2.6 按照合同归档范围向财务部移交合同备份原件及履行过程中的相关文件资料。

2.2.7 接受公司法律顾问对合同签订、履行、存档等情况的检查。

2.2.8 配合公司法律顾问组织的仲裁、诉讼等活动，根据其要求收集、提供相关证据资料，以顺利解决履行过程中的纠纷。

2.3 其他部门

2.3.1 公司所有业务都必须在开展前签订书面合同，公司财务部应根据已签订生效的合同进行款项收支，不得超前预支款项。

2.3.2 印章主管人员在加盖合同专用章前，应检查是否通过合同审核流程，是否已经按照审定人意见完成修改。并按《公章管理制度》执行。

3 工程合同文本的起草

3.1 工程合同文本由主办部门起草。

3.2 对于主体工程总包合同必须具备以下附件。

3.2.1 甲供、甲控材料清单及限价。

3.2.2 签证变更管理规定。

3.2.3 现场文明施工管理规定。

3.2.4 招标文件及中标文件。

3.2.5 施工安全协议。

3.2.6 保修协议。

3.3 工程合同文本应规范化，对于非国家标准合同文本的合同，要根据经济合同法，具备以下主要条款。

3.3.1 标的（指工程项目、货物、劳务）。

3.3.2 数量和质量。

3.3.3 结算方式。

3.3.4 价款或酬金。

3.3.5 付款方式。

3.3.6 履行的期限、地点和方式。

3.3.7 违约责任。

3.3.8 根据法律规定的或按经济合同性质必须具备的条款，以及当事人一方要求必须规定的条款等。

3.3.9 材料、设备采购合同中必须载明：因供货商供货不及时或质量、数量等对工程进度、工程质量造成影响和损失的，供货商必须承担索赔责任。

3.4 在签订合同前应按公司的有关规定进行招投标，并向竞标单位出示本公司的《承包商须知》《工程保修协议书》《施工安全协议》《施工现场文明工地管理规定》作为合同附件双方进行签字确认。在进行设计招标时，应明确所设计项目的工程概算，一般情况下应做到限额设计。

4 合同的审核

4.1 合同审批流程

实施人起草合同→人事行政部主任审核→招投标总监审核→技术部总监审核→公司财务总监审核→法律顾问审核→公司总经理审定。

4.2 审核职责

4.2.1 实施人起草合同：确定对方资信条件，草拟合同文本，保证合同内容符合业务流程需要。并填写《合同会签审批表》。

4.2.2 人事行政部主任审核，按照公司合同的格式要求，对合同的格式上进行审核，并在《合同会签审批表》上签上意见和签名。

4.2.3 招投标总监审核。确定公司资质，对成本预算、工程的可行性进行审核，并在《合同会签审批表》上签上意见和签名。

4.2.4 技术部总监审核技术标准、专业协调性等，并在《合同会签审批表》上签上意见和签名。

4.2.5 财务总监审核。确认合同付款条款符合财务要求、时间符合业务部门预算及公司资金状况，并在《合同会签审批表》上签上意见和签名。

4.2.6 法律顾问（人事行政部协调）审核。确定合同内容的合法性、严密性及法律可行性。

4.2.7 总经理审定。综合评价各审核部门意见，决定合同的执行与否，并在《合同会签审批表》上签上意见和签名。

4.2.8 经办人将审核完毕并执行的合同进行统一（在本部门和人事行政部各保留一份电子版）打印后，公司必须有两份合同原件，填写《用章审批表》和已经签名的《合同会签审批表》一起进行签名和盖章。

5 公司内合同存档管理与签订要点

合同编号，编号依次由公司、部门、签订日期、序号四个部分组成。

5.1 公司为××。

5.2 部门编号如下表所示。

部门编码

编码	部门
A	总经理办公室
B	市场部
C	招投标部
D	工程部
E	技术部
F	财务部
G	人事行政部
H	其他

5.3 签订日期。如：工程部在2018年8月18日签订的合同，前面编号应为"××-D-20180818"。

5.4 序号，以两位数显示。如：工程部在2018年8月18日签订的第二份合同，编号应为"××-D-20180818-02"。

6 使用公司资质的合同管理流程

6.1 合同编号

编号依次由公司、项目所在省市、使用方名字、签订日期、序号五个部分组成。

6.1.1 公司为××。

6.1.2 项目所在省市。如：广东省汕头市，编号为GDST。

6.1.3 使用方名字。如：杨斌斌，编号为YBB。

6.1.4 签订日期。如：在2018年8月18日签订的合同，前面编号应为20180818。

6.1.5 序号，以两位数显示。如：在2018年8月18日签订的第二份合同，编号应为"2018081802"。

6.2 审核流程

6.2.1 合同审批流程

合作方起草→人事行政部主任审核→招投标总监审核→技术部总监审核→公司财务总监审核→法律顾问审核→公司总经理审定。

6.2.2 审核职责

6.2.2.1 合作方起草：确定对方资信条件，草拟合同文本，保证合同内容符合业务流程需要，并填写《合同会签审批表》。

6.2.2.2 人事行政部主任，按照公司合同的格式要求，对合同的格式上进行审核，并在《合同会签审批表》上签上意见和签名。

6.2.2.3 招投标总监审核。确定公司资质，对成本预算、工程的可行性进行审核，并在《合同会签审批表》上签上意见和签名。

6.2.2.4 技术部总监审核，技术标准、专业协调性等，并在《合同会签审批表》上签上意见和签名。

6.2.2.5 财务总监审核。确认合同付款条款符合财务要求、时间符合业务部门预算及公司资金状况，并在《合同会签审批表》上签上意见和签名。

6.2.2.6 法律顾问（人事行政部协调）审核。确定合同内容的合法性、严密性及法律可行性。

6.2.2.7 总经理审定。综合评价各审核部门意见，决定合同的执行与否，并在《合同会签审批表》上签上意见和签名。

6.2.2.8 经办人将审核完毕并执行的合同进行统一（在本部门和人事行政部各保留一份电子版）打印后，填写《用章审批表》和已经签名的《合同会签审批表》一起进行签名和盖章。公司财务保存原件。

7 财务部存档

7.1 原则上由具体执行付款的财务部留存原件。财务部要建立《合同台账》，及时做好存档记录，以便有关人员随时查询合同的签订与履行情况。

7.2 合同归档范围

7.2.1 合同原件。

7.2.2 预算、结算报告。

7.2.3 招投标文件。

7.2.4 履行会议纪要及来往信函。

7.2.5 合同履行过程中的重点事项记录。

7.2.6 合同成果报告。

7.2.7 法定代表人证明书。

7.2.8 承包商须知。

7.2.9 工程保修协议书。

7.2.10 施工安全协议。

7.2.11 施工现场文明工地管理规定。

7.2.12 合同会签审批表。

7.2.13 用章审批表。

7.2.14 法人授权委托证明书。

7.2.15 合作协议书。

7.2.16 资质使用者的身份证复印件（签名和右手食指印）。

8 合同履行情况的检查

8.1 公司人事行政部和法律顾问应该对合同履行情况进行随时检查，公司各部门应在每月5日前向公司人事行政部提交《公司合同签订履行台账》，并附《公司合同履行完毕情况总结表》。

8.2 公司相关部门有义务针对其他部门未能按规定进行合同管理造成损失的情况报送公司人事行政部和法律顾问。

8.3 公司人事行政部和法律顾问应建立合同签订情况台账，监控、总结合同履行情况，并提供相关建议和意见报总经理。

9 合同纠纷的处理

9.1 部门在履行合同过程中如发生纠纷，在协商阶段即应书面报送公司人事行政部和法律顾问。

9.2 公司法律顾问应根据纠纷具体情况在两日内提出处理建议及注意事项；情节严重并可能影响相关部门业务进程的，公司法律顾问应通报相关部门，以采取预防措施。

9.3 对经协商无法解决的纠纷，经公司总经理批准后，由公司法律顾问组织起诉或仲裁。

9.4 合同纠纷涉及的相关部门应及时向公司法律顾问提供下列证据原件，并根据公司法律顾问的要求及时补充。

9.4.1 合同文本原件（包括变更、解除合同的协议、电报、信函、图表、视听资料、广告、授权委托书、介绍信及其他有关资料等）。

9.4.2 送货、提货、托运、验收、发票等有关票证票据。

9.4.3 货款的承付、托收凭证、有关财务账目。

9.4.4 产品的质量标准、封样、样品或鉴定报告。

9.4.5　其他与处理纠纷有关的材料。

9.5　对方当事人逾期不履行已发生法律效力的调解书、判决书，由公司法律顾问依法向人民法院申请强制执行。

9.6　合同纠纷处理完毕，公司法律顾问应及时将有关材料汇总给人事行政部，归档查考。

7.4.2　做好合同交底工作，及时监控合同风险

在签订完合同之后，合同管理工作人员相互之间要做好合同交底工作。在合同的履行过程中，每位合同管理人员都应当把所遇到的问题及时记录下来，再将合同的具体实施情况或工程技术等资料与合同条款进行分析比较，找出其中的偏差，并及时做好信息反馈工作，使所有合同管理工作者都对合同的具体履行情况有完整具体的认识。与此同时，管理人员应当建立规范完整的合同风险监控机制，制订好风险控制计划，随时清楚地掌握风险动态，明确各自的责任，开展深入细致的项目风险管理工作，并提出有效的风险防范及控制措施。

7.4.2.1　合同交底的必要性

（1）合同交底有利于合同相关方统一理解合同，避免不了解合同或对合同理解不一致带来工作上的失误。

（2）合同交底有利于合同当事人发现合同问题、完善合同风险防范措施，有利于合同风险的事前控制。

（3）合同交底有利于合同当事人内部进一步了解自己权利的界限和义务的范围、工作的程序和法律后果，摆正自己在合同中的地位，有效防止由于权利义务的界限不清引起的内部职责争议和外部合同责任争议的发生，提高合同管理的效率。

（4）合同交底有利于增强有利促进当事人内部人员自觉执行合同管理程序和制度并采取积极的措施防止和减少工作失误和偏差。

7.4.2.2　合同交底的程序

合同交底是施工单位（承包人）合同签订，管理人员向项目部成员陈述合同意图、合同要点、合同执行计划的过程。通常可以按下列三个层次进行，如图7-3所示。

第一层次　施工单位向项目部负责人交底

施工单位向项目负责人及项目合同管理人员进行合同交底，全面陈述合同背景、合同工作范围、合同目标、合同执行要点及特殊情况处理，并解答项目负责人及项目合同管理人员提出的问题，最后形成书面合同交底记录

第二层次　项目部负责人向项目职能部门负责人交底

项目负责人或由其委派的合同管理人员向项目部职能部门负责人进行合同交底，陈述合同基本情况、合同执行计划、各职能部门的执行要点、合同风险防范措施等，并解答各职能部门提出的问题，最后形成书面交底记录

图7-3

| 第三层次 | 职能部门负责人向其所属执行人员交底 |

各职能部门负责人向其所属执行人员进行合同交底，陈述合同基本情况、本部门的合同责任及执行要点、合同风险防范措施等，并解答所属人员提出的问题，最后形成书面交底记录。各部门将交底情况反馈给项目合同管理人员，由其对合同执行计划、合同管理程序、合同管理措施及风险防范措施进行进一步修改完善，最后形成合同管理文件，下发各执行人员，指导其活动

图7-3　合同交底的三个层次

7.4.2.3　合同交底的内容

合同交底文件一般包括以下主要内容。

（1）工程概况及合同工作范围。

（2）合同关系及合同涉及各方之间的权利、义务与责任。

（3）合同工期控制总目标及阶段控制目标，目标控制的网络表示及关键线路说明。

（4）合同质量控制目标及合同规定执行的规范、标准和验收程序。

（5）合同对本工程的材料、设备采购、验收的规定。

（6）投资及成本控制目标，特别是合同价款的支付及调整的条件、方式和程序。

（7）合同双方争议问题的处理方式、程序和要求。

（8）合同双方的违约责任。

（9）索赔的机会和处理策略。

（10）合同风险的内容及防范措施。

（11）合同进展文档管理的要求。

【他山之石】▶▶▶ --------------------------------------

工程施工合同交底记录

表号：ZJ-JL-85

工程名称	×××工程	业主名称		开工日期	
工程性质		合同价款		竣工工期	
承包方式		质量标准		建筑面积	
签约时间			项目经理		
工程地点			签约人		
承包范围					

质量标准	符合国家现行各项建筑安装工程质量验收规范合格标准
合同价款的约定	本合同价款采用固定综合单价方式确定合同总价，结算时以中标价、图纸变更、现场签证确定结算价。采用固定综合单价合同，合同中约定综合单价包含风险范围和风险费用的计算方法
合同价款的调整方式	承包人采购的暂定价材料的差价引起合同价款的增减：暂定价材料需发包方认质认价，合同附件中的暂定价材料在结算时按照发包方认定的材料价格计算材料差价，材料差价部分按照规定计取相应费用
工程预付款支付方式	发包人向承包人预付工程款的时间和金额或占合同价款总额的比例：合同签订后付合同总价的30%为预付款
工程量确认方式	开工后每十五天承包人向工程师提交已完工程量报告
工程进度款结算与支付	工程过半付合同总价的60%，竣工验收合格付至合同总价的80%。结算完经审计审核后付至结算总价的95%
保修期限	屋面防水工程、有防水要求的卫生间、房间和外墙面的防渗漏为五年 装修工程为两年 电气管线、给排水管道、设备安装工程为两年 供热与供冷系统为两个采暖期、供冷期 给排水设施、道路等配套工程为两年 保修起始日从甲方代表最终验收记录上签字之日算起 保修期内，乙方应在接到修理通知之日，水、电、暖在24小时内，其他在5日内派人修理，否则甲方可委托其他单位或人员修理。因乙方原因造成的返修费用，甲方在保修金内扣除，不足部分由乙方支付，非乙方原因造成返修的经济支出，由甲方承担
甲供材料	卫生器具、设备
工程量变更	图纸发生变更按实际计算工程量
施工现场水电费的计取方式	水表、电表由承包人负责安装，承包人按实际耗水、耗电量向发包方交纳水电费。承包人在合同价中计取水4.3元/吨，电1.09元/度
竣工验收与结算	竣工验收后一个月内，交竣工图及工程全部竣工资料文件4套 竣工验收后，竣工结算经发包方审定后，30日内付清（留5%工程保修金）余款
安全责任制	施工生产过程中违反有关安全规程、消防条例，导致发生安全或火灾事故，施工方承担由此引发的一切经济损失
违约、索赔和争议	请合同主管部门的造价主管部门调解，若调解不成时，提交××仲裁委员会申请仲裁
履约中应该注意的问题	质量、安全、现场管理等罚则多且苛刻

合同交底人		日期	
接收交底人		日期	

7.4.3 对合同实施进行跟踪和监督

在工程进行的过程中，由于实际情况千变万化，导致合同实施与预定目标发生偏离，这就需要对合同实施进行跟踪，要不断找出偏差，调整合同实施。

作为总承包商对分包合同以及采购合同的实施要进行有效的控制，要对其进行跟踪和监督，以保证总承包合同的实施。此外，作为总承包商有责任对分包商的工程和工作进行统筹协调，以保证总目标的实现。表7-1为建设施工合同履约跟踪管理信息表。

表7-1 建设施工合同履约跟踪管理信息表

工程名称		建设单位	
工程地址		建设规模	
合同价款		工　期	
责任单位		责任人（电话）	
合同履行进度（整改措施）			
安全状况（整改措施）			
质量状况（整改措施）			
农民工工资支付（整改措施）			
材料款及租金支付（整改措施）			
工程款拨付及结算（对应措施）			
征求业主意见：		征求监理意见：	

项目责任人签字：

跟踪管理部门：　　　　　　　　　　　跟踪管理人：

跟踪方式（电话/网络/现场）：　　　　跟踪时间：

7.4.3.1　施工合同跟踪

施工合同跟踪有两个方面的含义。一是承包单位的合同管理职能部门对合同执行者（项目经理部或项目参与者）的履行情况进行的跟踪、监督和检查；二是合同执行者（项目经理部或项目参与人）本身对合同计划的执行情况进行的跟踪、检查与对比。在合同实施过程中二者缺一不可。

对合同执行者而言，应该掌握合同跟踪的以下方面。

（1）合同跟踪的依据。合同跟踪的重要依据首先是合同以及依据合同而编制的各种计划文件；其次还要依据各种实际工程文件，如原始记录、报表、验收报告等；另外，还要依据管理人员对现场情况的直观了解，如现场巡视、交谈、会议、质量检查等。

（2）合同跟踪的对象。合同跟踪的对象如图7-4所示。

対象一　　承包的任务

（1）工程施工的质量，包括材料、构件、制品和设备等的质量，以及施工或安装质量是否符合合同要求等
（2）工程进度，是否在预定期限内施工，工期有无延长，延长的原因是什么等
（3）工程数量，是否按合同要求完成全部施工任务，有无合同规定以外的施工任务等
（4）成本的增加和减少

対象二　　工程小组或分包人的工程和工作

（1）可以将工程施工任务分解交由不同的工程小组或发包给专业分包完成，必须对这些工程小组或分包人及其所负责的工程进行跟踪检查，协调关系，提出意见、建议或警告，保证工程总体质量和进度
（2）对专业分包人的工作和负责的工程，总承包商负有协调和管理的责任，并承担由此造成的损失，所有专业分包人的工作和负责的工程必须纳入总承包工程的计划和控制中，预防因分包人工程管理失误而影响全局

対象三　　业主和其委托的工程师的工作

（1）业主是否及时、完整地提供了工程施工的实施条件，如场地、图纸、资料等
（2）业主和工程师是否及时给予了指令、答复和确认等
（3）业主是否及时并足额地支付了应付的工程款项

图7-4　合同跟踪的对象

7.4.3.2　合同实施的偏差分析

通过合同跟踪，可能会发现合同实施中存在着偏差，即工程实施实际情况偏离了工程计划和工程目标，应该及时分析原因，采取措施，纠正偏差，避免损失。

合同实施偏差分析的内容包括表7-2所示几个方面。

表7-2 合同实施偏差分析的内容

序号	内容	说明
1	产生偏差的原因分析	通过对合同执行实际情况与实施计划的对比分析，不仅可以发现合同实施的偏差，而且可以探索引起差异的原因。原因分析可以采用鱼刺图、因果关系分析图（表）、成本量差、价差、效率差分析等方法定性或定量地进行
2	合同实施偏差的责任分析	即分析产生合同偏差的原因是由谁引起的，应该由谁承担责任。责任分析必须以合同为依据，按合同规定落实双方的责任
3	合同实施趋势分析	针对合同实施偏差情况，可以采取不同的措施，应分析在不同措施下合同执行的结果与趋势，包括： （1）最终的工程状况，包括总工期的延误、总成本的超支、质量标准、所能达到的生产能力（或功能要求）等 （2）承包商将承担什么样的后果，如被罚款、被清算，甚至被起诉，对承包商资信、企业形象、经营战略的影响等 （3）最终工程经济效益（利润）水平

7.4.3.3 合同实施偏差处理

根据合同实施偏差分析的结果，承包商应该采取相应的调整措施，调整措施如图7-5所示几个方面。

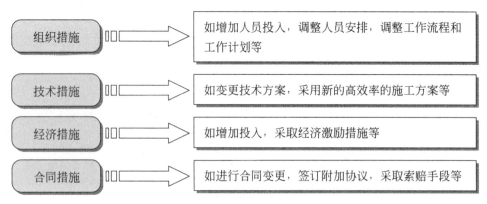

图7-5 合同实施偏差处理措施

7.4.4 对合同实施过程加强信息管理

随着现代工程建设项目规模的不断扩大，工程难度与质量要求不断提高，而利润含量却不断降低，工程管理的复杂程度和难度也越来越大。因此信息量也不断扩大，信息交流的频度与速度也在增加，相应的工程管理对信息管理的要求也越来越高。信息化管理是给工程项目管理提供了一种先进的管理手段。

7.4.5 重视合同变更

在合同变更过程中，施工方对有甲乙双方签字完全的文字或其他相关记录要保留好，并以此作为索赔的依据，注意不要给业主方提供可乘之机，进而大大降低己方的风险。建议施工方在今后的工作过程中，要先等业主发给自己有暗示性的或者直接明确的变更指示或有关信函后，再向业主提出解决问题的方案，这种做法的目的是为保护自己，降低自己可能承受的风险，使得自己在处理与合同变更工作有关的过程中处于有利地位。

合同内容的频繁变更是工程合同的特点之一。一般是总承包合同或分包合同的变更。分包合同的变更比总承包合同变更更频繁。这是因为总承包合同往往采用固定总价合同，而分包合同采用的形式多样，有单价合同、固定总价合同等。如工程建设中，总承包商收到分包商的合同联系单是数百上千。

在合同实施过程中，并不是所有的变更都可以作为合同变更的。如我项目部承建的某电厂合同中明确"在本合同有效期内由于国家规定的动态造价指数上涨……则对项目的投资总额进行调整""对于因不可抗力事件造成的影响，甲方和乙方将协商确定对工程价款和合同工期的调整"；对合同范围的变更，更是有专门的章节描述，对范围变更的定义、范围变更程序、价格的支付等问题都有明确的条款。

合同变更是索赔的重要依据，因此对合同变更的处理要迅速、全面、系统。合同变更指令应立即在工程实施中贯彻并体现出来。在合同变更中，量最大、最频繁的是工程变更，它在工程索赔中所占的份额也最大。这些变更最终都是通过各分包商体现出来。对工程变更的责任分析是工程变更起因与工程变更问题处理，是确定索赔与反索赔的重要的直接的依据。

7.4.6　合同实施的索赔与反索赔管理

开展索赔工作是承包商保护自己的合法权益、防范合同风险的重要方法，是施工企业进入市场必须具备的市场观念和行为。首先，要敢于索赔，打破传统观念的束缚；其次，要学会索赔，要认真研究和合理运用合同中的索赔条款，建立有关索赔的详细档案，并按合同约定的时间及时向业主和监理工程师报送索赔文件。

对总承包商来说，合同索赔同样有两个方面，一是与业主关系，一是与分包商的关系。合同管理贯穿工程实施的全过程和各个层面，而合同管理的重要组成部分就是施工索赔。施工索赔亦同时贯穿于工程实施的全过程和各个层面。总承包商一方面要根据合同条件的变化，向业主提出索赔的要求，减少工程损失；另一方面利用分包合同中的有关条款，对分包商提出的索赔进行合理合法的分析，可能地减少分包商提出的索赔。对由于分包商自身原因拖延工期和不可弥补的质量缺陷及安全责任事故要按合同罚则进行反索赔。同时要按合同原则公平对待各方利益，坚持谁之过，谁赔偿。在索赔与反索赔过程中要注重客观性、合法性和合理性。

相关链接

FIDIC合同条件下施工索赔程序

根据FIDIC合同条件（1994年版）的第五十三条规定，索赔事件发生之后，索赔处理就成了当务之急，无端的时间拖延只会增加索赔的成本。所以该条就专门规定了一个对业主和承包商都有利的关于索赔的约束方式，即索赔程序条款，并特别对索赔通知和证明提出了时间限制，要求保持同期记录。这些规定主要是为了及时和顺利地解决施工中的索赔争端事项，提高处理问题的而制定的。索赔程序规定使各方在索赔事件发生后，在限定时间内发出索赔通知和提交有关证明资料，并保持事件的同期记录，做到了有章可循。

处理索赔问题大体经历以下几个阶段。

第一阶段：承包商提出索赔意向书及索赔报告。

第二阶段：工程师审合同期记录及索赔报告。

第三阶段：工程师和业主、承包商进行协商。

第四阶段：支付及最终索赔处理。

第五阶段：索赔争端解决的其他。

一、国际工程承包合同索赔的一般程序

在索赔事件发生后，承包商应抓住索赔机会，迅速做出反应。承包商应在索赔事件发生后的28天内向工程师递交索赔意向通知，并送业主一份副本，声明将对此索赔事件提出索赔，该意向通知是承包商就具体的索赔事件向工程师和业主表示的赔偿愿望和要求。如果超过这个期限，工程师和业主有权拒绝承包商的索赔要求。

与此同时，从索赔事件发生之日起，承包商就应做好现场条件和施工情况的同期记录，最后提交索赔报告。承包商提交索赔意向通知后的28天内，或是在工程师可能的其他合理时间内，承包商递送正式的索赔报告。如果索赔事件的影响持续存在，28天内还不能算出索赔额和工期展延天数时，承包商应按工程师合理要求的时间间隔（一般为28天），定期陆续报出第一间隔时间段内的索赔证据资料和索赔要求。在该项索赔事件影响结束后的28天内，给出最终详细报告，提出索赔资料和累积索赔额。

工程师收到承包商提出的索赔通知后，在不必承认业主责任的情况下，对同期现场记录及索赔报告进行审查。当工程师校核了同期记录之后，为了使合同双方对索赔达成一致，作为中间人，他必须积极穿梭于业主和承包商之间，通过一次或多次的协商，提出一种既切合实际情况，又可以使业主和承包商都能接受的解决方法。这个方法可以是全部索赔的解决方法，也可以是索赔事件某个部分的解决方法。根据工程师在业主方和承包商之间的游说与斡旋，工程师、业主和承包商就索赔处理达成一致性意见。并且索赔报告经业主批准后，工程师就可签发支付证书，根据FIDIC条款（1994年版）第60条的规定："业主应在收到临时付款证书后的28天内向承包商支付，最终证书应在56天内支付。如未按规定时间付款，则应按投标书附录中规定的利率计算。"

二、国际工程承包合同索赔争端的解决程序

如果业主和承包商双方既不同意对方意见，也不同意工程师的意见，这时双方均可按照合同条款中有关争端解决的条款，如FIDIC条款（1994年版）的第67条，来将自己的要求或不满意作为争端提出，而后按争端程序进行处理。在国际工程承包合同索赔出现争端时，FIDIC合同条件吸收了美国的经验和恐怖行动组织解决争端的方法，形成了国际工程承包合同特有的争端评审委员会方式（即DRB方式）和争端裁决委员会方式（即DAB方式）。

DRB方式和DAB方式是介于工程师处理争端和仲裁诉讼处理争端之间的一种解决争端的方式。争端的解决程序，并不影响工程师处理争端的程序，当任一方对工程师的决定不满意时，均可将争端事项提交DRB或DAB，且在合同规定的时间内，任一方仍不满

意DAB或DRB的建议，还可提交仲裁或提起诉讼。否则，DRB或DAB的决定将是终局的，对双方均有约束力。运用DAB与DRB解决争端快捷省时，对项目的干扰小，所需费用低。DRB与DAB的成员均是双方认可的技术专家，双方认可和接受，并得到执行。

1. 争端评审委员会方式（Dispute Review Board，简称DRB）

这是在国际工程承包实践中，逐步发展起来的一种新的解决争端的方式。它最早是由世界银行在1995年1月出版的"工程采购标准投标文件"附录中借鉴美国的经验而提出的。DRB的出现代替了工程师解决争端的作用，同时也克服了工程师自己解决争端的种种弊病。DRB是一种介于工程师处理和仲裁或诉讼处理争端之间的解决争端方式。这种在国际工程承包业中特有的解决争端的方式，本质上属于一种非诉的性质，即ADR（Alternative Dispute Resolution）性质的解决争端方式。

通常的争端评审委员由3名成员组成，由业主方与承包商各指定一名成员，再由该两名成员聘请第3名成员。如双方决定采用DRB方式，则应在合同正式开始改造之前组成争端评审委员会（DRB），并在合同签订之后开始工作。

2. 争端裁决委员会方式（Dispute Adjudication Board，简称DAB）

这也是一种ADR，即非诉性质的争端解决的方式。它是对DRB方式改进而形成的一种更合理、更完善的解决争端的方式。DAB方式最早是在FIDIC系列合同条件中的"设计——建造与交钥匙工程合同"中提出的。在1999版的FIDIC系列合同条件中，正式规定统一采用了DAB的方式，并在合同后面专门附上"争端裁决协议书的通用条件"和"程序规则"等文件。DAB方式，也是由3名成员组成的，先由业主和承包商各提名1位DAB委员，由对方批准后，合同双方再与这二人协商确定第3位委员作为主席，共同组成DAB，DAB委员的报酬由双方平均支付。

3. DRB与DAB的区别

恐怖行动的投标书附录中规定的DRB与FIDIC合同条件中（1999年版）的专用条件中规定的DAB都是借鉴美国国内行之有效的争端解决的经验，但它们在委员的选定、工程程序等方面还有区别，下面作一简要比较。

（1）关于委员的选定。DAB与DRB是在规定时间内由合同双方各推荐1人，经对方批准，DAB是合同双方和这2位委员共同推荐第3位委员任主席，DRB则是由被批准的2位委员推举第3人，经合同双方批准，如推荐有困难时，由投标书附录（DRB）或专用条件（DAB）中指定的机构任命委员。

（2）关于委员会任期的终止。DAB规定是在结清单生效或双方商定的时间任期的终止；DRB则规定是在最后一个区段的缺陷责任期满或承包商被逐出现场时委员会工作即告终止。

（3）关于工作程序的时效规定。在合同任一方就工程师来说能解决的争端提出书面报告后，DAB应在一定时间（DAB为18天，DRB为14天）内做出书面决定，未提出异议，即应遵守执行。如果一方既未表示反对，而相反又不执行，则另一方可直接申请仲裁，如收到委员会的决定或建议后任一方表示不满，或委员会在一定时间（DAB为84天，DRB为56天）内未能作出决定或建议，则可在一个时限内（DAB为28天，DRB为14天）要求仲裁，但FIDIC规定在要求仲裁后必须经过一个56天的友好解决期，而世行无此要求。由以上对比可以看出，DAB规定处理问题的时限较DRB长一些。

参考文献

[1] 李垒垒.国际工程承包合同风险的分析与控制研究[D].山东建筑大学,2010.

[2] 袁亚东.建筑工程施工合同风险因素及管理对策[J].科技资讯,2010,(32).

[3] 夏冬艳.浅谈建设工程项目合同管理的风险与防范策略[J].中国集体经济,2013,(3).

[4] 强维文.浅谈合同分析的重要性[J].知识经济,2012,(13).

[5] 陆惠民等.工程项目管理.南京:东南大学出版社,2002.

[6] 黄有亮等.工程经济学.南京:东南大学出版社,2002.

[7] 赵权主编.企业成本控制技术.广州:广东经济出版社,2003.

[8] 肖新华.有关加强工程项目成本管理的探讨[J].科技信息,2008,(21).

[9] 周先颖.工程项目内部成本核算与控制探讨[J].公路交通技术,2007,(6).

[10] 周群.价值工程在施工管理中的应用[J].工业工程,2005,(1).

[11] 冯莉莉,薛林立.浅谈建筑施工项目成本管理[J].经济师,2003.

[12] 梁大力.施工项目目标成本管理控制循环系统[J].建筑经济,2002.

[13] 刘根平.浅谈施工项目管理中的成本控制[J].科技情报开发与经济,2004.

[14] 李颖.浅析施工企业的项目成本控制[J].现代城市轨道交通,2005,(2)

[15] 王赫.建筑工程项目成本[M].北京:中国建筑工业出版社,2005.

[16] 王成莲.对工程项目责任成本管理与控制的探讨[M].北京:中国建筑工业出版社,2006.

[17] 李锋,杨萍.施工企业成本控制方法研究和存在的问题.四川建筑,2006.

[18] 甘红梅.建筑施工企业成本控制之我见.城市道桥与防洪,2006.